Hans Spemann
Forschung und Leben

SE**V**ERUS

Speemann, Hans: Forschung und Leben
Hamburg, SEVERUS Verlag 2012
Nachdruck der Originalausgabe von 1943

ISBN: 978-3-86347-256-6
Druck: SEVERUS Verlag, Hamburg, 2012

Der SEVERUS Verlag ist ein Imprint der Diplomica Verlag GmbH.

Bibliografische Information der Deutschen Nationalbibliothek:
Die Deutsche Nationalbibliothek verzeichnet diese Publikation in der Deutschen Nationalbibliografie; detaillierte bibliografische Daten sind im Internet über http://dnb.d-nb.de abrufbar.

© **SEVERUS Verlag**
http://www.severus-verlag.de, Hamburg 2012
Printed in Germany
Alle Rechte vorbehalten.

Der SEVERUS Verlag übernimmt keine juristische Verantwortung oder irgendeine Haftung für evtl. fehlerhafte Angaben und deren Folgen.

seVerus

FORSCHUNG UND LEBEN

HANS SPEMANN

FORSCHUNG UND LEBEN

Mit acht Bildern

und einer Handschriftenprobe

INHALT

I
ERINNERUNGEN VON HANS SPEMANN

Kindheit und Schule	13
Das Elternhaus	55
Lehrjahre	101
Studium	123
Würzburg	169

II
AUS AUFSÄTZEN, BRIEFEN UND VORTRÄGEN

Hermann Lietz und die deutschen Landerziehungsheime
Von Hans Spemann 231

Die Volkshochschule in Freiburg i. Br.
Von Hans Spemann 275

Zur Theorie der tierischen Entwicklung
Von Hans Spemann (Rektoratsrede 1923) 304

Nobelvortrag
Gehalten von Hans Spemann am 12. Dezember 1935 im Karolinischen medico-chirurgischen Institut zu Stockholm 323

Bilderverzeichnis 340

I

ERINNERUNGEN VON HANS SPEMANN

Du siehst nur so weit
wie deine Lampe leuchtet
Alter Bergmannsspruch

KINDHEIT UND SCHULE

Von allen Gefährten auf meinem langen Lebensweg hat der mir von Natur am nächsten verbundene mich am frühesten verlassen. Meine Mutter starb, als ich anderthalb Jahre alt war, kurz nach der Geburt meines Bruders, ihres zweiten Kindes, an den Folgen einer Infektion. So habe ich keine deutliche Erinnerung an sie. Mein Vater verheiratete sich einige Jahre später zum zweitenmal und lebte mit meiner zweiten Mutter noch vier Jahrzehnte, bis an seinen Tod, in glücklichster Ehe. An dem Maß der Liebe, welche sie uns erwies, hätten mein Bruder und ich nie merken können, daß wir nicht ihre leiblichen Kinder waren. Ich hatte daher in jüngeren Jahren eine begreifliche Scheu, den Vater nach meiner Mutter zu fragen. Als ich es später doch einmal tat und ihn bat, für meinen Bruder und mich etwas über unsere Mutter niederzuschreiben, sagte er, das wolle er gerne tun, und fügte hinzu: „Sie war lieb und gut und hatte die Blumen lieb." Zu jenen Aufzeichnungen ist mein Vater nicht mehr gekommen. Er wurde wohl vom Alter überrascht, hatte vielleicht auch eine Scheu, an jene vergangenen Zeiten mit ihren verklungenen Freuden und verwundenen Schmerzen zu rühren. Darum weiß ich auch vom Hörensagen nicht so viel über meine Mutter, als ich gerne möchte. Aber einzelne Äußerungen von Menschen, die sie gekannt und geliebt hatten, dann Züge meines eigenen leiblichen und geistigen Wesens und vielleicht noch mehr einige Wesenszüge meiner Kinder lassen doch in mir ein ziemlich deutliches Bild von ihr entstehen, so daß ich sie recht gut zu kennen meine. Sie muß körperlich zart und leicht erregbar gewesen sein. Leidenschaftlich, manchmal scharf im Wort; von raschem Entschluß, andere mitreißend. Von hohem innerem Schwung, vielleicht mit einem leisen Zug zur Schwärmerei. Vor allem aber von großer Anmut der Erscheinung und des Wesens. Sie ist sehr, ja schwärmerisch geliebt und verehrt worden.

Über die Familie meiner Mutter weiß ich einiges aus den Aufzeichnungen ihres Onkels, des Oberhofpredigers Hoffmann in Ballenstedt. Ihnen entnehme ich im wesentlichen die folgenden Angaben.

Meine Mutter war die Tochter und die Enkelin eines Arztes. Ihr Großvater, Johann Friedrich Hoffmann (1771—1833) hat sich ganz von unten heraufgearbeitet. Er hatte früh den Vater verloren und kam in seinem zehnten Lebensjahr in das Waisenhaus zu Köthen. Vom fünfzehnten Jahr ab lernte er bei einem Bader. Nach Beendigung seiner Lehrzeit begab er sich nach Helmstedt (das damals noch eine Universität besaß) und hörte dort medizinisch-chirurgische Vorlesungen. Mit zwanzig Jahren ging er nach Berlin, um sich in seinem Berufe weiterzubilden. Nachdem er sich in Bernburg niedergelassen und verheiratet hatte und schon Vater von zwei Kindern geworden war, ging er im Jahre 1803 noch einmal zum Studieren nach Berlin. Er war nun zweiunddreißig Jahre alt. „Sein Fleiß zog die Aufmerksamkeit seiner Lehrer so sehr und nachhaltig auf sich, daß die berühmtesten derselben, welche im Jahr 1806 an der Spitze des Militair-Medizinalwesens standen und das Heer in den Krieg mit Frankreich begleiteten, ihm einen ehrenvollen, höchst erfreulichen Besuch in Bernburg machten. Die ganze Stadt, welche damals 5000 Einwohner zählte, war voll von dieser ihrem Mitbürger erwiesenen Ehre." Er war der erste, welcher in Anhalt-Bernburg impfte.

Er muß ein ungewöhnlich strebsamer unternehmender beharrlicher Mann gewesen sein. Von seinem Charakter wird weiter berichtet, daß er zuweilen aufbrausend heftig war. Er soll auch musikalisch gewesen sein, mit der Gabe zu improvisieren. Endlich tritt schon bei ihm ein Zug auf, der auch bei seiner Enkelin, meiner Mutter, besonders auffiel: die große Liebe zu Blumen. Dies, zusammengehalten mit dem angeborenen Beruf zum Arzt, läßt wohl schließen, daß dieser Vorfahr ein besonders nahes Verhältnis zur belebten Natur hatte; daß ich also diesen meinen stärksten Trieb, der den Gang meines Lebens bestimmt hat, mindestens zum Teil von ihm geerbt habe.

Über meine Urgroßmutter Johanna geb. König (1775—1826) weiß ich nur so viel — aber es ist immerhin nicht wenig —, daß sie fünfzehn Kinder zur Welt brachte, von denen sechs früh starben, die überlebenden aber alle, trotz der schwerlich sehr reichlichen Verhältnisse, eine gute Erziehung und Ausbildung erhielten.

Das zweite Kind, der älteste Sohn, August Viktor Friedrich Hoffmann (1796—1874) wurde Oberhofprediger in Ballenstedt, als solcher dem Leser der „Jugenderinnerungen eines alten Mannes" des Malers v. Kügelgen bekannt. Das sechste Kind, Karl Heinrich August Hoffmann (1802 bis 1883) zog später nach Stuttgart und gründete dort eine Druckerei und weitbekannte Verlagsbuchhandlung. Ein jüngerer Bruder von ihm, das dreizehnte Kind seiner Eltern, war der bekannte Jugendschriftsteller Franz Hoffmann (1814 bis 1882), dessen Erzählungen und Bearbeitungen für die Jugend die Knaben und Mädchen meiner Generation mit Entzücken gelesen haben. Das dritte Kind, der zweite Sohn, war mein Großvater, Ludwig Gottfried Hoffmann (1798—1850).

Mein Großvater wurde Arzt wie sein Vater. Über seinen Bildungsgang weiß ich wenig. Er war einige Jahre Militärarzt in Neisse, und ich vermute, daß er dort seine spätere Frau Emerentia Agnes v. Winkler kennen lernte.

Mein Großvater zog mit seiner jungen Frau nach Ballenstedt und wurde dort Kreisphysikus. Er starb im Jahr 1850 in treuer Erfüllung seines Berufs, indem er sich bei der in jenem Jahr herrschenden Choleraepidemie ansteckte und, schon wieder auf dem Wege der Besserung, sich nicht abhalten ließ, einen Kranken, der nach ihm verlangte, zu besuchen. Er hinterließ seine Frau mit drei Kindern, Anna, Lisinka und Otto, in offenbar sehr kümmerlichen Verhältnissen. Der vermögliche Schwager Karl Hoffmann sprang helfend ein. Im Jahr 1860 nahm er meine Mutter Lisinka ganz zu sich in sein Haus in Stuttgart.

In dieses Haus trat im Jahr 1864 ein junger Mann ein, der

aus Dortmund in Westfalen kam, sich trotz seiner Jugend schon ziemlich in der Welt umgesehen hatte und nun bei Karl Hoffmann den Buchhandel erlernen wollte.

Mein Vater Johann Wilhelm Spemann ist 1844 zu Unna in Westfalen geboren, als ältester Sohn des Rechtsanwalts Gustav Adolph Spemann und seiner Frau Thekla geb. Keller. Die Familie Spemann (früher Spaemann geschrieben) stammte von westfälischen Bauern ab. Mein Vater, welcher seinen Ahnen liebevoll nachgeforscht hat, fand bei Schwerte, wo der alte Bauernhof gestanden hatte, zwar diesen selbst nicht mehr vor, wohl aber eine Erinnerung an ihn im Munde der Nachbarn; denn als er dort nach dem Wege fragte, wurde er gewiesen „bi Spaemanns Hof dal". Der Großvater meines Vaters, der Amtsrat Johann Friedrich Wilhelm Spemann, pachtete die königliche Domäne bei Hörde, mit einer alten Wasserburg, wie man sie vielerorts in Westfalen trifft. Nach seinem Tode wurde sie von seiner Frau als Eigentum erworben. Es muß das eine sehr gescheite geschäftskluge Frau gewesen sein, die sich früh einen Anteil an den Kohlengruben zu sichern wußte, welche damals in Westfalen angelegt wurden und mit der Zeit den Charakter der Landschaft so tiefgreifend gewandelt haben. Noch meine Großmutter war Besitzerin von „Kuxen", und ich erinnere mich gut, wie oft sie klagte, daß sie immer draufzahlen müsse.

Kamen die Spemanns vom Lande, so waren die Kellers wohl schon länger Städter gewesen, vor allem Juristen. Die meisten Verwandten dieses Namens, welche ich kenne, haben eine ausgesprochene Ähnlichkeit untereinander und mit meiner Urgroßmutter Caroline Keller. Sie war eine Tochter des Professors der Anatomie Friedrich Heinrich Loschge in Erlangen, welcher bei den Studenten für seine schönen Töchter berühmt war. Einer dieser Studenten war mein Urgroßvater Heinrich Ludwig Keller aus Hamm in Westfalen. Er verlobte sich mit Caroline Loschge und holte sie nach siebenjährigem Brautstand, während dessen sich die beiden jungen Leute nicht ein einziges Mal gesehen hatten, als seine Frau in seine westfälische Heimat. Ich besitze die Kopien zweier Ölbilder von ihnen aus ihren jüngeren Jahren. Darauf hat er ein ehrenfestes offenes Gesicht mit dunkelgrauen Augen, dichtem ungescheiteltem Haar und ungemein buschigen Augenbrauen; sie feine ernste Züge, hohe schmale Stirn unter dem schlicht gescheitelten dunkeln Haar, braune Augen und eine schmale lange Nase. Eine Daguerreotypie zeigt das Paar in seinen alten Tagen. Sie ist ein kleines Mütterchen geworden unter großer Haube, er sitzt altväterisch gerade, seine linke Hand herrschend auf ihre rechte gelegt.

Dieses Paar hatte zwölf Kinder, sechs Söhne und sechs Töchter, welche alle tüchtige Menschen geworden sind und zum Teil hohe Stellungen erreicht haben. Das zweite Kind, die zweite Tochter, war meine Großmutter Thekla, welche sich mit dem Rechtsanwalt Gustav Adolph Spemann vermählte. Sie hatten drei Kinder; außer meinem Vater noch eine Tochter Anna und einen jüngeren Sohn Adolf. Da ereignete sich ein schweres Unglück. Als mein Vater sieben Jahre alt war, starb mein Großvater plötzlich. Das hat wohl auch auf die Jugend meines Vaters einen dunklen Schatten geworfen; denn meine Großmutter, welche schon von Natur nicht heiteren Gemüts war, wurde für Jahre verdüstert. Auch war sie sehr ängstlich mit ihren Kindern und beschwerte dadurch deren freie mutige Entfaltung. So wollte sie auch mir später das Versprechen abnehmen, daß ich kein Naturforscher würde, damit mir in Afrika bei den wilden Menschen und Tieren nichts passiere.

Mein Vater hat in seinem Alter Jugenderinnerungen geschrieben, welche das Leben in der damals noch kleinen alten Reichsstadt Dortmund sehr anschaulich schildern und seine eigene Entwicklung aus der Enge in die Weite eindrucksvoll zeichnen. Entscheidend für sein ganzes Leben ist es geworden, daß er in der Jugend von zarter Gesundheit war und vielleicht noch mehr von seiner ängstlichen Mutter dafür gehalten wurde, und daß er gleichzeitig offenbar schon damals viel Energie und Unternehmungsgeist besaß. So ging er in seinem achtzehnten Jahr zur Kräftigung seiner Gesundheit nach Italien. Er verlebte sechs Monate in Rom. Was muß das für ein Erlebnis gewesen sein! Mit Augen begabt, aber bisher ohne Anregung; aus einer tüchtigen deutschen Kleinstadt, aus einem wohlhabenden Bürgerhaus, das gute alte Sitte, aber keine künstlerische Tradition besaß; und nun mit einem Schlage in den Mittelpunkt der Kultur des Altertums und der Renaissance versetzt, in den Verkehr mit jungen Künstlern, Kunstgelehrten und Archäologen! Dort lernte er Conze und Schöne kennen und manchen andern damals selbst noch jungen Mann, mit dem er später auch beruflich in Verbindung getreten ist. Im Sommer 1863 und Winter 1864/65 studierte er an der Technischen Hochschule in Zürich, wo besonders der Ästhetiker Friedrich Vischer Einfluß auf ihn gewann. Vielleicht lernte er auch schon damals den anderen Achtundvierziger kennen, Johannes Scherr, der ihm später die „Germania" schrieb, das erste große Verlagswerk, mit dem er einen durchschlagenden Erfolg hatte.

Als mein Vater sich für einen Beruf entscheiden sollte, dachte er zuerst daran, Architekt zu werden. Er gab den Gedanken auf, weil seine Mutter und er selbst glaubte, er sei dafür nicht geeignet. Freilich aus sehr verschiedenen Gründen. Die ängstliche Mutter fürchtete, das „gebeugte Sitzen über dem Zeichenbrett" würde seiner „schwachen Brust" nicht zuträglich sein. Er selbst aber wollte, wie er später öfters erzählte, seine Begabung zu diesem Beruf, von dem er eine sehr hohe Meinung hatte, vor sich selbst dadurch erweisen, daß er ein neues Ornament erfand. Später habe er eingesehen, daß das zum Schwierigsten gehöre, was es überhaupt in der Kunst gebe; damals aber ließ ihn das Mißlingen an seiner Befähigung verzweifeln, und er gab seine Absicht auf. Was hätte hier ein erfahrener Mann mit einem einzigen Worte helfen können! Wodurch mein Vater schließlich auf den Buchhandel kam, weiß ich nicht; jedenfalls hat er später oft gesagt, er habe sich etwas ganz Falsches unter diesem Beruf vorgestellt und es sei ein reiner Glücksfall gewesen, daß er nachher Begabung dafür gezeigt habe. Ebensowenig weiß ich, was ihn gerade nach Stuttgart geführt hat; vermutlich war es wieder ein ängstlicher Rat, der das „milde Klima" dieser Stadt lobte, unter welchem er später so viel gelitten hat. Dort trat mein Vater, wie schon gesagt, in das Geschäft und Haus von Karl

Hoffmann ein und lernte da meine Mutter kennen. Im August 1868 schlossen sie ihren Ehebund.

Als ihr ältester Sohn bin ich am 27. Juni 1869 in Stuttgart geboren. Der Oberhofprediger Hoffmann kam aus Ballenstedt und taufte den Enkel seines verstorbenen Bruders auf den Namen Hans. Anderthalb Jahre später, am 3. Januar 1871, kam ein zweiter Sohn zur Welt, welcher nach dem Vater meiner Mutter Gottfried, in der Familie Friedel, genannt wurde. Zwei Wochen später starb unsere Mutter am Kindbettfieber. Sie entschwand uns in das dunkle Geheimnis, aus dem wir kommen. Uns aber ließ sie unter der Sonne zurück, die auch für meinen Vater wieder zu scheinen begann. Durch angestrengte Arbeit suchte er seines Schmerzes Herr zu werden. Er entschloß sich, an dem Ort zu bleiben, wo er sein erstes Glück gefunden hatte. So würde Stuttgart meine liebe Vaterstadt.

Es liegt mir ein Versehen im Ohr, welches ich von meinem Kindermädchen gelernt habe; es heißt:

> „Wißt ihr auch, wo Stuttgart liegt?
> Stuttgart liegt im Tale,
> Wo's so schöne Mädle gibt,
> Aber so brutale."

Die zweite Hälfte dieses Vierzeilers, welche erst viel später für mich aktuell werden sollte, kann hier auf sich beruhen bleiben; doch möchte ich fürsorglich schon jetzt bemerken, daß nach Erkundigungen, welche ich an sachverständiger, wenn auch nicht uninteressierter Stelle eingezogen habe, „brutal" hier nichts mit roh, rücksichtslos, gewalttätig zu tun hat, sondern nur heißen soll, daß besagte Mädchen, um wieder einen schwäbischen Ausdruck zu gebrauchen, einem gerne „hinausgeben", also patzig sind. So mag die Charakteristik zutreffen, wenn sie auch nicht erschöpfend ist. Die erste Hälfte des Spottversches aber bezeichnet die Lage der Stadt aufs beste, zumal wenn man es noch durch ein zweites ergänzt, welches kein Geringerer als Mörike uns im „Hutzelmännlein" überliefert hat:

Kindheit und Schule

„Scheraschleifer, wetz, wetz, wetz,
Laß dei' Rädle schnurra!
Stuagart ischt a grauße Stadt,
Lauft a Gänsbach dura."

Besondere Verhältnisse haben es mit sich gebracht, daß die schöne Hauptstadt des Schwabenlandes nicht im weiten Neckartal, in welchem schon die Römer ganz benachbart eine Niederlassung hatten und in das die unaufhaltsam wachsende Stadt jetzt mächtig hinausdrängt, ihren Anfang genommen hat, sondern in einem kurzen Seitental, durch das ein kleiner Bach, der Nesenbach, sein schmutziges Wasser dem größeren Flusse zuführt. Ehe sich dieses Tal, das auf der Hochebene der Filder zwischen Äckern, Wiesen und Wäldern beginnt, tief eingeschnitten ins Neckartal öffnet, erweitert es sich zu einem großen Kessel. Ein schmaler Bergrücken, als „Hasenberg" am Westrand dieses Kessels beginnend und in Stufen über die „Reinsburg" hinweg zum Talboden absteigend, teilt die breite Mulde in zwei ungleiche Hälften. Die nördliche Hälfte endigt sehr bald an einem queren Bergriegel, der von der Botnanger Steige überquert wird. Er bildet also eine blinde westliche Aussackung des Stuttgarter Tals. Die südliche tiefer gelegene Hälfte dagegen setzt sich wie gesagt nach Westen langsam ansteigend durch ein immer schmäler werdendes Tal bis zur Höhe der Filder fort. Hier über „Kaltental" strömt etwas frische Luft in den Talkessel, zwischen dessen sonnenbeschienenen Höhen die schwüle Hitze brütet. Die Stadt entwickelte sich vom tiefsten Punkt des Tales aus. Hier liegt das alte Schloß, die Stiftskirche, der Marktplatz, die alte Hauptstätterstraße. Von diesem Kern aus wachsend, erfüllte sie mehr und mehr das Tal und klomm dann die umgebenden Hügel hinan. Jetzt hat sie längst ringsum die Höhen erreicht und läuft über wie der Inhalt einer vollen Schale. Aber in meiner Kindheit und Jugend waren die Höhen noch frei, von Wald gekrönt oder von sonniger steiniger Heide bedeckt, auf der die schönsten Blumen wuchsen, und an den Hängen hatten die Bürger ihre Gärten und Weinberge. Zur

Zeit der Weinlese, wenn „geherbstet" wurde, knallte das Feuerwerk, Schwärmer, Frösche und Raketen, rings von allen Höhen, man lud seine Freunde ein und ließ es sich wohl sein. Jetzt erzählen davon nur noch einige Namen, wie Feuerbacher Heide, Gänsheide, Alte und Neue Weinsteige, und hie und da eine schmale steile Treppe, von stehenden Sandsteinplatten eingefaßt, Gras in den Ritzen, ein vergessenes Weinbergsmäuerchen, über das im ersten Frühjahr die weißen Blütenpolster der Arabis herabhängen, und ein verwunschenes altes Gartenhaus in einem neuen Garten.

Wir wohnten immer im westlichen Teile der Stadt, in größerer oder geringerer Entfernung von dem Höhenrücken der Reinsburg. In den Anfängen meines Vaters, als er sein Geschäft, die Weisesche Hofbuchhandlung, noch in der Königstraße hatte, wohnten wir ganz unten am Berg, wenig über der Talsohle. Aber mein Vater, der die gedrückte Stuttgarter Luft schlecht ertrug, strebte nach der Höhe, und so stiegen mit den wachsenden Erfolgen seiner verlegerischen Unternehmungen auch wir immer höher den Berg hinauf, bis wir den Kamm der Reinsburg erreicht hatten.

Die erste Wohnung, an welche ich eine deutliche Erinnerung habe, lag in der Reinsburgstraße Nr. 42. Dort verbrachte ich die Jahre meiner Kindheit. Es war ein großes Haus mit einem Erdgeschoß und drei Stockwerken, neu und ungemein solide aus Hausteinen aufgeführt wie die ganze Nachbarschaft. Meine Großmutter hatte es erworben. Sie war nach dem Tode meiner Mutter zu ihrem Sohne nach Stuttgart gezogen und lebte dann noch über zwei Jahrzehnte, bis zu ihrem Tode, mit uns. Ich kann mir meine Jugend nicht ohne sie denken. Jetzt wohnte sie im zweiten Stock. Der oberste dritte Stock war an Professor J. G. Fischer vermietet, der mir als ein ehrwürdiger alter Herr mit schneeweißem Haar und Bart und freundlichen blauen Augen unter der mächtigen Stirn noch lebendig in der Erinnerung ist. Er war ein großer Natur- und Blumenfreund; an seinen Fenstern blühten im Sommer immer die schönsten roten Geranien. Sein Name hat einen guten Klang in der jüngeren schwäbischen Dichterschule. — Erdgeschoß und erster Stock wurden von unserer rasch wachsenden Familie und von dem ebenfalls rasch wachsenden Geschäft meines Vaters eingenommen. Denn mein Vater hatte sich wieder verheiratet und er hatte kühnen Mutes den eigenen Verlag, die Firma W. Spemann in Stuttgart, gegründet.

Das war die größere und kleinere Welt, die mir zugerüstet war, die mich erwartete. So habe ich sie später durch Erzählungen anderer und durch eigene Erfahrung kennen gelernt. Aber nun lebte ich es gerne noch einmal durch, wie ich in ihr zum Bewußtsein ihrer und meiner selbst erwacht bin: ein ewig vergebliches Bemühen.

Es gehört ja zu den Dingen, die jeder weiß und im Grunde doch keiner sich als wirklich vorstellen kann, daß es vor uns schon etwas gegeben hat und nach uns noch etwas geben wird. Wir wissen es, da wir sehen, daß Menschen geboren werden und wieder sterben, ohne daß deshalb der Lauf der Welt stille steht; bei uns wird es nicht anders sein. Wir wissen sogar, und die Wissenschaft, d. h. die verfeinerte, durch systematisches Denken geleitete Erfahrung lehrt es uns immer genauer kennen und sogar bis zu einem gewissen Grade verstehen, aus was ein Mensch, äußerlich gesehen, hervorgeht und in was er wieder eingeht, und daß da kein Anfang des sinnvoll geordneten Geschehens ist und kein Ende. Aber was wir im Lauf des wachen, voll bewußten Lebens beständig üben, an andern und an uns selbst, daß wir zum Äußeren das Innere suchen und zum Inneren das Äußere, das ist uns versagt an den Grenzen des Lebens, nicht nur da, wo wir sie überschreiten, sondern schon da, wo wir uns ihnen nähern. Das ist sicher so an seinem Anfang, und von seinem Ende kann niemand Nachricht geben. Und doch fühlen wir uns immer wieder getrieben, in das Dunkel hineinzuspähen, wie viel wir wenigstens nach rückwärts erkennen können. Wir können sicher sein, daß jeder Eindruck, der einmal unsere Seele traf, eine unverwischbare Spur zurückläßt, auch wenn er zu keiner Erinnerung wird, die sich gegen andere abgrenzt und die man ins Gedächtnis zurückrufen kann. Gerade solche versunkenen Erinnerungen, unzählbar wie die fernsten Sterne am Himmel und für unser Auge ineinander verschwimmend wie sie, begrenzen und umhüllen unser bewußtes Sein, auf alles einen Glanz oder auch einen Schatten werfend und den Gang unseres Lebens oft mehr bestimmend, als wir ahnen. Auf diesem uns für gewöhnlich kaum bewußten Hintergrund unseres Lebens leuchten dann und wann einzelne Bilder auf, vielleicht weil sie einmal besonders hell waren, vielleicht auch weil sie sich mit andern, später entstandenen verbanden und so wie auf Trittsteinen den Weg über den dunkeln Strom der Vergessenheit zu unserem hellen Bewußtsein finden. Manches mag auch nur in der Abgeschiedenheit des Traumes zu uns kommen.

So erkläre ich mir einen sonderbaren Traum, den ich bis in die höheren Jahre immer wieder einmal gehabt habe. Ich fliege nämlich manchmal im Traum. Das ist ja wohl nichts Besonderes; vielleicht aber meine Methode dabei. Ich schwebe nämlich nicht, wie die Engel, vielmehr sitze ich beim Traumflug aufrecht, die Beine waagrecht nach vorn gestreckt, und sause so, die Füße voraus, mit großer Geschwindigkeit durch die Luft. Die Fahrt geht dahin, wohin ich die Beine drehe; will ich landen, so senke ich sie, bis die Füße den Boden berühren. Das lebhafte Vergnügen, welches ich bei diesem Sport empfinde, bezieht sich nicht nur auf die mühelose Fortbewegung, sondern vor allem auf das Bewußtsein, daß ich das nun für alle Zukunft kann; auf die Macht, die mir dadurch gegeben ist. Meine sittliche Reife entspricht ihr aber wohl nicht ganz. So fuhr ich einmal den Leuten zum Schabernack über die Schulter weg dicht an den Ohren vorbei. Ich wundere mich dabei, daß ich diese einfache Methode nicht schon viel früher erfunden habe und daß nicht auch andere darauf verfallen sind: ein weiter Sprung und dann einfach die Füße oben behalten, bis man landen will! Erst kurz nach dem Erwachen kommt es mir, daß ich bei der Ausführung dieser Übung nicht auf dem untersten, sondern dem obersten Teile der hinteren Extremitäten landen würde. So habe ich es manches Mal in der Lohe des Turnsaals erlebt; aber das andere? Ich glaubte die Lösung gefunden zu haben, als ich eines meiner Kin-

Kindheit und Schule

der zwischen mir und meiner Frau „fliegen" ließ. Mitfühlend hatte ich wieder genau dasselbe Erlebnis wie im Traum. Wenn diese Erklärung richtig ist, so würde die Datierung des Ereignisses, von dem der Traum eine Erinnerung wäre, davon abhängen, in welchem Alter man mir jene kindliche Übung noch zutraut.

Etwa in mein viertes Lebensjahr geht eine Erinnerung zurück, die mir dadurch merkwürdig ist, daß sie das frühe Auftreten einer Neigung bezeugt, welche vielleicht bei allen Kindern vorhanden ist, bei mir aber auch später noch sehr ausgesprochen war. Mein jüngerer Bruder und ich waren damals kurz nach dem Tode unserer Mutter mit unserer Großmutter in Reichenhall, wo wir Salzbäder nehmen sollten. Wir waren auf dem Königssee oder an seinem Ufer; ich meine mich an das erstere zu erinnern, während die Ängstlichkeit meiner Großmutter auf dem Wasser mir das letztere wahrscheinlicher macht. Von der Herrlichkeit dieses Sees und seiner Ufer weiß ich nichts mehr; ich sehe in der Erinnerung nur ein kleines Stück der Wasseroberfläche, darauf ein Boot, darin ein paar Jungens, die sich ausgezogen hatten, um vom Boot aus zu baden. Meine Großmutter sagte, das sei ein „Nachen", und ich fragte sie, ob der so heiße, weil die Jungens „nackt" waren. Ableitung und Erklärung von Worten hat mich später viel beschäftigt. Hier war der Eindruck, den die aus zufälligem Anlaß aufgestiegene Frage hinterließ, so stark, daß er noch jetzt nach nahezu siebzig Jahren zu voller Deutlichkeit wieder erweckt werden kann. Oder sollte es vielleicht der Stolz auf meine kluge Frage gewesen sein, welcher den Eindruck so unauslöschlich tief machte? Es ist mir durchaus zuzutrauen; doch ist mir aus wenig späterer Zeit ein kleines Ereignis in Erinnerung, bei welchem ich eine weniger rühmliche Rolle spiele. Es ist zugleich das erste, bei welchem meine zweite Mutter mit dabei war.

Die Eltern waren mit meinem Bruder und mir in Teinach gewesen und hatten beschlossen, den Weg zur Bahnstation nach Calw zu Fuß zu machen, ein bis zwei Stunden bequemen Gehens über die Höhe. Ich hatte meine Dispositionen nicht richtig getroffen, vielleicht hatte ich mich auch erkältet; kurz, es passierte mir etwas Menschliches, Allzumenschliches. Mein damaliges Alter wird nach oben dadurch zu begrenzen sein, daß so etwas noch möglich war, nach unten, daß es strafwürdig erschien. Ich sehe noch meinen Vater vom nächsten Busch eine kleine Gerte abschneiden — unter anderen Umständen erweckte es immer meine Bewunderung, mit wie schönem glattem Schnitt er so etwas machte — ich sehe noch, wie er von oben nach unten die Blätter abstreifte. Von dem, was folgte, weiß ich nichts mehr, ob mir nun die Sinne schwanden oder ob die Exekution, was mir wahrscheinlicher ist, mehr symbolisch ausgeführt wurde. Aber nun, was mit dem leinenen Unterhöschen anfangen? Mein Bruder und ich hatten neue Botanisierkapseln um. Ich hatte die meine mit „Korallenmoos" gefüllt; jetzt weiß ich, daß es die Flechte Cladonia coccifera war, damals entzückten mich nur die leuchtend hellroten Knöpfchen rings am Rand der zierlichen Becher. Als der Augenblick herannahte, wo diese Schätze ausgepackt und weggeworfen werden sollten, um der Frucht meiner kindlichen Sünde Platz zu machen, muß ich meine Eltern sehr verzweifelt angesehen haben, denn nach kurzer Zwiesprache zwischen ihnen wurde davon Abstand genommen und das nasse Höschen meinem Bruder in seine leere funkelnagelneue Botanisiertrommel gesteckt. Ich habe meinen Eltern diese Achtung vor der Wissenschaft sehr hoch angerechnet; mein Bruder hat es mir nicht nachgetragen. Wie gerne würde ich jetzt mit ihm darüber lachen.

Das kgl. Bad Teinach mit seinem stattlich-behaglichen Kurhaus und seinen Quellen gehörte damals dem Bruder meines Großvaters, dem Verlagsbuchhändler Karl Hoffmann. Auch im Stuttgarter Tal hatte er größeren Grundbesitz, alte Gärten in der Gegend der oberen Rotebühlstraße, die jetzt alle längst überbaut sind. Der erfolgreiche Mann hatte mehrere seiner Verwandten aus Ballenstedt nach sich gezogen, die sich in der neuen Heimat verheirateten und mit ihren Kindern einen großen Familienkreis bildeten, in welchem der alte Herr wie ein Patriarch, vielleicht manchmal etwas gewalttätig, herrschte. Gerne nahm er auch jüngere Verwandte, die weniger reich mit Glücksgütern gesegnet waren, jahrelang in sein Haus auf. Dort hat ja mein Vater meine Mutter kennen gelernt. Die Schwester meiner Mutter, Anna, war mit dem Badearzt in Teinach, Dr. Wurm, verheiratet. Meine Großmutter, welche wohl nach dem Tode ihres Mannes sehr arm war, fand als Beschließerin im großen Betriebe des Badehotels Arbeit und Unterkunft. So hatten auch wir persönliche Beziehungen zu diesem traulichen Erdenwinkel, der für meinen Bruder und mich ein wahres Kinderparadies geworden ist.

Schon allein die Fahrt dorthin war die ersten Male ein großes Erlebnis. Von der Bahn aus sieht man zur Rechten Weil der Stadt mit seinen Mauern und Türmen; daß Kepler dort geboren ist, sagte uns damals noch nichts. Über Althengstett kommt man überraschend an den hohen Rand des Nagoldtales und sieht in der Tiefe malerisch gelagert das alte Städtchen Calw, zu dem die Bahn auf einer großen Kehre hinabsteigt. Die nächste Station im Nagoldtal ist Teinach. Das war nun plötzlich eine ganz neue Welt. Roter Sandstein statt des trockenen Kalks, moosbewachsene Felsblöcke, hoch aufsteigender schwarzer Tannenwald statt der gewohnten Laubbäume, und vor allem Wasser, klares, frisch fließendes Wasser, immer aufs neue unser helles Entzücken nach der Wasserarmut in der näheren Umgebung unserer Vaterstadt. So wanderte man gern die schwache Stunde von der Station bis zum Dorf, den Bach hinauf, der eine Sägmühle und eine Marmorsäge treibt; mit Neugier betrachtete man die frisch geschnittenen Steinplatten. Wagen mit Holz beladen begegneten einem. Noch lustiger war es freilich mit der Post, die leuchtend gelb angestrichen war, wie es sich für einen ehrlichen Postwagen gehörte. Rasch war das Dorf mit seiner Kirche erreicht, die Straße erweitert sich zu einem langen Platz, der rechts und links von den Badehäusern flankiert und durch das breit hingelagerte Badehotel abgeschlossen ist. Nun stieß der Postillon lustig ins Horn, und an dem immer plätschernden Brunnen vorbei fuhr der Wagen donnernd in den Torweg. Da war rechts die Post, links der Eingang in das Badhotel.

Kindheit und Schule

In späteren Jahren, als ich schon manches Schöne gesehen hatte, hat es mich immer wieder in das friedliche Waldtal gezogen, und immer wieder bin ich gerne dort gewesen; aber die tiefsten Eindrücke stammen doch wohl von dem ersten Besuch, den ich mit meinem Bruder dort machte, als ich etwa vier Jahre alt war. Eine zusammenhängende Erinnerung ist mir nicht davon geblieben, aber einzelne Bilder steigen vor mir auf, nicht nur in diesem Augenblick, wo ich mir jene Tage zurückzurufen versuche, sondern oft und ganz unversehens. Sie sind von einem eigenen Zauber umwoben; ich glaube sogar, immer wenn ich jetzt in meiner schönen neuen Schwarzwaldheimat an einem klaren Bach stehe, zwischen Wiesen, über denen Schmetterlinge gaukeln, wenn die braunen und grünen Kiesel oder auch bunte Scherben vom Grunde leuchten, oder wenn ich zwischen den Stämmen der Tannen und Fichten den steil ansteigenden Berghang hinaufsehe, so schimmern jene ersten Bilder mit durch und geben dem frischen farbigen Eindruck der Gegenwart einen geheimnisvollen goldenen Untergrund, der auch aus einem früheren Leben stammen könnte. „Alte unnennbare Tage".

An diesen ersten Besuch knüpft sich auch meine einzige Erinnerung an meine Großmutter Hoffmann. Sie war krank und lag im Bett, von dem sie, glaube ich, nicht wieder aufstand. Ich sehe sie vor mir als eine alte Frau von blaßgelblicher Gesichtsfarbe, mit feinen schön geschnittenen Gesichtszügen, dunkeln Augen und schlichtem weißem Haar. Die „Großmama Teinach" hieß sie bei meinem Bruder und mir.

Ja, und dann gefiel mir damals ein kleines Mädchen sehr gut. Ich gefiel ihr und ihren Freundinnen wohl auch, denn ich erinnere mich, daß sie mir immer die Tasche voll Schokolade steckten. Aber diese eine — Gretchen hieß sie — gefiel mir vor allem, und als ich dann bald darauf ein Schwesterchen bekam und von den Eltern gefragt wurde, wie es heißen solle, sagte ich ohne Besinnen: „Gretchen!" Und so heißt sie heute noch.

Mit dieser Schwester bin ich später sehr gut Freund geworden. Damals scheint sie mir noch keinen tieferen Eindruck gemacht zu haben, denn meine früheste Erinnerung an sie stammt erst aus einer Zeit, als sie ein halbes Jahr alt war und für eine Reise nach Italien verpackt werden mußte. Mein Vater war sehr überarbeitet und erholungsbedürftig; so entschloß er sich, von meiner Mutter darin unterstützt, sein junges Geschäft für einige Zeit sich selbst zu überlassen und mit seiner Familie für den Winter nach dem Süden zu gehen. Anfangs war, wie ich mich nach Äußerungen meiner Eltern zu erinnern glaube, die Absicht, es mit einem Aufenthalt in Montreux am Genfer See zu versuchen. Als das Wetter auch dort zu unwirtlich wurde, fuhren wir an die westliche Riviera und brachten den Winter in dem damals noch unberührten wunderbar schönen Mentone zu. An denselben Orten bin ich später noch mehrere Male gewesen und weiß daher, an was alles ich auf jener ersten Reise, als ich fünfeinhalb Jahre alt war, vorbeigekommen bin; ich kann also feststellen, welche Dinge dem Kinde von allem, was es gesehen, solchen Eindruck gemacht haben, daß sie dauernd im Gedächtnis hafteten.

Reisen im Schutz der Eltern ist für ein Kind schon an sich etwas Schönes, zumal wenn diese so gut zu reisen verstehen, wie die meinen es taten. Da taucht in meiner Erinnerung an erster Stelle der zierlich geflochtene „Freßkober" auf mit Eßbestecken, in Hülsen steckenden Gläsern, Servietten mit Fransen, alles aufs hübscheste zusammengepackt; die Blechdose mit kondensierter Schweizermilch, welche verdünnt und auf einem Spirituskocher für das Schwesterchen angewärmt wurde; die goldenen Orangen, die der Vater so kunstvoll zu schälen verstand. Besonders lebhaft aber erinnere ich mich an die Art, wie ich und meine Schwester auf der Reise untergebracht wurden. Ich vertrug damals das Fahren schlecht und wurde daher in eine Hängematte gelegt, welche an den Gepäcknetzen befestigt schräg durch das Wagenabteil gespannt wurde. Den Gipfel des Reisekomforts aber genoß das Schwesterchen. Sie lag in einer niederen Kiste, welche innen weich gepolstert und mit einem rosa geblumten Stoff ausgeschlagen war. Geschlossen diente diese Kiste als Behältnis für die mancherlei Gegenstände der kindlichen Bedürfnisse, welche für jeden Unbeteiligten etwas Unheimliches

Kindheit und Schule

haben und schon dafür sorgten, daß wir, wenn wir unser Abteil einmal hatten, auch allein blieben.

In Montreux wohnten wir in einer Pension, deren Garten mit einem Mäuerchen in den See abfiel. Da erinnere ich mich vor allem an einen heftigen Sturm, der die Wellen hoch an der Mauer emporschlagen ließ. Ich konnte es nur schwer glauben, daß die Wellen im Meer noch höher seien, und sah dem mit Spannung entgegen, als die Eltern beschlossen, noch weiter nach Süden zu gehen. Von all den Herrlichkeiten, durch welche wir nun fuhren und unter denen wir dann viele Wochen lang lebten, sind mir nur wenige einzelne Augenblicke und Bilder geblieben. So das erste Auftauchen der Schiffsmasten im Hafen von Genua und ebenso ein paar kleinere Schiffe, die bei Savona am Strande lagen; in Mentone die Orangenbäume im Garten der Villa des Orangers, wo wir wohnten, mit den Sonnenlichtern, welche auf den goldenen Früchten und den glänzenden Blättern spielten und auf den Kinderwagen fielen, in dem das Schwesterchen schlief. Dann ein ganz anderes Bild: ein großer Tintenfleck, der auf ein Frottiertuch gemacht worden war, das Zetergeschrei von Madame und die Begütigungsversuche meiner Mutter; das Mißgeschick meines Bruders, welcher einer besonders geliebten kleinen grünen Orange nachgekrochen war und sich dabei eine Nähnadel ins Knie stieß, die große Sorge meiner Eltern, welche in ihrem letzten schwachen Nachklang noch heute in ähnlichen Situationen bei mir nachwirkt. Besonders gern sah ich zu, wenn mein Vater für sich oder für uns etwas zeichnete; so erinnere ich mich deutlich, wie er mit sicheren Strichen den Kopf eines Esels skizzierte, da ein Stück und dort ein Stück, bis sich die Teile auf einmal zum Ganzen zusammenschlossen. Aber vielleicht den stärksten Eindruck machte mir ein breites, fast trockenes Flußbett mit abgerundeten kleinen und großen weißen Steinen, mit schwach fließendem Rinnsal und einzelnen Wasserlachen, zwischen denen man herumsteigen und Schiffchen schwimmen lassen konnte. Wo der Fluß ins Meer ausmündete, knieten Frauen am Boden und seiften, walkten und schlugen ihre Wäsche. Diesen Fluß entlang lief ein Weg neben einer Gartenmauer. Von den silbergrauen Ästen der Oliven, von den „im dunkeln Laube glühenden Goldorangen", von den leuchtenden Blüten der Mimosen, welche sicher über diese Mauer hingen, sehe ich nichts mehr, sondern nur noch die kleinen Schnecken mit den hochgetürmten zugespitzten Schalen, welche an der Mauer saßen und mir fremd waren.

Man wird also sagen, ich sei noch nicht reif für eine Reise nach Italien gewesen, und ich könnte dem nicht widersprechen. Aber ich habe die Erfahrung gemacht, daß man nach jeder Reise in dieses unerschöpflich herrliche Land das Gefühl hat, man sei eigentlich noch nicht reif dafür gewesen und würde das nächste Mal viel mehr davon haben. Was zur Folge hatte, daß ich dieses nächste Mal möglichst oft herbeizuführen suchte.

Als wir im Frühjahr 1875 von dieser Reise heimkehrten, war ich beinahe sechs Jahre alt, und es war an der Zeit, daß ich in die Schule kam. Mit dieser höheren Ordnung, in welche ich mich einfügte, kommt auch in meine Erinnerungen mehr Ordnung und innerer Zusammenhang.

Die Anfangsgründe der Kultur wurden mir in der Elementarschule von Hayer beigebracht. Die Schulräume lagen in einem niederen langen Hinterhaus, zu dem man durch einen schmalen Durchgang gelangte, von der Rotebühlstraße aus, nahe dem Alten Postplatz, schräg gegenüber der Infanteriekaserne. Der Besitzer und Leiter der Schule, Herr Hayer, war ein alter Herr mit schneeweißem, bis auf den Rockkragen herabfallendem Haar. Wenn er ins Zimmer trat, stand die Klasse auf und sagte im Sprechchor: „Grüß — Gott — Herr — Hayer!" Er war für mein gläubiges Kinderherz der Inbegriff des Ehrwürdigen. In regelmäßigen Zwischenräumen, ich glaube am Ende jeder Woche, hielt er großen Gerichtstag. In geordneten Marschkolonnen sammelten sich die Schüler aus allen Klassen in zwei Zimmern, zwischen denen die Türe fehlte oder herausgenommen war. In der Türöffnung stand Herr Hayer. Es wurde gebetet und dann Lob und Tadel ausgeteilt, auch eine etwa verfügte Abstrafung gleich vor versammelter Mannschaft vorgenommen. Ich weiß nicht mehr sicher, ob er es sagte oder ob ich es mir selbst ausmalte, daß es so einmal beim Jüngsten Gericht sein werde. Ich wußte damals noch nichts vom Pietismus; hier erlebte ich ihn.

Ich war ein lenksames Kind, so gutgläubig, daß ich mir nicht denken konnte, daß ein Polizeidiener etwas Böses tun oder ein Mensch mit blauen Augen lügen könne. Aber wenn ich auch noch nicht die Kraft zur Kritik hatte, so doch den Mut, für meine Überzeugung einzutreten. Folgendes kleine Martyrium ist mir in lebhafter Erinnerung. Wir hatten in der Schule den Spruch durchgenommen: „Vor einem grauen Haupt sollst du aufstehen". Ich hatte die Erklärung dahin verstanden, daß man alte Herren auf der Straße grüßen müsse. Mit Schrecken sah ich auf dem Heimweg einen solchen auf mich zukommen, gebeugt und wackelig. Den mußte ich also grüßen. Es war mir furchtbar peinlich, etwas so Auffallendes zu tun, aber ich überwand mich und riß die Mütze vom Kopf. Ich bekam einen sehr freundlichen Gegengruß von dem offensichtlich überraschten grauen Haupt.

Damals lag die Zeit des Krieges mit Frankreich noch nicht weit zurück. Es würde manchmal davon erzählt; zum Beispiel vom Charpiezupfen. Wenn wir Kinder bei Schmerzen wehleidig waren, wurden wir von unserer Mutter an die Verwundeten erinnert, die viel größere Schmerzen gehabt und nicht geschrien hätten, und wir setzten eine Ehre darein, uns nicht weniger tapfer zu halten. So gab es sich, daß auch Herr Hayer einmal vom Krieg erzählte. Er sei eines Tages in sein Kämmerlein gegangen und habe um Sieg für das deutsche Heer gebetet. Auf einmal sei auf der Straße ein großer Jubel ausgebrochen und ein Sieg war erfochten. Da regte sich doch ein Zweifel in dem Kinderherzen. Er galt weniger der raschen Wirkung des Gebets unseres Lehrers, der es wohl auch nicht ganz so gemeint hatte. Vielmehr machte ich mir den so naheliegenden, unzählige Male erhobenen Einwand, daß in Frankreich wahrscheinlich gerade solch ein alter weißhaariger Mann dieselbe Bitte für sein eigenes Land zum Himmel geschickt haben könnte.

In meinem Elternhaus herrschte ein anderer Geist. Es wurde

zwar nie über etwas gespottet oder auch nur vor uns Kindern an etwas Kritik geübt, was einem andern heilig war; aber es wurde auch sonst wenig über diese Dinge geredet. Die Mutter betete mit uns zu Nacht, und vor dem Essen hatte ich als der Älteste ein kleines Tischgebet zu sagen. Das war aber auch alles. Das Ahnungsvolle drang auf anderen Wegen in das Kinderherz ein; durch das Geheimnis von Weihnachten, das Singen der schönen alten Lieder in den letzten Wochen vor dem Fest, das stille Warten im Dunkeln und dann die Fluten von Licht, welche überwältigend von dem strahlenden Baum in unsere geblendeten Augen drangen. So mußte es gewesen sein, als sich über den Hirten auf dem Felde der Himmel öffnete, so mußte auch dereinst der Eintritt in den Himmelssaal sein.

Die Eltern mögen manches Mal über die Frömmelei in der Schule gesprochen haben, aber nie vor uns Kindern. Sie wollten so früh keine Autorität erschüttern und die Kinder nicht in Widerstreit mit der Schule bringen. Das zeigt sehr hübsch die folgende kleine Geschichte.

Es ist wohl allgemein üblich, daß die Kinder vor den Ferien Zeugnisse nach Hause bringen, damit die Eltern sehen, wie es mit ihnen steht und der Vater gegebenenfalls etwas nachhilft, wenn der Sohn nicht gut getan hat. Herr Hayer aber kam auf den Gedanken, zu verlangen, daß die Kinder zum Wiederbeginn der Schule Zeugnisse von ihren Eltern mitbrächten, wie sie sich zu Hause während der Ferien betragen hätten. Nun hatte ich mich ganz brav gehalten bis auf den letzten Ferientag; aber da war ich irgendeiner Untugend unterlegen. Vermutlich hatte ich eine naseweise oder ungezogene Antwort gegeben. Meinem Bruder, der damals mit mir in dieselbe Klasse ging, begegnete so etwas viel weniger leicht; er bekam denn auch ohne weiteres das Zeugnis: „Gottfried ist artig gewesen." Als ich mein Zeugnis abgab, war mir sehr schwer ums Herz und Tränen standen in meinen Augen. Der Lehrer fragte mich, warum ich weine, und ich sagte, weil ich so ein schlechtes Zeugnis habe. Der Lehrer machte den Umschlag auf, sah hinein und sagte: „Das ist doch ein sehr gutes Zeugnis; mehr können wir alle nicht von uns

Etwa 1875

sagen." — „Hans hat sich bemüht, artig zu sein", hatte mein guter Vater geschrieben. Er mochte wohl dasselbe gedacht haben wie die Mutter eines Schulfreundes, die dem Schulmeister angedeutet hatte, es gehe ihn nichts an, wie ihr Sohn sich zu Hause betragen habe; aber mein Vater hatte es uns Kindern gegenüber nicht für richtig gehalten, eine Maßnahme der Schule zu kritisieren.

Einmal wurde ich auch in der Schule bei irgendeiner Dummheit erwischt und sollte eine „Tatze" dafür bekommen. Diesen tierischen Namen führte die leichteste Strafe, bei der man die offene Hand hinhalten mußte, um einen mehr oder weniger kräftigen Schlag mit dem Meerrohr einzustecken. Ich bin zu Haus nie geschlagen worden, wenigstens nicht in der Weise, daß ich selbst dabei mitwirken mußte. Eine Ohrfeige, die auf einmal da ist wie ein Naturereignis, ist etwas ganz anderes. Mir kam daher eine Tatze als eine furchtbare Schande vor. Die Not des Augenblicks machte mich erfinderisch, und ohne mich zu besinnen, sagte ich: „Lieber das nächste Mal zwei." Der Lehrer, dem diese Bitte um bedingte Verurteilung wohl noch nie vorgekommen war, sah mich groß an und war einverstanden.

Sicher fehlte es diesen Lehrern, welche wohl alle in engen und gedrückten Verhältnissen lebten, ganz an der jugendlichen Frische. Ich erinnere mich auch an keinen bestimmenden Eindruck, den ich von einem unter ihnen erhalten hätte. Aber wichtiger war damals für mich, daß sie alle freundlich gegen uns waren und daß mein damals noch überzartes Gemüt keine Verwundung ernstlicher Art von ihnen erlitten hat. Von einem von ihnen erlebte mein Bruder viele Jahre später ein Zeichen rührender Treue. Auf einem Spaziergang über eine der Stuttgarter Höhen sah er zwei alte Männer auf einer Bank in der Sonne sitzen, und als er näher kam, erkannte er in dem einen von ihnen unseren alten Lehrer. Er blieb vor ihm stehen und fragte ihn, ob er sich seiner wohl noch erinnere. Der wies, ohne sich zu besinnen, auf den freien Platz neben ihnen und sagte: „Gottfried, setz dich! Wie geht's? Wie geht's denn dem Hans? Ist er noch in Berlin?" Wohl fünfzig Jahre waren verflossen, seit wir bei ihm auf der Schulbank gesessen hatten. All die Jahre hatte er aus der Ferne treulich unseren Lebensweg verfolgt.

Ich weiß nicht, wie die Pädagogen heutzutage über eine Methode denken, welche damals wohl allgemein zur Steigerung der Leistungen angewandt wurde: die Aufstachelung des persönlichen Ehrgeizes. Ich meine nicht die Begeisterung für große Vorbilder, denen man nacheifern, für große Taten der Vergangenheit, die man auch tun oder lieber noch übertreffen möchte, sondern den Wetteifer zwischen den Altersgenossen. In meiner Jugend spielte das eine große Rolle in der Schule. Daß wir öffentlich belobt oder beschämt wurden, habe ich schon erwähnt. Wir wurden aber auch nach den Leistungen gesetzt, „lociert", nicht nur ein- oder zweimal im Jahr, sondern ununterbrochen. Wenn man etwas nicht wußte, wurde der nächste gefragt; konnte der die richtige Antwort geben, so kam er „einen hinauf". Wenn man Glück hatte, d. h. wenn eine größere Anzahl über einem etwas nicht wußte, so konnte man ziemlich weit springen. Die fünf Besten erhielten ein „Praemium", welches vor der ganzen Schule überreicht wurde. Auch später im Gymnasium wurde nach den Leistungen gesetzt; in den höheren Klassen natürlich seltener, höchstens ein- oder zweimal im Jahr. Dabei saßen nicht die schwächsten Schüler vorn, sondern die besten; also nicht der Aufsicht und Nachhilfe, sondern dem Herzen des Lehrers am nächsten.

Ich weiß wie gesagt nicht, wie das heute in den öffentlichen Schulen gehandhabt wird; vielleicht kommt man ohne dies Mittel nicht aus. Aber zu meiner Zeit war es immerhin auffallend, daß die Schüler eine andere Einschätzung voneinander hatten als die Lehrer von ihnen. Man mußte schon recht gute Eigenschaften ganz anderer Art besitzen, wenn man trotz guter Leistungen im Unterricht von den Kameraden geschätzt sein wollte. Der selbstverständliche Kriegszustand zwischen Lehrer und Klasse ging sicher zum Teil auf diese verschiedene Auffassung vom „Menschenwert" zurück.

Etwas ganz anderes ist es mit körperlichen Leistungen. Da ist der Ehrgeiz als stärkste Triebfeder durchaus am Platz und zur

Erzielung von Höchstleistungen unentbehrlich; da wird er aber auch von den Kameraden nicht übelgenommen. Aber selbst da sucht man, wie ich wenigstens von den Lietz-Schulen weiß, den Einzelehrgeiz eher zu dämpfen und dafür den Ehrgeiz der Gruppe zu wecken; bei den Wettkämpfen innerhalb der Schule das Eintreten für die Ehre der Mannschaft, bei Wettkämpfen mit andern Schulen den Einsatz für die Ehre der Schule. Bei rein geistigen Leistungen aber gehört der Ehrgeiz zu den niedereren Triebfedern. Das wird um so stärker empfunden, je höher das Gebiet ist, auf dem er sich abspielt. So wirkt er zum Beispiel auf religiösem Gebiet widerlich. Er sollte nur eingespannt werden, bis die Triebfedern höherer Art entwickelt sind; das ist die ihren Lohn in sich selbst tragende Liebe zur Sache und damit Freude an der Sache, in deren Dienst man dann auch das selbst bei der höchsten Tätigkeit nie fehlende Unangenehme und Langweilige als Pflicht auf sich nimmt.

Ich war von Natur sehr ehrgeizig. Es fällt mir rückschauend auf, wie wenig dieser angeborene Trieb — denn das ist er, ein ausgesprochen sozialer Führerinstinkt — während meiner Schulzeit von meinen Eltern begünstigt wurde. Sie haben sich gewiß im stillen gefreut, wenn ich ein gutes Zeugnis nach Hause brachte, ebenso wie wenn mir später im Leben etwas gelang; aber sie ließen sich nichts anmerken. Vor allem suchten sie mich nie aus eigenem Ehrgeiz zu steigern. Ich war von rascher Auffassung und von Natur lernbegierig, dafür aber zart und leicht erregbar. So war es ihr Bestreben, mich zurückzuhalten. Ich wurde sehr spät in die Schule getan und war neuneinhalb Jahre alt, also anderthalb Jahre älter als die meisten meiner Kameraden, als ich in die unterste Klasse des Gymnasiums kam, so daß ich bei Bestehen der Reifeprüfung schon eher als überreif zu bezeichnen war.

Diesem späten Eintritt in die Schule war es wohl wenigstens zum Teil zuzuschreiben, daß ich nie Schwierigkeiten hatte mitzukommen, wohl aber oft, namentlich in den obersten Klassen, an quälender Langeweile litt. Da sich das Tempo des Fortschreitens naturgemäß nach den schwächsten Schülern richtete, war es für die leichter Lernenden oft zu langsam. So habe ich in späteren Jahren wohl manchmal an jene Bevorzugten aus der Blütezeit des deutschen Geisteslebens gedacht, welche einzeln oder in kleinen Gruppen in ganz freier Weise unterrichtet wurden und in kürzerer Zeit mehr lernten und daneben noch die Muße zu einer vielseitigen Ausbildung ihrer ganzen Persönlichkeit hatten. Hier liegt ein Problem der Kulturpolitik vor, welches sich nicht einfach damit abtun läßt, daß man sagt, damals seien Einzelne auf Kosten des Volksganzen hochgezüchtet worden. Es gibt eben im Geistigen Dinge, welche nur durch überragende Einzelne geschafft werden können, nicht durch den tüchtigen Durchschnitt; und was jene Einzelnen schufen, das kam dem ganzen Volk zugute, davon zehren wir heute noch. Es ist sicher richtig, daß man den Plan der öffentlichen Erziehung nicht auf Ausnahmen aufbauen kann, und überhaupt könnte das Aufwerfen dieser Frage angesichts des ausgesprochenen Machtwillens des Staates als gegenstandslos erscheinen. Aber das wenigstens sollte im allgemeinen Bewußtsein bleiben, daß hier eine naturgegebene Spannung vorliegt; eine Spannung nicht zwischen den selbstsüchtigen Wünschen des Einzelnen und dem Anspruch der Gemeinschaft, sondern zwischen den geistigen Lebensbedingungen von Menschen verschiedener Begabung und Veranlagung. Nur wenn man diese Spannung erkennt und anerkennt, gewinnt man die geistige Freiheit, welche einen befähigt, sie zum Besten des Ganzen zu mildern. Ich werde später noch einmal Anlaß haben, davon zu sprechen.

Ich will nun aber mit dem eben Ausgeführten nicht sagen, daß ich es bedaure, den damals gewöhnlichen Weg gegangen zu sein. Ich bin auf ihm in meiner inneren Entwicklung vielleicht aufgehalten, aber nicht dauernd geschädigt worden. Vor allem aber habe ich Wichtiges gelernt, was nur so möglich war. Denn auch damals schon bedeutete die öffentliche Schule nicht nur eine Anstalt zum Lernen und zur geistigen Ausbildung, sondern sie war der Ort des Übergangs aus dem umhegten Leben des Elternhauses in die rauhere Luft der Öffentlichkeit; sie brachte in vielen Fällen allein den jungen Menschen mit Altersgenossen der verschiedensten Artung zusammen und zwang ihn zu lernen, mit ihnen zu leben und sich unter ihnen zu behaupten. Das ist in der Stadt nötiger als auf dem Land, in der großen Stadt mehr als in der kleinen; es ist um so unerläßlicher, je schwerer es vielleicht fällt, je feiner die Gesittung des Elternhauses ist, je zarter und verletzlicher die Artung des Kindes. All das traf bei mir in hohem Maße zu. Das wichtigste war mein eigenes Wesen. Zwar war ich als Kind den Menschen gegenüber nicht scheu, im Gegenteil eher zutraulich. Aber ich hatte zu Zeiten viel Mühe, mit mir selbst fertig zu werden und mit manchen schweren Fragen, die mir wohl sehr vorzeitig aufstiegen. So war ich als Kind ein Einzelgänger, ein Eigenbrödler; nicht fröhlich mit meinesgleichen, wie es für Kinder natürlich ist, sondern einsiedlerisch, schroff und unliebenswürdig. Leidenschaftlich und ausschließlich mit einem Freund, wenn ich einen hatte; blieb er aus, so war ich am liebsten allein. Um so wichtiger war es für mich, daß ich von außen her mit anderen zusammengezwungen wurde und mich in sie finden mußte, bis ich, erstarkt und meiner selbst sicher geworden, auch ein guter Kamerad sein konnte, ohne meine innere Unabhängigkeit zu verlieren.

Zugleich mit mir kam mein jüngerer Bruder in die Schule; er war also erst vierdreiviertel Jahre alt. Doch stellte sich bald heraus, daß er noch zu jung war, und meine Eltern ließen ihn eine Klasse wiederholen. Das wäre kein Grund gewesen, daß er nicht der gegebene Kindheits- und Jugendfreund für mich geworden wäre. Das Hindernis lag in uns selbst. So sehr ich ihn damals liebte und sein Leben lang geliebt habe, so waren wir doch in entscheidenden Punkten verschieden. In späteren Jahren war er wohl viel einsamer als ich; aber in seiner Jugend war er in jugendlicher Weise gesellig, und es gefielen ihm andere Kameraden als mir. Das hinderte nicht, daß wir manche fröhliche Jugenderinnerung gemeinsam hatten.

Wir wurden von den Eltern angehalten, auf dem Heimweg von der Schule nicht lange auf der Straße herumzustromern. Deswegen konnten wir uns doch nicht versagen, am Kasernenhof stillzustehen, wo die Soldaten sich um die Mittagszeit zur

Wachtparade formierten; manchmal gelang es, gerade den Augenblick zu erwischen, wo der Zug zwischen den präsentierenden Posten zum Tor herauskam; voraus die dröhnende Blechmusik, dann die Truppe mit dem schneidigen Leutnant an der Spitze, der sehr stolz aussah und wohl einmal ein bewunderndes Herz durch einen Gruß mit gesenkter Degenspitze beglückte. So marschierten sie die Königstraße hinunter, zur Ablösung der Schloßwache. Am Schloßplatz schwenkte die Musik ab und spielte dort von zwölf bis ein Uhr unter einem zierlichen eisernen Pavillon. Uns rief indessen die Pflicht in entgegengesetzter Richtung, die Rotebühlstraße hinauf am Feuersee vorbei, an dem man noch ein paar Minuten stehen bleiben mußte, um den Schwänen zuzusehen, welche in stolzer Fahrt das schmutzige grünlichbraune Wasser durchfurchten oder am Boden des Ufers grundelten. Auch dem See gegenüber war ein Anziehungspunkt. Da lag das Geschäft und die Wohnung meines Großonkels, und im Hof dieser Hoffmannschen Druckerei lagerten aufgestapelt die braunen Steinkrüge, in welchen damals das Teinacher Wasser der Hirschquelle versandt wurde. Der Fuhrmann brachte sie auf einem schweren Lastwagen, der von zwei kräftigen Gäulen gezogen wurde, und ich hörte mit staunendem Interesse, daß er morgens in aller Frühe in Teinach abfahren müsse, um in einem Tage bis Stuttgart zu kommen. War man auch an dieser Klippe glücklich vorbei, so bog man links in die Hermannstraße ein, welche gerade auf das rote Backsteingebäude der Frauenarbeitsschule in der Reinsburgstraße zuführte. Ihm schräg gegenüber im zweiten Haus nach dem Hasenberg zu wohnten wir.

Es ist mir merkwürdig, wie wenig ich noch von der inneren Einteilung dieses Hauses weiß, in welchem ich doch meine ganze Kindheit bis über mein zehntes Jahr hinaus verlebte. Ich schiebe es darauf, daß das Haus, welches mit seiner Sandsteinfassade ganz stattlich aussah, im Grunde recht charakterlos war, wie viele neue Häuser der damaligen Zeit. So habe ich eine deutliche Erinnerung eigentlich nur an eine Absonderlichkeit, welche den regelmäßigen Hausplan durchbrach, nämlich an eine Wendeltreppe, welche mein Vater nachträglich hatte bauen lassen, zur Verbindung des Erdgeschosses, in welchem die Geschäftsräume waren, mit dem ersten Stock, in welchem die Familie wohnte. Vielleicht war es aber gar nicht die architektonische Eigenart dieser Treppe, was mir den tieferen Eindruck machte, so daß sie mir noch ganz deutlich in Erinnerung ist, sondern etwas ganz anderes, was sich unlöslich mit ihr verbunden hat. Als nämlich zu der Schwester noch zwei Brüder kamen und die Familie in der mäßig großen Wohnung nicht mehr recht Platz hatte, bekamen mein Bruder und ich unser Schlafzimmer im Erdgeschoß, welches im übrigen von den Geschäftsräumen eingenommen war; gerade daneben mündete die Wendeltreppe aus. Da hatte sich nun der Unfug ausgebildet, daß unser Kindermädchen uns vor dem Einschlafen noch ein Butterbrot, wohl gar mit Fleisch, zusteckte. Wenn die Mutter uns Gutenacht gesagt hatte und alles still geworden war, horchten wir gespannt, bis sich oben etwas regte. Dann stieg ich aus dem Bett, schlich leise an die Treppe und nahm die zwei eingewickelten Brötchen in Empfang, welche die Stufen heruntergerollt kamen. Das war häßlich von uns, aber geschmeckt hat es doch, und ich denke, das Vergehen ist jetzt verjährt.

Zu den Geschäftsräumen hatten wir Kinder im allgemeinen natürlich keinen Zutritt; doch war bei dem engen Zusammenleben eine Berührung nicht ganz zu vermeiden. Sogar in ganz wörtlichem Sinn. So erinnere ich mich noch lebhaft an eine Art „Überfall im Wildbad", dessen Opfer ich war. Wir hatten kein Badezimmer, vielmehr wurde das Samstagabendbad von uns Kindern im Keller genommen, in einem großen Holzzuber. Nachher nahm uns das Kindermädchen auf den Rücken, „sie tat's von Herzen gern", und ließ uns die Treppe hinauf ins Bett reiten. Dabei kamen wir am Geschäft vorbei, und da muß wohl mein gespanntes weißes Nachthemdchen gar zu verlockend gewesen sein, so daß einer der Herren, der gerade herauskam, nicht widerstehen konnte. Die andere Berührung war mit dem Chef der Firma selbst und ernsterer Art: eine schallende Ohrfeige, an die ich mich erinnere, weil sie die einzige war, welche ich von meinem Vater erhielt. Sicher nicht die einzige, welche ich verdient hätte; aber diese eine war zufällig unverdient. Da der Anlaß meinen Vater ehrt, will ich ihn erzählen. Wir hatten hinter dem Haus einen niederen Schuppen, in welchem ein zweirädriger Karren gerade Platz hatte. Der „Markthelfer" Friedrich fuhr in ihm die Bücherpakete zur Post. In diesem Karren, dicht unter dem niedrigen Dach des Schuppens, lag ich besonders gern; niemand wußte, wo man war, und es ließ sich herrlich darin träumen. War es nun das oder etwas anderes, kurz, mein Bruder und ich hatten eine kleine Meinungsdifferenz mit Friedrich. Dabei muß meinem Bruder das unbedachte Wort entfahren sein: „Du bist ja nur unser Hausknecht." Plötzlich erschien mein Vater, stürzte sich auf mich, der ich gerade vorne stand, und versetzte mir eine mächtige Ohrfeige. Komischerweise mußte ich trotz des Schreckens denken: genau wie „der Schneider mit der Scher" im Struwelpeter.

Aber nicht nur diese kindischen Freuden und Nöte drangen aus dem Geschäft zu uns, sondern etwas auch von der gewaltigen Arbeit, welche mein Vater gerade in jenen Jahren leistete, und von den ersten großen Erfolgen, welche er nach anfänglichen Mißerfolgen hatte. Ich habe ihn öfters sagen hören, es sei ein reiner Glücksfall gewesen, daß er neben anderem auch kaufmännische Begabung gehabt habe; er habe beim Ergreifen seines Berufs nicht gewußt, daß der Buchhandel in hohem Maße eben ein Handel sei, eine kaufmännische Tätigkeit, und zwar eine sehr schwierige und gefahrvolle, bei welcher in kurzer Zeit viel Geld gewonnen, aber auch verloren werden könne. Dieses letztere hat er wohl bei einem seiner ersten Verlagswerke erfahren, bei dem mit viel Idealismus begonnenen „Kunsthandwerk", das nach Inhalt und Ausstattung höchst vornehm war, aber eben nicht ging und aufgegeben werden mußte. Den ersten ganz großen Erfolg hatte er mit dem Prachtwerk „Germania / Zwei Jahrtausende deutschen Lebens". Es war von Johannes Scherr, einem alten Achtundvierziger, welcher, aus Deutschland geflohen, in Zürich lebte, mit hinreißender Begeisterung geschrieben und von meinem Vater aufs liebevollste ausgestattet.

Kindheit und Schule

So kam es in die große Woge des nationalen Hochgefühls nach dem Siege über Frankreich und der Gründung des Reichs und trug meinen Vater mit sich nach oben.

Mit Johannes Scherr blieb mein Vater lebenslang freundschaftlich verbunden; er besuchte uns in Stuttgart und wir ihn später in Zürich. Aber auch sonst brachte mein Vater öfters einen Schriftsteller oder einen auswärtigen Geschäftsfreund zur Mittagsmahlzeit mit, und zwar an den Familientisch. Dies gewann erst später seine volle Bedeutung für uns Kinder, und dann werde ich noch davon zu reden haben. Was damals von dem Leben des Verlags zu uns drang und uns Eindruck machte, das waren die Bilder in den Büchern; die Originale, von denen einige gerahmt und aufgehängt wurden, dann aber die Holzschnitte, welche uns als Makulatur an allen möglichen und unmöglichen Örtlichkeiten in die Hände fielen. So erinnere ich mich an ein mächtiges Germanenweib, welches mit Stricken zusammengeschnürt an einen sich bäumenden Rappen gebunden war, um zu Tode geschleift zu werden; oder an eine junge Frau in mittelalterlicher Bürgertracht, in einem sonnigen Zimmer mit Butzenscheiben, welche ihrem Töchterchen, das an ihren Knien steht, gute Lehren gibt (Fritz Kaulbach). Auch an herrliche bunte Bilder aus dem Buch von Fr. v. Hellwald, „Die Erde und ihre Völker". Aus diesem Buch muß ich schon sehr früh einiges gelesen haben; es war meine erste Berührung mit der materialistischen Weltanschauung, welche sich als Wissenschaft gab und mir damals, als ich ihr noch wehrlos gegenüberstand, ein tiefes Unbehagen einflößte. So, wenn die menschlichen Ideale als die notwendigen menschlichen Irrtümer erklärt wurden. Es mag aber sein, daß dieser Satz, der mir großen Eindruck machte, in einem andern Buch desselben Verfassers, etwa in seiner Kulturgeschichte, steht und mir erst etwas später in die Hände fiel.

Mit den Erfolgen meines Vaters wuchs auch der Umfang seines Geschäfts, und das alte Haus, welches die Familie nicht mehr recht fassen wollte, wurde auch für seine Arbeit zu eng. So entstand zugleich mit der Möglichkeit auch das Bedürfnis und der Wunsch, ein neues größeres Haus zu bauen. Als ich eines Tages aus der Schule nach Hause kam, wurde mir mitgeteilt, daß der Vater den großen Garten gekauft habe, welcher gerade gegenüber von unserem Haus den Berg hinaufstieg. Es war ein großer Augenblick, als uns die Türe aufgeschlossen wurde und wir hinein durften, in einen uralten, herrlich verwilderten Obstgarten mit vermoosten Wegen und steilen schmalen Treppenstufen. Nie in meinem Leben habe ich so viele Veilchen beisammen gesehen, blaue und weiße, ganze Rasen. In diesen verträumten Frieden brach nun der gestaltende Menschenwille ein. Mehr als die halbe Straßenfront des Grundstücks wurde zum Bauplatz für das neue Haus ausersehen. Der Zaun wurde abgerissen, die Bäume gefällt und ein gewaltiges Loch in den rötlichen Berg hineingehauen und -gegraben. Denn das Haus, welches außer der Wohnung für die Großmutter und für unsere Familie auch das große Geschäft, die Kontore, die Pack- und Lagerräume aufnehmen sollte, wurde durch einen senkrecht zur Straße nach hinten abgehenden Flügel erweitert und sollte eine große Bodenfläche einnehmen. Wir konnten von unseren Fenstern aus zusehen, wie der Boden ausgehoben und abgefahren, wie das anstehende Erdreich durch starke Mauern gestützt wurde, wie sich ein mächtiges Balkengerüst erhob, an dem die behauenen Sandsteinblöcke hochgewunden wurden, um an die Stelle, wo sie sitzen sollten, hinübergeschwenkt zu werden, und wie die Mauern langsam in die Höhe wuchsen. Einmal stürzte ein Arbeiter vom Gerüst; es war uns schrecklich, und wir fühlten es wie eine Schuld, eine Belastung auf dem Glück unseres Hauses. Auch hatten wir Angst um den Vater, der mit Leidenschaft in dem halbfertigen Bau herumkletterte. Er baute gern, hatte selbst Architekt werden wollen und konnte auch später nicht leicht an einem Neubau vorübergehen, ohne einen Blick hineinzuwerfen.

Von dem mächtigen Bau, der nach und nach fertig wurde, gehörte das Erdgeschoß im Haupthaus und im Seitenflügel dem Geschäft als Lager und Packräume; im ersten Stock des Seitenflügels befanden sich die Kontore, ganz am Ende das Zimmer meines Vaters. Diese Räume umschlossen zwei Seiten eines gepflasterten Hofes, der auf den beiden andern Seiten von den hohen Stützmauern begrenzt war. Von der Straße her war er durch einen Torweg zugänglich, breit genug (wenn sie aufpaßten), um die Lastwagen durchzulassen, auf denen die Kisten und Bücherballen zur Bahn geführt wurden. Im inneren Winkel des Hofes, wo die beiden Baukörper zusammenstießen, erhob sich eine durch alle Stockwerke gehende Eisenkonstruktion, welche im Erdgeschoß den Eingang ins Geschäft und eine davorliegende Rampe zum Einladen der Bücher überdachte, im ersten und zweiten Stock eine sehr geräumige verglaste Veranda bildete. Auf und um diesen Hof spielte sich ein reges Leben ab, welches unser Interesse in hohem Maße fesselte.

Den ersten Stock des Haupthauses bewohnte meine Großmutter bis zu ihrem Lebensende. Der zweite Stock war unserer eigenen Familie vorbehalten; im Flügel lagen die Schlafzimmer, im Haupthaus die Wohnräume.

Man würde heute ein solches Haus anders bauen; die Fassade schlichter und weniger lastend, die Fenster größer, das Innere lichter. Und doch war es in seiner Art ein schönes stattliches Haus, unseren Bedürfnissen angemessen, und wir haben manches Jahr gesund und glücklich zusammen darin gewohnt. Für mich waren es entscheidende Jahre, in denen ich zwar manchen Irrweg ging und noch nicht die endgültige Richtung meiner Lebensarbeit fand, aber doch zum erstenmal in lichter Höhe die Ziele erblickte, denen ich dann mein Leben lang zustrebte.

In den Jahren 1878 bis 1888 besuchte ich das Eberhard-Ludwigs-Gymnasium in Stuttgart, als ältester von fünf Brüdern, die alle denselben Weg machten, so daß zeitweilig vier von uns gleichzeitig in derselben Schule aus- und eingingen.

Die Schulgebäude bestanden damals aus zwei gleich großen massigen Häusern von etwas kahlem düsterem Aussehen, welche durch einen Hof verbunden waren. Dieser letztere war auf der einen Seite durch eine hohe Mauer mit einem vergitterten Torbogen abgeschlossen, so daß eine lange Front entstand, welche an der Kronprinzstraße lag. Die beiden Schmalseiten des Gebäudekomplexes grenzten an die Lange Straße und die

Gymnasiumstraße; hier waren die Eingänge. Die vierte Seite wurde von Hinterhäusern der Königstraße eingenommen. Die Schulzimmer schauten also nach drei Seiten auf belebte, nicht sehr breite Straßen, was unseren witzigen Professor Jordan zu dem Ausspruch veranlaßte: „Der Kampf der Wagen und Gesänge, wenn er zwischen beiden entbrennt, ist den Idealen nicht förderlich."

Die Schule war in zehn Jahresklassen eingeteilt, mit der ersten Klasse beginnend; die sechs unteren Klassen waren als Untergymnasium, die vier oberen als Obergymnasium zusammengefaßt. Diese Trennung wurde äußerlich durch die Unterbringung in den beiden Häusern betont.

Als ich im Jahre 1888 die Schule mit dem Reifezeugnis verließ, begann bald nach der Thronbesteigung von Kaiser Wilhelm II. die Schulreform. Während meiner Schulzeit bestand also die ungebrochene Herrschaft des alten humanistischen Ideals. Das hatte wie alles auf der Welt seine zwei Seiten. Ich möchte hier den Nachdruck auf die gute legen, die innere Geschlossenheit des Systems und die auf alter Tradition beruhende, äußerst gediegene Durchbildung der Lehrer. Man lernte vieles nicht, was einem später vielleicht fehlte oder was man nachholen mußte; aber was man lernte, das mit großer Gründlichkeit. So war ich für das Studium der Naturwissenschaften, welches ich später ergriff, recht unvollkommen vorgebildet. Der Unterricht in Biologie war kümmerlich und fesselte mich trotz meiner angeborenen Neigung so wenig, daß ich kaum übertreibe, wenn ich sage, daß Zoologie mein schlechtestes Fach war. Von der höheren Mathematik hatten wir nur die ersten Anfänge. Von modernen Sprachen war nur das Französisch obligatorisch; der Unterricht, so vortrefflich er in seiner Art war, führte nur zum Verständnis des gelesenen Worts, kaum zu dem des gehörten, noch weniger zum eigenen Sprechen. Aber all das ließ sich nachholen. Dagegen hätte ich schwerlich später noch die Zeit gefunden, für das Verständnis des griechischen und römischen Altertums und der ganzen daraus folgenden Zeiten einen so tiefen und sicheren Grund zu legen wie in den zehn Jahren täglicher Beschäftigung mit diesem Gegenstand und weit über das bloße Verständnis hinaus eine zur Nacheiferung treibende Begeisterung, welche Gang und Arbeit meines Lebens wesentlich beeinflußt hat.

Ich gehöre nicht zu denen — man wagt das ja kaum zu gestehen — welche unter ihrer Schule vorwiegend gelitten haben und deshalb mit Abneigung, wo nicht mit Haß an sie zurückdenken. Das mag zum Teil daher kommen, daß ich sehr mannigfache Interessen hatte und trotz allem Trieb zur eigenen hervorbringenden Tätigkeit immer gerne gelernt habe. Vor allem aber kam es doch wohl daher, daß ich sehr gute wohlmeinende Lehrer hatte, von denen einige in ihrer Art etwas Besonderes waren und eine tiefer gehende dauernde Wirkung auf mich ausgeübt haben.

In der fünften Klasse hatten wir Latein und Griechisch von Professor Barthelmes. Er war ein merkwürdiger Mann, von hohem innerem Schwung, aber nervös reizbar, eigentlich kein Lehrer für Jungen unseres Alters. Doch verstand er es, sich unsere Achtung zu erwerben, und ich erinnere mich nicht, daß er besonders gequält wurde. Er hätte wohl Gelehrter werden sollen und an eine Universität gehört. Jedenfalls besaß er Kenntnisse und Interessen in vergleichender Sprach- und Religionswissenschaft, die weit über den Bedarf des Unterrichts hinausgingen, und er ließ uns daran teilnehmen. So habe ich bei ihm von Dingen gehört, von denen ich wohl sonst nie etwas erfahren hätte. Was ein Wortstamm, eine „Wurzel" ist, was Affix und Suffix; wo früher ein Digamma stand; daß Jupiter mit dem altindischen Djaus-pitar verwandt ist, dasselbe ist wie Zeus-pater und Himmelsvater bedeutet; wie das lateinische Ulixes mit dem griechischen Odysseus zusammenhängt, die Wurzel duc enthält und dux, Duce, Führer bedeutet, und vieles andere mehr. Die meisten Einzelheiten habe ich vergessen, möchte auch nicht Schuld haben, daß etwaige Fehler meiner Wiedergabe dem wackeren Mann angerechnet werden. Natürlich konnten wir nun kein Wort mehr unangefochten lassen. Er selbst hieß bei uns der „Wurzelmann", und wir stellten die kühne Hypothese auf, daß sein Name in Sanskrit „Bartal-mas" gelautet habe. Ich weiß nicht, ob die Schulbehörde sein Verfahren kannte und ob sie es gebilligt hätte. Noch zweifelhafter bin ich, ob sie damit einverstanden gewesen wäre, daß er uns zeigte, wie gewisse religiöse Vorstellungen, zum Beispiel die göttliche Mutter mit ihrem Sohn, zu verschiedenen Zeiten bei verschiedenen Völkern wiederkehren. Auch ging dies wohl weit über den allgemeinen Horizont der Klasse hinaus. Aber für mich war es die erste Berührung mit der Wissenschaft; der Gegenstand ergriff mich mächtig und hat mich lange beschäftigt. Ist doch die vergleichende Sprachforschung derjenige Zweig der Geisteswissenschaft, welcher nach Gegenstand und Methode vielleicht die größte Verwandtschaft mit der Biologie hat.

Die anderen Zweige der Sprachlehre müßten sich wohl gerade so fesselnd behandeln lassen, doch erfordert das wohl eine Art von Begabung, welche man keineswegs bei allen Lehrern und sicher nur bei ganz wenigen Schülern voraussetzen darf. Auch haben diese wohl noch nicht die dazu nötige Reife erreicht. Ich glaube, daß ich mich jetzt für alle Zweige sogar der Grammatik, namentlich bei vergleichender Betrachtung, lebhaft interessieren würde. Denn schließlich ist es doch etwas höchst Merkwürdiges, wie der Mensch dazu gekommen ist, durch Laut- und Bildzeichen den Inhalt seines Bewußtseins auf andere Menschen zu übertragen, auch dann, wenn es sich um ganz unanschauliche Verhältnisse handelt; und es ist sehr interessant zu sehen, welch verschiedene Wege die verschiedenen Menschengruppen zu diesem selben Ziele eingeschlagen haben. Sich aber zum Bewußtsein zu bringen, was unbewußt geschehen ist, erweitert den Kreis des Bewußtseins, und das ist doch eine der wichtigsten Seiten des geistigen Werdens.

Ich habe keinen zweiten Lehrer gehabt, der mein Interesse für die Sprache als solche in gleicher Weise zu wecken vermochte; aber mehrere, welche mir die in den alten Sprachen niedergelegten Kulturschätze nahebrachten.

Es lag wohl zum Teil an der Persönlichkeit eines solchen Lehrers, daß mir von den lateinischen Schriftstellern Horaz den größten Eindruck gemacht hat. Professor Bilfinger entsprach auch in seinem Äußeren am ehesten dem Bilde, welches man sich von einem antiken Menschen macht. Er war ein wohlgebauter Mann mit durchgebildetem Körper, von guter Haltung. Er hatte auf tragische Weise durch ein Feuerwerk bei einem Herbstfest das linke Auge verloren; um so heller blitzte das rechte. Er imponierte uns in jeder Bewegung. Kurz ehe er in die Klasse trat, verstummte der Lärm; denn er hatte eine eigene Art, die Türe mit einem Schwung ganz aufzumachen, so daß er plötzlich in der Klasse stand. Am meisten aber gewann er uns dadurch, daß er uns — wir waren in der neunten Klasse — als junge Männer behandelte. Wenn einer faul gewesen war, pflegte er zu sagen: „Wenn Sie nicht arbeiten wollen, tant pis pour vous; mir ist es einerlei." Das kam denn auch nicht häufig vor; jeder hätte sich geschämt und vor seinem Spott gefürchtet. Am Ende der Stunde pflegte er zu fragen, wer die eben durchgenommene Ode oder Satire bis zum nächsten Male auswendig lernen wolle, und immer meldeten sich einige und keineswegs immer dieselben. „Ibam forte via sacra ut meus est mos." Er war selbst einige Zeit in Rom gewesen und konnte uns von der Via sacra erzählen. Unterstützt wurde er darin durch eine besondere Unterrichtsstunde, „Altertümer" genannt, in welcher er uns die Topographie von Rom und die Hauptzüge des römischen Lebens ungemein anschaulich zu schildern wußte: den Tageslauf des vornehmen Römers, das Leben der antiken Großstadt, die einfachen Freuden des Landlebens im Süden.

Der andere römische Schriftsteller, der mir einen großen Eindruck gemacht hat, war Tacitus; sein wuchtiger düsterer Ernst und vor allem die Schärfe und Knappheit seines Ausdrucks. So wenn er zum Beispiel den Gedanken „er machte seinem Leben durch Hunger ein Ende" mit dem einen Wort „abstinuit" ausdrückt. Dagegen konnte ich zu Ciceros Reden kein Verhältnis gewinnen, ebensowenig wie zu Vergil, von dem wir die Aeneis lasen.

Den tiefsten Eindruck von römischem Wesen erhielt ich aber nicht durch das Lesen der alten Schriftsteller, sondern aus dem

Studium von Mommsens Römischer Geschichte, die ich sehr gründlich mit Auszügen durcharbeitete. Der starke Bürgersinn, der politische Instinkt, der zu dieser unvergleichlich organischen Entwicklung aller staatlichen Einrichtungen führte, die Zeit der Auflösung und die Riesengröße der Kämpfe um die Macht und dann der Bändiger und Neuordner des Chaos, die hinreißend geschilderte Gestalt des „ersten und doch auch einzigen Imperators Caesar": all das wurde mir aus diesem wunderbaren Buche lebendig.

Für mein eigenes Leben aber hatten diese Studien eine doppelte Folge. Einmal erwarb ich mir ein gewisses Verständnis für politisches Geschehen, aber verbunden mit der Einsicht, daß meine eigenen Fähigkeiten keinesfalls auf diesem Gebiete liegen, und dem Entschluß, ihm abgesehen von der Erfüllung meiner Bürgerpflichten fern zu bleiben. Dann aber eine schwere Belastung mit dem Gedanken, daß unsere moderne Zeit eine solche ähnlichen völkischen Niedergangs sei wie die römische Kaiserzeit. Dieses niederdrückende Gefühl, welches ja damals auf vielen lastete, habe ich nur langsam überwunden, durch vertiefte Einsicht in das auch für die Völker geltende Lebensgesetz, daß immer etwas neu Aufstrebendes sich zeigt, wenn etwas Altes zu Ende geht, und dann durch richtigere Würdigung der Kräfte, welche unsere Zeit durchaus unvergleichbar mit jeder früheren machen.

Ganz anderer Art und viel tiefer gehend war die Wirkung, welche die Bekanntschaft mit dem Griechentum auf mich ausgeübt hat. Sie wurde mir durch einen begeisterten Verehrer dieses Volkes vermittelt, Dr. Lorenz Straub, der durch seine Übersetzungen aus der „Liederdichtung und Spruchweisheit der alten Hellenen" in weiteren Kreisen bekannt geworden ist. Vor allem Homer ist mir damals zu einem dauernden Besitz geworden. An Homer kam mir auch wohl zum erstenmal die Unübersetzbarkeit des sprachlichen Kunstwerks zum Bewußtsein; die Erkenntnis, daß die Sprache kein bloßes Gewand der Gedanken ist, welches mit einem andern Gewand vertauscht werden kann, sondern daß der Gedanke mit der Sprache zugleich entsteht und

Kindheit und Schule

die Sprache mit dem Gedanken, so daß jede wirklich gute Übersetzung zum großen Teil eine Neuschöpfung ist. Sehr tief empfand ich den Unterschied zwischen Homer und Vergil, ohne mir doch klare Rechenschaft davon geben zu können. Ich habe seither manches darüber gelesen und gehört und auf Umwegen ein Verständnis für den großen römischen Dichter gewonnen wie auch für denselben Geist, der sich in der gleichzeitigen römischen Plastik ausspricht. Aber damals lehnte ich ihn mit jugendlicher Entschiedenheit ab, im Gegensatz zu Homer, der mich lange Zeit ganz erfüllte.

Von den großen Tragikern lasen wir die Iphigenie auf Tauris von Euripides; ich vermute wegen des Vergleichs mit dem Goetheschen Schauspiel. Viel größeren Eindruck machte mir eine Aufführung der Antigone, von Professor Straub nach seiner eigenen Übersetzung einstudiert, bei welcher ich als einer der beiden Chorführer mitwirkte. Von diesem unvergleichlichen Mittel, sich in den Geist einer Dichtung einzuleben, sollte noch viel mehr Gebrauch gemacht werden. Ich fand dies später in der Schule von Hermann Lietz verwirklicht; dort wurde, ganz dem Geist dieser Schule entsprechend, die nachschaffende Verwirklichung dichterischer Gestalten ganz bewußt als ein Mittel verwendet, um nicht nur den Geist mit hohen Bildern zu erfüllen; auch der Körper sollte dadurch an freier ungezwungener Ausdrucksfähigkeit gewinnen.

Von griechischer Prosa lasen wir, soviel ich mich erinnere, nur die Anabasis des Xenophon, die Schilderung jenes denkwürdigen Marsches der zehntausend Mann griechischer Hilfstruppen des jüngeren Kyros, welche nach dem Tode dieses Thronprätendenten aus einer verzweifelten Lage tief in Asien durch die Entschlossenheit und Klugheit des jungen Xenophon an die Meeresküste und in die Heimat zurückgeführt wurden. Eine Tat, die wohl wie keine andere seit den Siegen der Perserkriege in den Griechen das Gefühl der Überlegenheit über die Barbaren stärkte.

Plato ist mir erst in späteren Jahren von Bedeutung geworden. Jetzt gehören manche seiner Gedanken und Bilder, wie etwa der zu immer höheren Sphären aufsteigende Eros oder die Gefolgschaft der einzelnen Götter, zu meinem kostbarsten Besitz. Damals fehlte mir noch die Reife, sie zu fassen.

Die griechische Welt wirkte aber nicht nur durch das überlieferte Wort auf mich ein, sondern mindestens so stark durch die Reste ihrer bildenden Kunst. Schon als Kind hatte ich manchmal an dem runden See im Schloßgarten gestanden, dessen obere, dem Schloß zugewandte Seite mit der Nymphengruppe von Dannecker geschmückt ist, und hatte nicht nur dem Spiel der Schwäne und bunten Enten zugeschaut, sondern auch den Kranz von Marmorkopien antiker Bildsäulen andächtig betrachtet. In späteren Jahren besuchte ich eifrig die reichhaltige Sammlung von Gipsabgüssen. Dabei erwachte bezeichnenderweise niemals in mir der Wunsch, mich später einmal, etwa als Kunsthistoriker, dauernd mit diesen Dingen zu beschäftigen. Ebensowenig erweckte der Nachahmungstrieb, welcher bei einem lebhaften jungen Menschen von der Betrachtung gleich zur Betätigung drängt, den noch kühneren Wunsch, selbst ein solches Kunstwerk hervorzubringen. Aber sehr lebhaft die Sehnsucht, selber so zu sein; woraus dann, da es sich trotz aller Bemühungen als unerreichbar erwies, der Wunsch entsprang, andere glücklicher Begabte zu solcher Harmonie heranzubilden.

Dieses griechische Ideal des an Leib und Seele harmonisch durchgebildeten Menschen wurde uns in der Schule nahegebracht; aber lebendige Vorbilder, welche am stärksten auf die Jugend wirken, waren damals äußerst selten. Unseren Lehrern fehlte es am einen, dem übrigens vortrefflichen Turnlehrer am andern. Eine große persönliche Wirkung auch auf uns Schüler hätte von dem Leiter des württembergischen Turnwesens, Professor Jäger, ausgehen können, wenn er uns nicht durch Wunderlichkeit und Schwärmerei abgestoßen hätte. Man konnte ihn allein oder mit wenigen Begleitern mit gewaltig ausholenden schwingenden Schritten, den Eichenstock in der Hand, barhäuptig, das Hemd über der Brust geöffnet, durch die Landschaft stürmen sehen. Jungen unseres damaligen Alters sind gegen alles Auffallende sehr empfindlich. Er war ein Bruder des bekannter

Kindheit und Schule

gewordenen Dr. Gustav Jäger, der das Heil in der reinen Wollkleidung sah. Letzterer, nebenbei ein tüchtiger Zoologe, wies auch auf die biologische Bedeutung des Körpergeruchs hin; man erzählte sich von ihm, er könne die Seele riechen. Daher die beiden sehr verschiedenen Brüder als Turnjäger und Woll- oder Seelenjäger unterschieden wurden. Professor Jäger hatte nun ein kleines Buch über die Gymnastik der Griechen geschrieben. Ich habe es seither nicht mehr in der Hand gehabt; vielleicht trug es dieselben Züge von Schwärmerei. Damals aber hat es mir einen großen, zur Nacheiferung aufrufenden Eindruck gemacht. Sicher war Jäger ein Mann von hohem idealem Schwung; ich glaube auch, daß er gütigen Herzens war. Aber wir fürchteten ihn, wenn er manchmal zur Besichtigung in die Turnstunde kam, und wir waren noch zu jung, um über seine Übertreibungen hinwegzusehen, und vielleicht noch nicht alt genug, um sie mitzumachen.

So übte ich nun also das, was ich von Körper mitbekommen hatte, und wenn es nach meiner Energie und Ausdauer gegangen wäre, so hätte es nicht fehlen können, daß ich olympische Kränze errungen hätte. Meine Freunde, welche mich kennen, werden lachen, wenn sie dies lesen, wie ich es jetzt selber tue; aber damals war es mir nicht zum Lachen. Es war vielleicht das erstemal in meinem Leben, daß ich mit einem ernstlichen Herzenswunsch an eine unüberschreitbare Grenze meiner Kraft stieß. Da mir das Aufgeben eines Vorsatzes immer schwer gefallen ist, rannte ich stets von neuem gegen diese Wand an, ehe ich einen Ausweg fand. Ich versuchte, das als unerreichbar erkannte Gut wenigstens als Idee zu besitzen und als Ideal anderen hinzustellen und nach Möglichkeit zugänglich zu machen. Hier wurzeln meine späteren Bemühungen um die körperliche Ausbildung der Studenten.

Aber das war viele Jahre nachher. Noch sind wir auf dem Gymnasium.

Es soll nicht der falsche Eindruck entstehen, als hätten wir auf der Schule nur die Geschicke und die Ideale eines längst untergegangenen Volkes kennengelernt und darüber die des eigenen vergessen. Wir hatten einen sehr guten Unterricht in der deutschen Geschichte und Literatur, in den obersten Klassen von Professor Lorenz Straub, der ein großer Kenner und Verehrer Goethes war. Was die Geschichte anlangt, so verdient es wohl festgehalten zu werden, daß wir neben der allgemeinen deutschen Geschichte nicht etwa in die württembergische Landesgeschichte, sondern sehr gründlich in die preußische Geschichte eingeführt wurden. Nachdem Württemberg einmal ein Glied des Reiches geworden war, hat es bei allem Festhalten an seiner sehr ausgeprägten Eigenart stets sein Eigenleben dem des Reiches untergeordnet.

In der deutschen Literatur lasen wir neben den Klassikern der neuen Zeit auch die großen Dichter des deutschen Mittelalters; das Nibelungenlied und Walther von der Vogelweide auf mittelhochdeutsch, Gottfried von Straßburg und Wolfram von Eschenbach wenigstens in Auszügen. Sie sind uns ganz lebendig geworden und es geblieben.

Goethe aber wurde mir damals der Stern, der mir immer heller strahlend durchs Leben leuchtete.

Als einen wirklichen Mangel, dem ich später nicht mehr abhelfen konnte, habe ich die ungenügende Ausbildung in der Mathematik empfunden, namentlich der höheren, doch möchte ich fast zweifeln, ob das bei eingehenderer Beschäftigung mit ihr viel besser geworden wäre. Geometrie und Stereometrie machten mir große Freude; mit ihnen hatte ich auch keine Schwierigkeit. Aber während mir ihre Lehrsätze einleuchteten, ihr exaktes Beweisverfahren imponierte, die Konstruktionsaufgaben mich lockten, war das bei der Algebra ganz anders. Ich konnte zum Beispiel zwar nichts gegen die zwingende Logik einwenden, daß man mit den beiden Gliedern einer Gleichung dieselben Operationen vornehmen kann, ohne die Gleichheit zu stören. Die auf diesem Wege erreichten Umformungen mußte ich Schritt für Schritt zugeben und mit ihnen das Endergebnis. Aber es war mir nicht „evident"; ich war nur überführt, nicht überzeugt. Es blieb diesen Manipulationen mit dem oft überraschenden Ergebnis gegenüber dasselbe Mißtrauen wie bei den Vorführungen eines Zauberkünstlers. Auf welchem Defekt meines Verstands dies beruht, weiß ich nicht. Bei meiner eigenen Arbeit wurde ich durch diesen Mangel nicht beeinträchtigt; wohl aber wurde mir dadurch das tiefere Eindringen in die Physik verwehrt.

In ganz besonderer Weise fesselte mich der weltanschauliche Unterricht (dies Wort im alten Sinn genommen), den Pfarrer Adolf Straub erteilte. Selbstverständlich vertrat er in seiner „Dogmatik" und „Ethik" den Standpunkt seiner Kirche. Aber er schickte immer eine Darlegung der andern Lösungsversuche voraus, und ich muß nach meinen jetzigen Kenntnissen sagen, in sehr objektiver Weise. Dann aber eröffnete er die Diskussion über die jeweilige Frage, und da war es nun wieder selbstverständlich, daß uns unter den von ihm vorgetragenen Ansichten alle mehr einleuchten wollten als die, für welche er sich entschieden hatte. Die Ehrerbietung wurde dabei, soviel ich mich erinnere, immer gewahrt; aber sonst ging es hart auf hart. Religiosität wird auf diesem Wege freilich nicht gepflanzt; das war aber auch nicht der Zweck dieser Stunden, welche sich rein an den Verstand und das eigene Urteil wandten. Aber auch geschädigt wurde sie nicht, im Gegenteil. Der Eindruck der unbedingten Wahrhaftigkeit konnte uns nur empfänglich machen für das, was unser Lehrer uns als seine Überzeugung vortrug. Das Wichtigste aber war die uns ganz ungewohnte Art des Unterrichts. Dies Regen der eigenen Kräfte, dies geistige Turnieren war mir nach dem beständigen Aufnehmen und Hin- und Herdrehen des Gelernten in den andern Stunden höchster Genuß, und ich danke es noch heute meinem Lehrer, daß er den Mut zu diesem Wagnis gehabt hat.

Ich war eben infolge meines späten Schuleintritts längst in die Jahre gekommen, denen das freiere Lernen auf der Hochschule und auf Studienreisen gemäß ist. Besonders im letzten Jahre wurde mir die Zeit oft sehr lang. Immer beim Unterricht zu warten, bis der Langsamste heran war, empfanden wir als Qual, und gerade die Interessiertesten von uns hörten nur mit einem Ohr hin, so daß sie immer wußten, wovon gerade die

Rede war, und beschäftigten sich unter der Bank auf eigene Faust. So hat einer meiner Nachbarn während der Stunde Nationalökonomie getrieben. Aber einmal war auch das vorüber, die Reifeprüfung mit Ehren bestanden, die Pforten der Schule schlossen sich hinter uns, das freie Leben begann. Unter meinem Abgangszeugnis stand der Vermerk: Verläßt die Schule, um Kaufmann zu werden. Ehe ich erzählen kann, wie ich zu diesem Entschluß gekommen war, muß ich berichten, wie sich mein Jugendleben außerhalb der Schule, im Elternhaus, abspielte.

DAS ELTERNHAUS

Der Übergang in die höhere Schule hatte auch abgesehen vom Unterricht manche Erweiterung des Gesichtskreises mit sich gebracht. Der neue Schulweg führte bis in den Mittelpunkt der Stadt und an manchem vorbei, was unsere Neugierde erregte. Wenn der Schuldiener, der „Famulus", um 12 Uhr das lang ersehnte Glockenzeichen gegeben hatte und wenige Minuten nachher der ganze Schwarm aus dem Schultor hervorgebrochen war, die jüngeren den Schulranzen auf dem Rücken, schreiend, sich drängend und stoßend, die älteren würdig die Ledermappe unter dem Arm, und sich dann in kleinere Trupps auflöste, wandte sich der meine oder auch ich allein nach der Königstraße. Diese, die Hauptstraße der Stadt, war damals an ihrem unteren Ende vom Königstor abgeschlossen, etwa da, wo jetzt der Turm des Hauptbahnhofs steht, am oberen Ende von der Legionskaserne. Wir hatten gelernt, daß das gerade die Länge von einem Kilometer sei. Die Legionskaserne, die leider längst nicht mehr steht, war ein behaglich ausgebreiteter Bau, dessen niedere vier Flügel einen Hof umschlossen, welcher durch Tore zugänglich war. Hier mündete von rechts her im Bogen die Rotebühlstraße ein, nach links ging ebenfalls im Bogen die Eberhardstraße ab, während unser Weg geradeaus führte, durch die enge, ziemlich altertümliche Marienstraße. An ihrem oberen Ende, wo die Straße sich in die obere Marienstraße und die Reinsburgstraße gabelt, steht ein laufender Brunnen, eine runde Schale mit einer „Stuttgartia" auf hohem Sockel in der Mitte. Von da war es nicht mehr weit nach Hause. Auf diesem Wege war mancherlei zu sehen, und damals noch mehr als heute.

An den laufenden Brunnen, der gutes Quellwasser spendete, während die Wasserleitungen in den Häusern nur Seewasser führten (vom Bärensee aus dem Wildpark hinter dem Hasenberg), kamen die Mädchen, um Wasser zu holen, in Steinkrügen oder auch in „Gölten", zweihenkeligen kupfernen, innen verzinnten Gefässen, welche auf einem gepolsterten Ring, dem „Bäusch(t)le" sehr anmutig im Gleichgewicht auf dem Kopf getragen wurden. Jetzt, wo die Haushaltungen wohl alle mit Trinkwasserleitung versorgt sind, wird man diese auf römische Zeiten zurückweisende Sitte in der Stadt kaum noch beobachten können.

Vorher, auf der Königstraße, konnte man nicht nur der Wachtparade begegnen, sondern unter Umständen auch einer Gänseherde, welche vom Lande hereingetrieben wurde, damit die Hausfrauen sich selbst mit einem Braten versehen könnten. Es mag ums Jahr 1880 gewesen sein, als ich das sah. Die Hausfrau trat vor die Tür und wies mit dem Finger auf die Gans ihrer Wahl. Der Gänsehirt hatte einen Stock, an dessen Ende ein kurz abgeschnittener Ast einen spitzwinkeligen Haken bildete. Damit bekam er das Tier hinter dem Kopf zu fassen und zog es am Hals heran, worauf er es mit den Händen griff und der Köchin übergab. — Ein anmutiges Denkmal unten an der Hasenbergsteige, der Gänsejunge von Th. Bausch, hält die Erinnerung an jene Zeit fest.

Daß dieses Idyll heute nach sechzig Jahren, auch abgesehen vom Autoverkehr, auf der Königstraße nicht mehr möglich ist, sieht man ja ein. Vielleicht auch das andere, daß der Weihnachtsmarkt nicht mehr dort abgehalten wird, so hübsch es auch war, auf dem Schulweg die Christbäume, die Schaukelpferde, die Puppen und Zinnsoldaten zu sehen. Dagegen ist kein rechter Grund einzusehen, warum die schöne alte Sitte abgeschafft worden ist, daß die Waisenbuben aus dem städtischen Waisenhaus im Frühjahr mit jungen Birkenzweigen in den Händen durch die Stadt zogen und mit ihren hellen Knabenstimmen die alten Choräle sangen. Sollte es als unter der Würde einer Großstadt liegend empfunden worden sein? Ältere Großstädte denken darin anders. Vielleicht hätte man heute auch wieder mehr Sinn dafür. Aber hat ein solcher alter Brauch einmal seine Selbstver-

Das Elternhaus

ständlichkeit verloren, so ist jeder absichtliche Wiederbelebungsversuch eine Unnatur.

Diesen Weg legten wir also an den gewöhnlichen Wochentagen viermal zurück, ich meist in raschem Tempo, nicht selten im Dauerlauf. Auf dem Hinweg zur Schule war das schon dadurch geboten, daß ich im Unterschied von meinem ängstlicher gewissenhaften Bruder mich nur schwer entschließen konnte, eine Minute zu früh von Haus wegzugehen. Aber auch auf dem Heimweg versäumte ich mich meist nicht lang, um möglichst viel Zeit für meine eigenen Sachen zu gewinnen. Unsere Mutter hielt darauf, daß wir uns immer sofort, nachdem wir unser Vesperbrot verzehrt, an die Schulaufgaben setzten. Immer das Unangenehme zuerst, war der Grundsatz, den sie uns früh einprägte. Ich habe leicht gelernt und immer sehr konzentriert gearbeitet, wurde auch durch laute Umgebung, wenn sie mich in Ruhe ließ, wenig gestört. Die nicht ungefährliche Kehrseite dieser durch Anlage und Selbsterziehung gewonnenen Haltung war eine gewisse krampfhafte Verbissenheit in die Arbeit, eine Überspannung des bewußten Willens, welche leicht die eigentlich schöpferische Kraft störte und mich später mehrmals zu schweren Überarbeitungen geführt hat. In jenen jungen Jahren kam das freilich noch nicht in Frage; ich hatte davon nur den Vorteil, daß ich rasch mit den Schularbeiten fertig war und nun die schöne freie Zeit für mich hatte.

Ich hatte von Natur große Freude an jeder Art von praktischer Handarbeit, was meine Eltern auf alle Weise förderten. Zu Weihnachten und zum Geburtstag bekam ich, ganz nach meinem Wunsch, selten eigentliche Spielsachen, vielmehr außer Büchern vor allem Werkzeuge der verschiedensten Art. Geld bekamen wir sehr wenig in die Hand, zehn Pfennige die Woche, darüber sind wir höchstens gegen Ende der Schulzeit hinausgekommen. So mußten wir uns, was wir gerne haben wollten, selber herstellen. Auf diese Weise habe ich auch mein erstes Experiment gemacht, das nach Planung und Ausführung alle Züge meiner späteren Experimente trug, mit dem einzigen Unterschied, daß es alles eher als mikroskopisch war. Ich rufe es mir gern mit allen Einzelheiten ins Gedächtnis zurück.

Wenn man die steile Hasenbergsteige hinangeklommen ist und wieder abwärts der Straße folgt, kommt man an einen Brunnen, das „Sophienbrünnele". An dieser Stelle geht nach links in den Wald eine Allee von hohen Fichten ab, die Bürgerallee. Es sollte dort, hieß es, ein Raubüberfall stattgefunden haben; darum traten wir immer, wie seinerzeit Ibykus, mit einem leichten Schauder in das Dunkel der alten Bäume ein. Etwa in halber Länge dieser Allee stand rechts nahe dem Wege eine hohle Buche; wir gingen nie an ihr vorbei, ohne uns den Spaß zu machen, mit dem Stock daran zu klopfen; denn dann schoß eine Eule aus dem Astloch heraus, das sich in etwa doppelter Mannshöhe über dem Boden befand. Die müßte sich doch fangen lassen, dachte ich eines Tages, wenn man nur ein Netz von genügender Größe und Festigkeit hätte. Das hatte ich nun nicht, wohl aber eine Base, welche bei meiner Großmutter lebte und filetstricken konnte. Also erlernte ich von ihr diese Kunst, die ich noch jetzt gelegentlich mit Vergnügen ausübe, und machte mir ein großes weitmaschiges Netz, welches an einem starken Drahtreif, dieser an einer langen Stange befestigt wurde.

Nun galt es nur noch, Gefährten für die Fahrt zu werben, und so machten wir uns also zu dritt auf den Weg, die lange Stange mit dem Netz wie den Spieß der sieben Schwaben zwischen uns tragend. Unterwegs kehrten wir noch beim alten Onkel Simon ein, meinem Freund und Berater in zoologischen Dingen, der bei den drei Pappeln ein Gartenhaus hatte, und erbaten uns seinen Waffensegen, den er lachend, wenn auch etwas ungläubig erteilte. Alles ging nach Wunsch. Die dem Stamm sich anschmiegende Öffnung des Netzes wurde vor das Loch gehalten, dann in gewöhnlicher Weise geklopft, und sofort schoß eine mächtige Eule heraus ins Netz hinein. Kaum hatten wir dieses fiebernd vor Erregung zu Boden geschlagen, so kam noch ein zweiter Vogel heraus; es war ein Pärchen gewesen. Im Triumph trugen wir die Beute zuerst zu Onkel Simon, der seinen Augen nicht traute, dann nach Haus. Es war ein mächtiges Tier, das sich wütend wehrte und nur durch Zerschneiden der Fäden aus dem Netz befreit werden konnte. Glücklicherweise überhob es mich der Sorge um seine dauernde Unterkunft und Verpflegung, indem es in der ersten Nacht durch eine erstaunlich enge Öffnung der Dachkammer entwischte. Ich hoffe, es hat den Weg zu seiner Ehehälfte im Wald zurückgefunden.

Ebenfalls aus einem dringenden Bedürfnis heraus erlernte ich das Einbinden eines Buches. Ich hatte ein solches mit patriotischem Inhalt und herrlich buntem Bild auf dem Einbanddeckel von meinem Schulkameraden Willy Doertenbach entlehnt und versäumt, es rechtzeitig zurückzugeben. Derweil hatte es in seinem Äußeren sehr gelitten, und je länger ich wartete, um so mehr schämte ich mich, es in diesem Zustand abzuliefern. Schließlich faßte ich den Plan, es selbst neu zu binden. Pappschachteln, auch solche mit „Hals", hatte ich schon gemacht; aber ein Buch binden und vollends eines, welches mir nicht gehörte, war ein großes Wagnis. Mein Vater hatte im Geschäft als Magazinverwalter einen Buchbinder, Herrn Rothfuß, mit dem ich gut Freund war. Er ließ mich das Buch auseinandernehmen, die Bogen ausbessern und neu heften und dann in den ebenfalls ausgebesserten Einbanddeckel wieder einhängen.

Auch ein Schreiner war in dem großen Betriebe tätig, der Herr Unterstieler aus Tirol. Bei ihm lernte ich etwas mit seinen Werkzeugen umgehen. Ich lernte, wie man das Sägenblatt spannt, die Zähne schärft und aussetzt, wie man ein Brett abschneidet, ohne nach rechts und links vom Strich abzuweichen, wie man im Schlichthobel und im Doppelhobel oder in der langen Rauhbank das Eisen mit dem Keil feststellt und durch Schläge mit dem Hammer so lange reguliert, bis seine Schneide gerade weit genug übersteht; wie man ein Brett erst aus dem Rohen zurechthobelt, auf die gewünschte Dicke bringt und dann durch Abhobeln auf der Langseite und durch Bestoßen auf der Hirnseite rechteckig zurichtet. Ich stöhnte über das sich einklemmende Sägenblatt, über Äste, welche das schlichte Holz unterbrachen, über Fasern von gebogenem Verlauf. Jetzt habe ich ein Verständnis dafür, was Luther meinte, wenn er von seiner

Bibelübersetzung sagte (ich zitiere aus dem Gedächtnis): „Jetzt geht man leicht darüber hin, wie über ein gehobelt Brett, sind aber viel Knorzen drin gewesen!" Und dann, welch eine Freude, wenn die nach der Werkzeichnung zugerichteten Stücke zusammengefügt werden konnten. Sogar die einfachste Art der Holzverbindung, das Zusammennageln, will gelernt werden. Es ist gar nicht so leicht, den Nagel richtig anzusetzen und auf den Kopf zu treffen, so daß er in der Mitte des Brettes bleibt und weder nach außen noch nach innen ausbricht; aber auch ein herzhaftes Vergnügen, wenn er Schlag um Schlag eindringt, bis er sitzt. Dann aber die höheren Formen: das einfache Verzinken, das Verzinken auf Schwalbenschwanz, das Einschieben des Falzes in die Nut. Das Leimen, nach dem alles wieder unfertig und unsauber aussieht, bis dann das letzte Abhobeln, das Abziehen mit der Ziehklinge und das Abreiben mit Sandpapier das kleine Werk in voller Schönheit erstehen läßt.

Das kleine Werk! Denn was ein ersonnenes und geplantes, mit mühevoller Arbeit durchgeführtes und dann in sich abgeschlossenes „Werk" ist, ob groß, ob klein, wenn es nur gute ehrliche Arbeit ist, das habe ich damals gelernt. Und wenn ich dann in späteren Jahren über Werken ganz anderer Art saß, sind mir oft Worte eingefallen, welche ich von meinen damaligen Lehrmeistern gehört hatte. So das vernichtende: „Herr Hans, das ist gepfuscht", oder das aufmunternde: „Jetzt haben Sie so viel Zeit und Mühe daran gerückt, jetzt machen Sie es auch vollends recht." Meine erste Hobelbank, welche übel zersägt und zerhobelt ist, hat jetzt mein ältester Sohn; an einer größeren neueren habe ich noch später manches Mal in Mußestunden gearbeitet. Ich benütze heute noch einen Arzeneischrank, richtige Tür mit Rahmen und Füllung, den ich vor mehr als fünfzig Jahren meinen Eltern zu Weihnachten gemacht habe. Alle meine Kinder haben geschickte Hände und Sinn für handwerkliche Tüchtigkeit. Sie können einem Handwerker Anweisung geben und wissen ihn und seine Arbeit zu schätzen und zu ehren.

Diese Möglichkeit, Hand und Auge unter der Leitung von wirklichen Handwerkern (nicht Handfertigkeitslehrern) zu üben, suchte ich später auch meinen Kindern und den Kindern einiger Freunde zu verschaffen. Davon will ich später noch einiges erzählen. Ich war noch besser daran, indem ich durch meine kleinen Arbeiten schon damals im väterlichen Geschäft Heimatrecht gewann. Namentlich beim großen Versand vor Weihnachten half ich den Leuten beim Bücherpacken, und wenn der Herr Hans, der sich sehr wichtig und unentbehrlich dabei vorkam, manchmal vielleicht mehr im Wege stand, als daß er half, so war er doch bei den Leuten wohl gelitten, und diese persönliche Beziehung mag auch ihr Teil dazu beigetragen haben, daß ich mich später entschloß, den Buchhandel zu erlernen, um ins väterliche Geschäft einzutreten.

Anregungen und Möglichkeiten ganz anderer Art, die meiner natürlichen Veranlagung noch mehr entgegenkamen, gewährte der große Garten, den wir nun besaßen. Er ging in der Breite des Hauses eine gute Strecke den Berg hinauf, vergrößert durch das an der Straßenfront anschließende unbebaute Grundstück. Dann aber kaufte mein Vater noch ein viel größeres Grundstück dazu, bis zur Höhe des Berges, wo man ins andere Tal, nach Heslach hinuntersieht. Sein Besitz grenzte nun an die großen Gärten, welche die Reinsburg bedeckten, an den der Villa Siegle und Kapff, an den Garten der Silberburg und der Villa Zorn. Neben der letzteren reichte er wieder bis zur Reinsburgstraße herab, wo etwas zurück ein weitläufiges altes Fabrikgebäude lag. Von der Straße war der Garten also ein paar Häuserbreiten weit durch das langgestreckte Gebäude der Frauenarbeitsschule und ein kleineres Privathaus getrennt. In jenes Fabrikgebäude verlegte mein Vater später das Geschäft, als auch die Räume des neuen Hauses zu eng geworden waren, um es zu fassen. Für sich selbst und seine Familie aber erbaute er oben auf der Höhe ein neues Haus ganz nach seinem Sinne, in welchem das Leben von uns und unseren Freunden erst seine volle äußere Entfaltung fand.

Ein kleines Tor führte am oberen Ende unseres alten Gartens in den großen neuen. Da war es nun herrlich. In einem dunklen Tannenwäldchen stand ein achteckiges steinernes Gartenhaus mit verschließbarer Tür, Fenstern und Läden. In diesem „Räuberhäusle" hauste später meine Schwester mit ihren Freundinnen, von denen ich mir, als die Zeit erfüllet war, eine (ich fand, die netteste) für mein eigenes Haus entführte. Aber damit greife ich um viele Jahre vor. Damals war mir in diesem großen Garten nichts so lieb wie ein kleines Gärtchen von einigen Quadratmetern Inhalt, welches m i r gehörte. Nach einiger Zeit arrondierte auch ich meinen Grundbesitz durch Erwerbung des anstoßenden gleich großen Gartens meines Bruders, welcher hierin meine Neigungen nicht teilte. Er hat es mir gerne gegeben, ohne mein Erstgeburtsrecht dafür zu verlangen.

Das war nun ein Feld ganz anderer Art, auf welchem ich im kleinen eine andere Seite menschlicher Tätigkeit spielend kennenlernte. Hier galt es nicht, in Ausführung eines Planes den eigenen Willen dem Stoffe aufzuprägen, sondern das eigenwillige Werden fremden Daseins zu beobachten, zu fördern und zu lenken. Wenn ich mir auch natürlich dieses Verhältnisses nicht bewußt war, so wirkte es doch um nichts weniger auf meine Entwicklung ein und arbeitete meinen späteren Bemühungen um die Erkenntnis des lebendigen Werdens vor. Unter Anleitung unseres Gärtners, der für das große Anwesen unentbehrlich geworden war, erlernte ich, wie man die Pflanzen in Kästen aussät, die Sämlinge piquiert und später ins freie Land aussetzt; wie man gewöhnliche Stecklinge macht und solche, bei denen man, wie bei den Nelken, die Verbindung mit der Mutterpflanze nicht ganz unterbrechen darf; auch Rosenwildlinge lernte ich okulieren. Neben der Freude am Beobachten des Wachstums und am Gedeihen des Gepflegten lebt in mir vielleicht noch etwas vom Erwerbssinn meiner bäuerlichen Vorfahren; daß man aus e i n e r Pflanze viele bekommen, daß man seine Herde vergrößern kann, das hat für mich einen ganz eigenen Reiz, der sehr tief wurzeln muß. So macht es mir heute auf meine alten Tage noch besonderen Spaß, daß ich eine kahle Stützmauer meines Gartens mit Epheu bekleiden konnte, der von einer oder zwei in kleine Stücke zerschnittenen Ranken abstammt, die ich mir im Walde geholt habe.

Das Elternhaus

Daß ich auch gesammelt habe, versteht sich von selbst; welcher Junge sammelte nicht! Doch war dieser Trieb bei mir nicht sehr stark entwickelt, erstreckte sich zum Beispiel nicht auf Briefmarken und andere tote Gegenstände, sondern beschränkte sich auf Insekten und Pflanzen. Fand ich freilich draußen einen schönen Ammoniten, so wurde er mit nach Hause geschleppt. Reiche Fundstätten dafür waren die Platten von Muschelkalk, welche damals zu beiden Seiten der Landstraßen in der Umgebung von Stuttgart in viereckige Haufen aufgeschichtet waren, um an Ort und Stelle von Steinklopfern zu Straßenschotter zerschlagen zu werden. Es hatte immer einen ganz besonderen Reiz, wenn aus dem toten Gestein, gesucht und doch überraschend, die organische Form herausragte; einen Reiz von derselben Art, wie ihn viele Jahre später etwa ein Stück eines antiken Säulenschaftes auf mich ausübte, der in dem schlechten Mauerwerk eines mittelalterlichen Hauses steckte. Weiteren wissenschaftlichen Wert hatte dieses Sammeln von Versteinerungen für mich nicht. Dagegen habe ich mir im Reiche der Insekten und Pflanzen damals eine ziemliche Formenkenntnis erworben, was für mich um so wichtiger war, als mir meine spätere anders gerichtete Arbeit nicht mehr viel Zeit dafür ließ.

In meiner Familie stand ich mit diesen Neigungen allein, die wohl ein Erbteil von mütterlicher Seite her sind. Dagegen fanden sie Aufmunterung und freundliche Unterstützung bei einem entfernten Verwandten, Hans Simon, der durch seine Frau mit der großen Familie Hoffmann zusammenhing. Die Freude an der belebten Natur lag auch ihm im Blut; eine seiner Schwestern, Malwine, machte die schönsten Blumensträuße, solange draußen überhaupt etwas zu finden war. Er selbst war ein großer Käfersammler. Er hatte sich auf die Gruppe der Laufkäfer spezialisiert, von denen er Stücke aus allen Gegenden ihres Verbreitungsgebiets zugeschickt bekam. Auch von mir hätte er gewünscht, daß ich mich nicht zersplittere, sondern mich frühzeitig einer Spezialität zuwende. Er lehrte mich die kunstgerechte Behandlung der Tiere und das Anlegen einer Sammlung und versorgte mich in freigebigster Weise mit den nötigen Geräten, von denen ich einige jetzt noch besitze und benütze. Aber wertvoller als dieses alles ist mir die Erinnerung an die Erscheinung des Mannes selbst. Ich besuchte ihn wohl einmal in seinem Kontor, einem kleinen Zimmer hinter dem Laden des von ihm geführten Gummigeschäfts von Spring. Da saß oder stand er wochentags hinter seinem Pult; aber in der Schublade hatte er Insektennadeln, Torfplatten und andere köstliche Dinge, und sein Herz war draußen in der freien Natur. Ihn dort zu sehen war ein ander Ding; mit den scharf geschnittenen Zügen, dem langen grauen Bart sah der hohe hagere Mann selbst aus wie ein Stück wilder Natur. — Zum letztenmal sah ich ihn viele Jahre später, im Sommer 1897, im Hochgebirge, in Arosa. Er war schon schwer herzleidend, ließ sich aber nicht abhalten, manchen Tag ganz allein von früh bis spät in den Bergen herumzusteigen; ganz langsam, oft niedersitzend. Auf solchen Wegen fand er einmal eine seltene Glockenblume, die er lange gesucht hatte; in selbstvergessenem Glück kniete er vor ihr nieder und legte sich neben sie auf den Boden und konnte sich nicht satt an ihr sehen. Ich glaube, die eigentlich wissenschaftliche Ader fehlte ihm; aber er, der Sohn eines Malers, hatte eine ganz echte tiefe Freude an der unendlichen Mannigfaltigkeit der lebendigen Formen und dann eben jenen nicht weiter erklärlichen Zug zu den freien Elementen, aus denen wir kommen und zu denen wir zurückkehren.

So hatte ich immer eine erfreuliche Arbeit eigener Wahl, ein „Liebewerk nach eigenem Willen", im Sinne, und es war nur natürlich, daß ich mich beeilte, die Schule und die Hausaufgaben hinter mich zu bringen. Es ist aber des weiteren unausbleiblich, daß diese Art von Veranlagung und Neigung den, der sie hat, vereinzelt. Man wird darum doch nicht sagen dürfen, daß solche Menschen für die Gemeinschaft wertlos seien. Jeder, der Werke schafft, der Wahrheiten sucht, ist dabei einsam. Der Ertrag seines Lebens fällt dann doch an die Gemeinschaft zurück. Auch fehlt es heute weniger denn je an den nötigen Gegengewichten; viel eher möchte man dafür streiten, daß jenen Ungeselligen die Luft zum Atmen nicht gar zu sehr eingeengt werde.

In jenen wichtigen Jahren des Lernens legte ich auch den

*Als Schüler des Eberhard-Ludwigs-Gymnasiums
zu Stuttgart*

Etwa 1881

Das Elternhaus

Grund zu einer Fertigkeit, welche mir im späteren Leben viel genützt und noch mehr Freude geschafft hat; ich erwarb mir eine gründliche Kenntnis und eine ziemlich weitgehende schriftliche und mündliche Beherrschung der englischen Sprache. Die Gelegenheit dazu verdankte ich wie so vieles andere der vorausschauenden Einsicht meines Vaters. Freilich sein erster Versuch, uns in den Besitz der französischen Sprache zu setzen, scheiterte am passiven Widerstand von meinem Bruder und mir. Sie war aber auch zu albern mit ihrem Getue, unsere Mademoiselle, und wir beschlossen kalt, daß sie nicht lange bleiben dürfe. Wie wir es eigentlich angefangen haben, weiß ich selbst nicht mehr, aber schön sicherlich nicht. Jedenfalls ging sie nach einigen Wochen wieder, ich glaube, unter Tränen. Seither habe ich es öfters zu bedauern gehabt, daß ich wohl französisch lesen, aber es nur sehr unvollkommen verstehen und sprechen kann.

Mehr Glück hatte mein Vater mit dem Englischen, sicher vor allem deshalb, weil er uns keine Miß, sondern einen Mister kommen ließ, unseren sehr geliebten Mr. Smith, einen jungen Lehrer, der bald unser guter Kamerad wurde. Er sollte bei uns deutsch, wir von ihm englisch lernen; aber als er uns nach anderthalb Jahren wieder verließ, sprachen wir ziemlich geläufig englisch und er kaum ein paar Worte deutsch. Dabei war er keiner von den jungen Engländern, von denen einer ein paar Jahre später in der Bahn zu mir sagte: „Learning languages is wasting time." Aber auf unserer Seite war eben doch die größere Aktivität gewesen. Wir übten uns nicht nur im Sprechen, sondern auch im Lesen und Schreiben, zum Beispiel im Abfassen eines Briefes. Dazu aber gab mir mein Vater die vortrefflichen englischen Unterrichtsbriefe von Toussaint-Langenscheidt in die Hand, und die habe ich dann im Laufe der nächsten Jahre gründlich durchgearbeitet. So spreche ich jetzt diese Sprache zwar nicht fehlerfrei und mit vollem Wortreichtum, aber doch ganz ohne mich zu besinnen wie meine eigene. Viele Jahre konnte ich nicht viel Gebrauch davon machen; die eigene Arbeit nahm mich so völlig in Anspruch, daß es zu keiner Reise nach England reichte. Als nun gar nach dem großen Kriege die ganze Welt für uns

Das Elternhaus

Deutsche verschlossen schien, war ich versucht, jenem jungen Engländer aus der Eisenbahn recht zu geben. Aber dann eröffnete sich mir unerwartet die Möglichkeit, auf Vortragsreisen zweimal England und dreimal Amerika zu besuchen, und was ich dabei gewann, wog alle Zeit und Mühe reichlich auf.

Wer einmal eine Woche des Hochsommers in Stuttgart verlebt hat, der wird es verstehen, daß jeder Bewohner dieser Stadt, der es irgend ermöglichen kann, versucht, wenigstens während der heißesten Wochen aus diesem Brutkessel zu entfliehen. So haben auch wir mit den Eltern manche schöne Sommerreise gemacht, nach dem lieblichen Heiligenberg hoch über dem Bodensee, in die Schweiz, an die Nordsee. Gerne ruft man sich diese Erinnerungen wieder zurück, doch läßt sich die Freude daran schwer übertragen. Darum will ich nur eine davon erwähnen, meine Erinnerung an die Reise nach Blankenberghe, bei der mir die Auswahl, welche mein Gedächtnis unter den großen und reichen Eindrücken jener Wochen getroffen hat, wieder überaus bezeichnend erscheint. Neben der Kathedrale von Metz, welche wir auf der Hinreise besuchten, mit der farbigen Glut ihrer Glasfenster, neben dem atemraubenden Sichheben der Meereswogen beim Baden erinnere ich mich vor allem an einen Herrn, welcher mit hochgekrempelten Hosen im Wasser herumstieg und kleine Krebschen fing. Das sei ein Anatom, sagte mir meine Mutter, welche den Herrn kannte; die Krebschen brauche er zum Untersuchen. Unter einem Anatomen konnte ich mir nun zwar nichts vorstellen, auch habe ich weder damals noch später die persönliche Bekanntschaft des Herrn Kollegen Froriep aus Tübingen gemacht; aber von berufswegen im Meere herumzuwaten, um kleine Krebschen zum Untersuchen zu fangen, schien mir ein beneidenswertes Los.

Im Spätjahr 1885 war mein Vater, der gerade im verflossenen Jahrzehnt eine ungeheure Aufbauarbeit geleistet hatte, mit seiner Kraft wieder ziemlich am Ende. Entschlossen, wie sie war, steckte meine Mutter sich hinter unseren Hausarzt und setzte es durch, daß mein Vater sich wieder eine gründliche Ausspannung gönnte. Bei der vorgerückten Jahreszeit kam dafür nur der Süden in Frage, und so fiel die Wahl wieder auf Mentone, wo wir uns elf Jahre vorher so wohl gefühlt hatten. Diesmal war es kein kleines Unternehmen, namentlich für meine Mutter, denn jetzt waren wir fünf Kinder, und wie sich bald zeigen sollte, war ein sechstes unterwegs. Es war eine kleine Karawane, welche für ein halbes Jahr ausgerüstet werden mußte. Ein Vetter meiner Eltern, Otto Keller, ein junger Theologe, wurde als Hauslehrer gewonnen; zwei Mädchen gingen als häusliche Hilfe mit.

Die Eindrücke dieser Reise haben den Grund zu dem Bilde gelegt, welches ich von Italien in der Seele trage. Gleich Genua ist ja so uritalienisch. Wenn man bei Sampierdarena durch den letzten Tunnel gefahren ist, der erste Blick auf das glitzernde Meer und die Masten der Schiffe im Hafen; vor dem Bahnhof der Platz mit dem Denkmal des Columbus, überragt von den hoch sich auftürmenden Häusern; über den engen Straßen die an Seilen trocknende Wäsche; der Blick in die Höfe der weißen Marmorpaläste, mit Säulenhallen und breiten Freitreppen, den blauen Himmel darüber; vor allem aber die Luft, der vom Meere kommende sanfte Wind, erfüllt mit dem Duft von Salzwasser, Blumen und südlichem Fisch- und Ölgeruch. Italianissimo! In Mentone mieteten wir ein kleines weißes Haus, die Villa mes délices mit Garten voll blühender Rosen und Heliotrop. Dort verlebten wir einen schönen Winter.

Mein Vater besaß in seltenem Maße die Fähigkeit, sich von den Gedanken an seine Geschäfte frei zu machen. Auch in Zeiten großer Sorgen, an denen es namentlich in den späteren Jahren selten fehlte, stand ihm der Schlaf immer zu Gebote. Meine Mutter, so froh sie darüber sein mußte, empfand das doch manchmal schwer; denn bei ihr kamen die Sorgen bei Nacht, und wenn sie etwas davon abladen wollte, entzog sich mein Vater dem Zugriff und schlief innerhalb weniger Minuten ein. Ohne diese unschätzbare Gabe hätte er, der von zarter geistiger Konstitution war, die große und aufreibende Arbeit seines Lebens nicht leisten können, um so weniger, als er bis über sein vierzigstes Jahr hinaus jede vierte oder fünfte Nacht durch schwere Asthmaanfälle verlor. Später wurde das besser, ob es nun an den Jahren lag oder daran, daß wir dann oben auf dem Berge wohnten, wo die Luft freier war. Blieb dies Übel aus, so konnte mein Vater in jeder Lebenslage alles beiseite schieben und völlig ausruhen. Ebenso brachte er es immer wieder fertig, sein großes Geschäft, welches damals doch noch ganz auf seinen zwei Augen stand, für Monate sich selbst zu überlassen. „Die jungen Leute sollen nur auch einmal selbständig handeln lernen", so etwa hörte ich ihn einmal sagen. Aber natürlich behielt er auch aus der Ferne die Zügel in der Hand.

Neben dieser Arbeit hatte er in diesem Winter noch eine andere Beschäftigung, die ihm viel Freude machte. Er hatte sich von den Berliner Architekten Kayser und von Großheim Pläne für ein neues Familienhaus entwerfen lassen. Danach baute er nun ein großes Modell aus Karton. Es war zum Auseinandernehmen, so daß man in die Zimmer mit den Möbeln hineinschauen konnte, das Entzücken von uns Kindern! Ich habe es immer schön gefunden, wenn ein Mann neben ernster Arbeit und großen Plänen Kraft genug übrig behält, um sich solch spielender Tätigkeit selbstvergessen hinzugeben. Mir ist das selten gelungen; zu Hause kam auch mein Vater kaum dazu. Doch behielt er zeitlebens einen Zug von unbefangener Kindlichkeit.

Eine strenge Tageseinteilung hielt uns andere in Ordnung, mit regelmäßigen Unterrichtsstunden und Hausarbeiten. Daneben lernte ich jeden Tag ein paar Stunden Englisch. Dann konnte ich frei herumstreifen. Es gab viel Interessantes zu sehen. Im Hafen der malerischen alten Stadt lag zwischen den einheimischen Segelschiffen eine englische Yacht vor Anker, die „Sunbeam", die auf einer Kreuzfahrt im Mittelmeer begriffen war. Ein schlankes schmuckes Schiff, das mit seiner blendend weißen Farbe, den blitzenden Messingbeschlägen und den sauberen Matrosen, die in ihren Segeltuchschuhen auf dem rein gescheuerten Verdeck hantierten, einen Eindruck von dem kultivierten Reichtum und dem sorgenlosen Leben des Besitzers gab. Überhaupt waren viel Engländer im Ort, in ihrer ungezwungenen freien Art immer ein erfreulicher Anblick. Auch auf dem kleinen Friedhof mit der Aussicht aufs blaue Meer erzählten viele Grabsteine mit englischen Namen von jungen Männern und Frauen, welche im Süden Genesung gesucht und hier Ruhe gefunden hatten.

Der Strand bei Mentone ist flach und steinig; nachts hörten wir durchs offene Fenster das Rollen der aneinander geriebenen Kiesel. Er hat daher weder die Reize der breiten Sandfläche, welche naß vom zurückweichenden Meer in allen Farben schillert, auf der man wandern und ausgeworfene Muscheln suchen kann, noch auch bietet er das abwechslungsreiche Bild der felsigen Küste, wo das Wasser an den Steinblöcken in die Höhe spritzt und in den Spalten zwischen ihnen sich schwellend und schwindend hebt und senkt und wo man an ruhigen Stellen so gern in die grünliche Tiefe hinunterschaut zu den dunkeln Seeigeln und den Seerosen mit ihren Fangarmen, welche schlaff mit dem Wasser fluten. Auch ist das Meer an der ligurischen Küste arm an Fischen. Man sieht zwar Fischerboote draußen; aber wenn dann ein halbes Dutzend Menschen oder mehr das ausgeworfene Netz an den Strand gezogen hat, sieht man sie oft nur ein paar kümmerliche Fischchen aus den Maschen lesen. — Der Küste entlang führt die staubige Straße, meist zwischen Mauern. Es ist schön, wenn über ihnen das lockere silbrige Laub der Oliven oder der edle Lorbeer vor dem tiefblauen Himmel steht; aber wandern, wie wir es lieben, kann man nicht. So wandte ich mich landeinwärts und machte manche Erkundungsfahrt, dem wasserarmen Flußbett folgend oder die steinigen Wege zwischen den Terrassen der Olivengärten hinauf. Einmal war ich auch in einem wilden Bergnest auf einem Ausläufer der Seealpen, St. Agnese, mit einer alten Ruine, vielleicht einer Burg gegen die Sarazenen. Aber in dieser Richtung waren dem jugendlichen Tatendrang ziemlich enge Grenzen gezogen.

Das ist nun über fünfzig Jahre her. Heute, wo die Automobile über die staubigen oder vielleicht gar schon nicht mehr staubigen Straßen rasen, würde ich das Land wohl kaum wiedererkennen. Schon als ich nach etwa zwölf Jahren den Ort wieder besuchte, um meiner jungen Frau die Wege meiner Kindheit und Knabenzeit zu zeigen, fand ich sie nicht mehr. Natürlich war der Charakter des Orts schon in jener älteren Zeit durch die Fremden mitgeprägt, aber diese fügten sich dem Bilde als ein wesentlicher Zug harmonisch ein, ohne sein Gefüge aufzulösen. Meist waren es Lungenkranke, vielleicht alljährliche Gäste, welche im Süden Heilung suchten; dazwischen ein paar kerngesunde Engländer, welche den Winter billig und angenehm verbringen wollten. Daneben ging das Leben der ansässigen Bevölkerung ziemlich unberührt seinen eigenen Gang. Ich hatte Gelegenheit, es von einigen bezeichnenden Seiten her kennenzulernen.

Einer der Züge des italienischen Volkscharakters, der dem Deutschen immer wieder auffällt, ist sein widerspruchsvolles Verhältnis zu den Tieren; einerseits eine kindliche Freude an ihnen, andererseits wenig Mitgefühl für ihre Leiden. Von beidem erlebte ich eindrucksvolle Beispiele.

Etwas über unserm Haus wurde ein Neubau errichtet; das Baumaterial wurde auf zweirädrigen Karren den steilen Weg hinaufgeführt. Die armen abgetriebenen Pferde wurden unter Fluchen und Peitschenhieben gezwungen, ihr Letztes herzugeben. Mein Vater war immer sehr empört über jede Art von Tierquälerei. Wenn ein Mann, der im Schweiße seines Angesichts seinen Karren zieht, seinen Hund zur Hilfe daneben spannt, so läßt sich nicht viel dagegen sagen. Oft konnte man aber auch sehen, daß er sich selbst noch oben drauf setzte. So trieben es auch die Fuhrleute schlimm genug. Als aber einer von ihnen in der Wut sein Pferd ins Maul biß, da konnte mein Vater nicht länger an sich halten und fuhr mit dem Ruf „bestia, bestia" auf ihn los. Er wurde wohl völlig verständnislos angesehen; „non è christiano" konnte man in einem solchen Fall zur Antwort bekommen. Unsere kluge alte Kinderfrau, welche aus Deutschland gekommen war, um das inzwischen erschienene Brüderchen zu versorgen, verstand sich besser aufs Volk. Sie bewirtete den Fuhrmann mit einer kräftigen Suppe und erreichte dadurch, was mein Vater mit seiner gerechten Entrüstung verfehlt hatte.

Dasselbe Volk hat eine kindliche Freude an kleinen Vögeln. In den engsten dunkelsten Gassen hängen Vogelbauer vor den Fenstern. Daß das nicht der beste Aufenthalt für sie ist, daß ein bis in die letzte Feinheit seines Körpers zum Flug organisiertes Tier ins Freie gehört, dieses Maß von Mitgefühl, welches vielleicht nicht immer das Richtige trifft, darf man vom naiven Menschen nicht verlangen. Er selbst sitzt tagaus tagein vor oder in seiner Wohnhöhle und kennt es nicht anders; warum sollte sein kleiner Hausgenosse, dessen Nähe ihn bei der Arbeit unterhält, es besser haben als er. Diese liebenswürdige Eigentümlichkeit ist in meiner Erinnerung mit einem rührenden kleinen Erlebnis verknüpft. Auf dem Wege von unserer Villa zur Stadt hinunter kam ich an einem Haus armer Leute vorbei, deren kleines, etwa sechsjähriges Bübchen an beiden Beinen gelähmt war. Bei gutem Wetter lag er vor dem Haus auf einem niederen Stuhl, von Kissen gestützt, zwischen Vogelkäfigen, welche um ihn herum auf dem Boden standen. Ich blieb einmal bei ihm stehen und sprach ein paar Worte mit ihm; dann besuchte ich ihn öfters und schließlich brachte ich ihm die Kunst des Netzstrickens bei. Ich sehe noch seine kleinen braunen Finger, etwas schmuddelig, bei der Arbeit. Die Mutter und eine Schwester waren um ihn beschäftigt, mit ihren kohlschwarzen, nie recht gekämmten Haaren. Der Kleine hatte seine eigene Welt, in sich abgeschlossen und von der Welt der gesunden Altersgenossen geschieden; aber doch war ihm das Leben lebenswert. Was mag aus ihm geworden sein? Hat er ein Handwerk erlernt, von dem er leben konnte? Vielleicht sitzt er jetzt noch an der Straße, der damalige kleine Bub mit den dunkeln Augen, jetzt ein alter graubärtiger Mann, der mit königlichem Anstand die Gaben der Vorübergehenden entgegennimmt, als verteile er selbst Beweise seiner Huld. Ich kannte später in Neapel einen solchen Alten, der an meinem täglichen Wege zur zoologischen Station saß. Unser Verhältnis war von großem Stil; ich gab ihm nicht regelmäßig, sondern manchmal ein größeres Stück, für das er mit anmutiger Würde dankte; bekam er nichts, so grüßte er nicht weniger huldvoll.

Als es dem Frühjahr zuging, feierte der Ort den Karneval. Davon ist mir vor allem das Lichterfest, moccoli, in Erinnerung geblieben. Die Straße und der Platz ist gedrängt voll Menschen. Jeder trägt ein brennendes Lichtstümpfchen in der Hand; mit dem Ruf „moccoli" sucht man das des Nachbars auszublasen und das eigene zu schützen. Kommt einer mit erloschenem Licht, so ist es Ehrensache, ihm zu erlauben, es am eigenen Licht wieder anzuzünden; dabei läuft man aber Gefahr, daß er zum Dank das Licht des freundlichen Spenders ausbläst. So schwankt das auf und ab; bald ist alles dunkel bis auf ein paar Lichtpunkte, dann breitet sich von diesem geretteten Feuer der Schein wieder aus zu einem wogenden Lichtermeer. Es sieht aus, wie wenn Glühwürmchen in der Sommernacht am Berghang auf und nieder schweben.

Ein paar Monate vor diesem anmutigen Spiel hatte sich uns ein gewaltiges Schauspiel ähnlicher Art, ein moccoli des Himmels, dargeboten. Als wir im Spätjahr eines Abends aus dem Haus in den Garten traten, in die linde Nachtluft unter dem dunkeln Firmament, war der ganze Himmel in Bewegung, als wollte er einstürzen. Schwärme von Lichtfunken tauchten aus dem Dunkel, schossen über den Himmel und verschwanden wieder, von immer neuen Schwärmen gejagt. Es war der große Sternschnuppenfall vom November 1885, dessen Zeugen wir in dieser schönsten Umgebung wurden.

Als wir Ende April oder Anfang Mai wieder nordwärts reisten, war wenige Wochen vorher das Brüderchen angekommen. Wir großen Brüder waren völlig ahnungslos gewesen und aufs höchste überrascht. Wäre unsere Schwester ein paar Jahre älter gewesen, so wäre sie wohl von der Mutter ins Vertrauen gezogen worden. So, als zwölfjähriges Kind, war sie nicht nur selbst überrascht, sondern meinte, die Mama sei es ebenso gewesen, wie sie einem Freund, mit dem sie am Strand spazieren ging, voll Wichtigkeit erzählte. Zur Hilfe war die „alte Ricke" gekommen, eine gescheite resolute Person, welche ohne ein Wort

Italienisch zu verstehen die weite Reise von Stuttgart nach Mentone gemacht hatte. Ich sehe sie noch im Menschengewühl auf den Bahnhöfen, wie sie das Wickelkind auf ihrem Arm mit ihrem Leibe deckte, darum herum wir fünf Geschwister mit dem Hauslehrer, Vater und Mutter und die kleine Köchin; eine Karawane von elf Personen. Wir erregten allgemeines Aufsehen oder besser, freudiges Erstaunen. „Una bella famiglia", sagten sie zu meinem Vater, diese natürlichen Menschen, welche noch die gesunde Freude an Kindern haben.

Wir fuhren in den vollen Frühling hinein, der nirgends schöner sein kann als an einem Schweizer See. Da machten wir denn noch ein paar Tage Halt, in Gersau am Fuß des Rigi. Unvergeßlich ist mir ein einsamer Weg, den ich machte, steil den Berg hinauf, den schäumenden Frühlingswassern entgegen. Im feuchten Grund leuchteten die blauen Enziane und die Felsblöcke waren überkleidet mit farbigen Blumenpolstern. Auch das ist mir zu einem Jugendtraum geworden, der mich durch Jahre begleitete, einmalig, nie wieder zu verwirklichen.

Als wir daheim waren, wurde bald mit dem Bau des neuen Hauses begonnen. Im November 1887 zogen wir ein. Es war ein großes schönes Haus, geplant und erbaut in dem Augenblick, da die geistige und wirtschaftliche Kraft meines Vaters ihren Höhepunkt erreicht hatte, für eine große Familie mit ausgebreiteten Beziehungen. Solange die schöpferische Kraft meines Vaters frisch und die Familie beisammen blieb, füllten wir es aus mit fröhlichem Leben. Feste wurden darin gefeiert, von edelster Kunst verschönt. Fremde und Freunde gingen ein und aus und nahmen teil an unserem Glück. Denn es war ein echtes wesenhaftes Glück; aller Wohlstand und alle geistige Kultur war getragen von dem tüchtigen Bürgersinn der Eltern und einem gesunden Familienleben, welches Dauer versprach. Unser jüngster Bruder hat kein anderes Elternhaus gekannt, die übrigen jüngeren Geschwister haben wenigstens die größte Zeit ihrer Jugend darin verlebt. Aber auch mir, der ich nun bald das Elternhaus verlassen sollte und dann nur noch in den Ferien oder später mit Frau und Kindern zu Besuch darin weilte, ist es die eigentliche Heimat geworden, und wenn ich mir unsere Familie vorstellen will, wie sie war, solange wir noch alle jung und beisammen waren, so sehe ich sie in diesem Haus.

Es war wie auch das Leipziger Buchhändlerhaus derselben Architekten im holländischen Renaissancestil erbaut, aus roten Ziegeln mit Sandsteineinfassung der Fenster. Die Hauptfront war nach Osten, nach der Stadt und dem Neckartal zu, gerichtet; die Eingänge waren auf der Nordseite. Das Haus stand etwas unter der Höhe des Berges so am Hange, daß man das hohe Erdgeschoß auf der Nordseite über eine ziemlich hohe Treppe erreichte, während man auf der gegenüberliegenden Südseite zu ebener Erde, aber immer noch unter dem Gipfel des Berges, ins Freie gelangte. Darüber im ersten Stock war ebenfalls ein Austritt, indem hier der Raum zwischen Haus und Berg überwölbt war. Dadurch entstand eine kühle „Grotte", sehr angenehm im heißen Stuttgarter Sommer. Bei Eintritt ins Haus gelangte man über eine breite niedrigstufige Treppe in eine Halle, welche durch zwei Stockwerke aufstieg. Der Eingangstür gegenüber lag ein großer Kamin aus rotem Backstein, nach links führte eine breite Glastür in das Hauptfamilienzimmer, welches fast die ganze Breite der Hausfront einnahm und ein kleineres Eckzimmer nach Norden und Osten. Am südlichen Ende der inneren Längswand dieses großen Wohnzimmers führte eine kleine verdeckte Tür in die Grotte, kurz davor eine andere in die Wirtschaftsräume. — Die Außenwand der Halle, welche nach Westen schaute, wurde von einem großen gemalten Fenster eingenommen, einem Werk des Malers Theodor Grosse. Abends schien die Sonne hindurch und ließ die Farben erglühen. Unter diesem Fenster vorbei führte eine Treppe mit massigem Eichengeländer in drei Absätzen zu einer breiten Galerie, von der aus die Zimmer des oberen Stockwerks zugänglich waren; mit derselben Einteilung wie im Erdgeschoß, einem Eckzimmer und dem großen Arbeitszimmer meines Vaters mit der Aussicht über die Bäume des Gartens weg auf Stadt und Neckartal; dann im Winkel anschließend dem Berghang entlang ein kleines Zimmer meiner Mutter und das Musikzimmer, von dem man durch

Das Elternhaus

einen Wintergarten über der Grotte den oberen Ausgang ins Freie gewann.

Die oberen Stockwerke waren durch eine Treppe zugänglich, welche unten mit einem kleineren Eingang begann und mit den Eckzimmern und der Halle in Verbindung stand. Der zweite Stock enthielt die Schlafzimmer der Familie; der Dachstock die Gesindezimmer, Waschküche und Bügelzimmer. In einem Turmzimmer dieses Stocks, an der Südostecke des Hauses, hatten mein Bruder und ich unseren Horst. Es war etwas zugig und im Winter etwas kalt; ich erinnere mich an das eigentümliche Gefühl im Mund, wenn die Zahnbürste gefroren ist. Aber die Aussicht war über die Maßen herrlich, die schönste im ganzen Haus. Tief unter uns lag das weite Stuttgarter Tal im Kranz seiner Berge, welche sich ins ferne Neckartal öffnen.

Die großen leeren Wände des neuen Hauses, in mehreren der Haupträume nur unten mit Holz vertäfelt, in der größeren oberen Hälfte weiß gekalkt, riefen nach farbigen Bildern, und die kamen denn auch. Wie ich schon berichtet habe, hatte mein Vater seine entscheidenden Kunsteindrücke in Italien empfangen. Aus der Enge der damals noch kleinen westfälischen Vaterstadt Dortmund hatte ihn die Sorge um seine zarte Gesundheit in jungen Jahren nach dem Süden geführt. Er verbrachte viele Monate in Rom. Dort verkehrte er im Kreise von Künstlern, Kunstgelehrten und Archäologen. An der klassischen Kunst der italienischen Renaissance hat er seinen Geschmack gebildet. Wohl hat er diesen Kreis später erweitert, aber seine geistige Herkunft hat sich nie verleugnet. Was ihn innerlich erfüllte, das wünschte er nun auch um sich zu sehen, und so schmückte er sein Haus mit Kopien von Ölbildern der italienischen und deutschen Renaissance. Die Galerie des Grafen Schack in München mag anregend mitgewirkt haben; jedenfalls stammten die ersten von meines Vaters Kopien von dem Maler August Wolf, welcher vor allem für den Münchener Mäzen gearbeitet hatte. Dann sah er im Berliner Alten Museum, noch frisch auf der Staffelei, eine vorzügliche Kopie des Dürerschen Bildnisses vom Bürgermeister Holzschuher aus Nürnberg. Er erwarb sie und versicherte sich des jungen Malers Rudolf Böhnke, den er in den folgenden Jahren in verschiedenen großen Galerien, vor allem in Dresden, München, Florenz und Rom, für sich kopieren ließ. Es sind vorzügliche Arbeiten entstanden, nicht zu vergleichen mit den Furchtbarkeiten, welche man oft auf den Staffeleien vor den Originalen zu sehen bekommt; sie würden sofort einen hohen Wert gewinnen, wenn eines der Originale zu Schaden kommen sollte.

So haben wir Kinder von jung auf große Meisterwerke der Kunst wenigstens in einem Abglanz vor Augen gehabt, und wenn auch das Auge nur am Werke gebildet werden kann, welches aus des Meisters eigener Hand hervorgegangen ist, so wurde doch der allgemeine Sinn für Kunst in uns geweckt und wach erhalten, und darüber hinaus bekam das tägliche Leben im Hause einen festlichen Glanz. Ich kann mir meine Jugend nicht denken ohne die große Halle in dem gedämpften Licht, welches durch das große farbige Fenster fiel. Die deutsche Mutter im Kreis ihrer Kinder war darauf dargestellt. Neben dem Eingang stand die überlebensgroße Marmorbüste von Bismarck, ein Werk von Adolf Donndorf, dem Freund meines Vaters. An derselben Wand hingen die Bildnisse von Goethe (Kopie nach Stieler) und Schiller (Kopie nach Graff). Hoch darüber, fast die ganze Breite der Wand einnehmend, die Kopie der Aurora von Guido Reni aus dem Palazzo Rospigliosi in Rom. Wenn man die Treppe der Halle hinaufstieg und den oberen Absatz erreichte, so blieb man mit den Augen an diesem freudigen Bilde hängen. Das ist nun alles auseinandergestoben. Das Bild von Goethe hängt in meinem eigenen kleinen Treppenhaus, das von Schiller unter anderen Erinnerungen an die schwäbische Heimat im Zimmer meiner Frau. Die Büste von Bismarck habe ich meiner Freiburger Universität geschenkt. Ich durfte sie in ihren Räumen aufstellen in einer Zeit, als draußen der Wind noch anders wehte. So steht sie jetzt neben der großen Gedenktafel, welche bedeckt ist mit den ungezählten Namen der im Weltkrieg gefallenen Studenten. Als ein Grenzstein zwischen der alten Zeit, aus welcher auch jene Opfer für Deutschlands Leben stammen, und der neuen, welche sie vorbereiten halfen.

Aber ist das Elternhaus jetzt auch in fremden Händen, und schaut es mich von seiner Höhe herunter an, fremd, als hätte ich nie darin gewohnt, so gehört es mir innerlich doch ganz unverlierbar an und bildet den leuchtenden Hintergrund meines bewußt werdenden Lebens. So lange es mich umschloß, war mir alles darin selbstverständlich; erst später haben sich meine Gedanken damit beschäftigt.

Nach Schärfe und Sicherheit des Kunsturteils konnte mein Vater durchaus als Kenner gelten, der Sammeltrieb fehlte ihm auch nicht, seine Mittel reichten weit. Wie kam es dann, daß er mit der zeitgenössischen Kunst nicht enger verknüpft war? Ich hörte ihn einmal sagen, es sei hart für ihn, daß sein Leben nicht in eine Zeit großer Kunst gefallen sei. Aber es regte sich doch an vielen Orten ein redliches Streben, der ewigen Natur sich auf neuen Wegen zu nahen; Männer wie Hans Thoma, Trübner, Leibl, Haider und manche andere waren seine Zeitgenossen. Warum umgab er sich dann mit Kopien von Werken einer zwar zeitlos großen, aber doch vergangenen Kunstperiode? Warum begleitete und förderte er nicht die damals Jungen auf ihren neuen Wegen? Ich brauche mir nur vorzustellen, er hätte es getan, so glaube ich klar zu sehen, warum er es nicht getan hat. Wenn ich mir unser Haus in Erinnerung rufe, so wie der Architekt es hingestellt hatte, die edeln aber schweren und anspruchsvollen Renaissanceformen, das dunkle Eichenholz, die gekalkte Wand darüber, das durch Vorhänge und bunte Fenster gedämpfte Licht, so paßten eben nur Renaissancebilder an die Wände oder solche, welche ihnen an Tiefe und Leuchtkraft der Farben, an klassischer Freiheit der Auffassung ähnlich waren. Einem Auge, welches auf die Raumanschauung der Renaissance eingelebt war, mußte auch ihre Malerei gemäß sein. Als in der (damals) modernen Malerei das neue Ringen um das Licht begann, da wurden auch die Wohnräume wieder heller, sei es, daß die Maler die Augen anders erzogen, sei es, daß der neue Trieb, welcher sie zuerst erfaßt hatte, auch in den übrigen

Menschen mit weniger wachen und feinen Sinnen lebendig wurde. Wenn ich es richtig verstehe, so war mein Vater darin ein Kind der Übergangszeit, in welcher er lebte, und zugleich ein Ergebnis seiner eigenen ganz persönlichen Vergangenheit. Daß er über diese Zeit nicht hinausging, scheint mir eine Ursache zu haben, welche sehr tief in seiner Natur begründet war. Wo er nicht, wie in seiner eigenen Arbeit, schöpferisch war, da wollte er gern Fertiges, Vollendetes sehen; die pflegliche Freude am Wachsenden, Werdenden war nicht stark in ihm entwickelt. So wenig ich ihn mir junge Bäume pflanzend und ihr Wachstum geduldig Jahr für Jahr beobachtend vorstellen kann, so wenig auch als mitsuchenden und mitstrebenden Freund eines jungen Künstlers oder Schriftstellers. Es hat große fürstliche Beschützer und Förderer der Kunst von seiner Art gegeben, aber diese lebten eben in Zeiten ungebrochener Tradition und sich steigernder Kunstübung.

Nichts hätte meinem Vater ferner gelegen, als solche Betrachtungen anzustellen oder sich gar von ihnen leiten zu lassen. Auch fehlte ihm der Ehrgeiz oder die Eitelkeit, ein Kunstmäzen zu sein. Er wollte sich an seinen Bildern freuen, nicht vor andern oder auch nur vor sich selbst mit ihnen scheinen, und dazu mußten sie ihm zuerst gefallen. So folgte er ganz naiv seiner Neigung und deshalb stimmte alles in sich und mit ihm zusammen. Das weiträumige festliche Haus war ihm gemäß, ich hätte ihn mir in keinem anderen vorstellen können.

Wie unser Vater durch die Augen lebte, so unsere Mutter in der Musik. Ihre musikalische Begabung stammte von beiden Eltern, die schöne Stimme wohl hauptsächlich von ihrem Vater. Es war ein voller Sopran, in ihren jüngeren Jahren von herrlicher Fülle; eine „blonde Stimme" nannte sie mein Vater einmal. Sie war bei Stockhausen ausgebildet worden, gab Gesangunterricht und war schon in Kirchenkonzerten aufgetreten, als sie sich verlobte. So erfüllten auch die Töne unser farbenfrohes Haus und habe ich von klein auf die schönsten Lieder in vollendeter Wiedergabe gehört, erst die reizenden Kinderlieder von Reinecke, Taubert und andern, später all die Herrlichkeiten

Das Elternhaus

von Schumann, Schubert und Brahms, zu denen sich manches eben entstandene Lied von Hugo Wolf gesellte. Ich selbst war immerhin genügend musikalisch, um von Musik stark ergriffen zu werden; freilich ungleich weniger als meine jüngeren Geschwister, welche die mütterliche Begabung zum Teil in voller Stärke mitbekommen haben. Unsere Schwester und einer der Brüder haben auch die schöne Singstimme geerbt; die der Schwester in etwas tieferer Lage als die der Mutter, aber irgendwie mit ihr verwandt; es fiel mir immer auf, wie schön sie zusammenklangen.

Musik, die gesellige Kunst, hat meine Eltern später viel mit Freunden zusammengeführt. In den Jahren, als ich noch selbst ganz zu Hause war, reichten die Kräfte unserer Mutter dazu meist nicht aus. Denn wir waren eine große Familie, mit einem Altersunterschied von 17 Jahren zwischen dem ältesten und jüngsten Kind. So sehe ich uns am langen Familientische sitzen. Am oberen Ende der Vater in einem schwer vom Platz zu rückenden Eichenstuhl, welchen der Schreiner des Geschäfts, mein Lehrmeister Unterstieler, gezimmert hatte; gegenüber ganz unten der kleine Bruder, wenn er nach der Fütterung im Nebenzimmer noch dabei sein durfte, in einem hohen Kinderstuhl von meiner Arbeit. Die Mutter saß rechts vom Vater, ich links; neben mir unsere Schwester, dann mein nächster Bruder; die zwei anderen Brüder schlossen den Kreis. Es ging lebhaft zu; denn bei allem Respekt, den wir vor unsern Eltern hatten, herrschte doch nicht mehr die strenge alte Sitte, nach welcher die Kinder bei Tisch ihren Mund nur zum Essen benützen dürfen. Mein Bruder und ich fanden übrigens, daß sich die Sitten seit unserer Zeit, als wir noch klein waren, sehr gelockert hätten. Es ist wohl eine fast gesetzmäßige Erscheinung, daß die älteren Geschwister sich als Vertreter der strengen alten Sitte vorkommen und den Kopf darüber schütteln, was die jüngeren sich alles erlauben dürfen. Ist es nur eine Selbsttäuschung, der Mythus von der sittenstrengen guten alten Zeit, welcher sich schon in der Kinderstube anmeldet? Vielleicht zum Teil, aber doch nicht ganz. Wenn einmal das dritte, vierte, ja sechste Kind erzogen werden soll, dann pflegt der pädagogische Eifer der Eltern in gleichem Maße nachzulassen, wie das Staunen über das Wunder „Kind", die behutsame Freude an seinen unbefangenen Lebensäußerungen zunimmt. Wenn das zu allen Zeiten so gewesen ist, wie muß es erst dann sein, wenn ein Teil der Kinder vor, der andere nach dem Anbruch des „Jahrhunderts des Kindes" in das erziehungsfähige Alter gekommen ist. Immerhin, wenn Ellen Key (von uns Älteren gehaßt) auch auf unserer Mutter Tisch lag, so überwog doch der eigene natürliche Instinkt alle Theorie, und wenn vielleicht auch bei uns die Älteren mehr in Zucht, die Jüngeren mehr mit entgegenkommendem Verständnis erzogen wurden, so mußten wir doch alle aufs Wort gehorchen und genossen alle die nötige Freiheit. Und so haben wir uns unter annähernd gleichen äußeren Einflüssen denkbar verschieden entwickelt, nach der Anlage unseres angeborenen Wesens, und was uns erzog, war vor allem die Luft des Elternhauses.

Ganz lernt man die Eltern ja nicht nur verstehen, wenn man selbst Kinder hat, sondern man lernt sie im Umgang mit ihren Enkeln auch von ganz neuen Seiten kennen. So hatte mein Vater in den Jahren, als ich klein war, den Kopf meist zu voll von Arbeitsgedanken, um auf unsere kindlichen Spiele eingehen zu können. Um so unvergeßlicher ist mir der Eindruck, wie er sich benahm, als er einmal bei meinen eigenen Ältesten zur Kaffeevisite eingeladen war. Da legte er zum maßlosen Erstaunen der Kinder die Puppenserviette nicht, wie es gedacht war, auf die Knie, sondern auf seinen langen grauen Bart, und zu ihrem Entsetzen verschluckte er um ein Haar die ganze Kaffeetasse. Nun erinnerte ich mich erst, wie er auch gegen die jüngeren Geschwister, solange sie noch klein waren, rückhaltlos zärtlich sein konnte.

Beide Eltern hatten eine große Scheu, im Kinde irgendetwas zu zerstören. So waren sie zum Beispiel sehr vorsichtig mit dem, was sie vor uns sprachen. Da sich nicht immer verschieben ließ, was zu sagen war, so flüchteten sie sich eine Zeitlang ins Französische. Aber schon ehe wir durch den französischen Unterricht so weit gekommen waren, hatten wir aus dem Zusammenhang und aus der Häufigkeit bestimmter Lautfolgen ihren ungefähren Sinn erschlossen. Wenn die Mutter immer, wenn etwas Verfängliches kam, fopadir sagte, so schlossen wir, daß das eine Warnung an den Vater war, weiterzusprechen; und daß nespa nicht Kuhstall bedeuten konnte, wie unsre Mutter auf meine vorlaute Frage behauptete, das schlossen wir aus dem fragenden Ton und vor allem aus dem häufigen Vorkommen dieses Lautgebildes. Später versuchten die Eltern es mit dem Englischen, das wir in der Schule nicht hatten; aber das ging auch nur, bis unser Mr. Smith kam. Denn da hatten wir mit unseren jüngeren Köpfen bald so viel gelernt, daß wir eher unsere Eltern von unserer Unterhaltung hätten ausschließen können. Inzwischen war auch nicht mehr so viel an uns zu verderben.

Meine Eltern ordneten alles außer ihrer Arbeit der gesunden Entwicklung ihrer Kinder unter. So war mein Vater eine Zeitlang mit dem Gedanken umgegangen, mit seinem Geschäft nach Berlin überzusiedeln. Bei seiner Gabe, leicht nach allen Seiten Beziehungen anzuknüpfen, hätte er dabei sicher viel für die äußere Entfaltung seines Lebens gewonnen. Er gab den Plan wieder auf, weil er das Aufwachsen der Kinder in einer kleineren Stadt für naturgemäßer und gesünder hielt. Beide Eltern waren geselliger Natur, aber gar nicht gesellschaftlich, sondern sehr häuslich. Unsere Lebensweise war regelmäßig, einfach und gesund. Wir wurden in unserer Entwicklung in keiner Weise gesteigert, sondern eher zurückgehalten; so wurde der Besuch von Theater und Konzert, überhaupt von allen abendlichen Veranstaltungen, möglichst hinausgeschoben und dann noch sehr beschränkt.

Man nennt das eine „sehr behütete Jugend" und meint damit etwas für die volle Entwicklung einer starken Persönlichkeit nicht unbedingt Wünschenswertes. Ich hatte selbst eine Zeit, wo die starke häusliche Tradition mich wie eine schwere Fessel drückte, die zu zerreißen mich die liebevolle Verehrung für meine Eltern hinderte; Jahre, in denen ich wünschte, ich wanderte frei und unbekannt auf der Landstraße, ohne bürgerliche Vergangenheit, und wüßte nicht, woher ich komme. Ich habe mir auch, als ich selbst Kinder zu erziehen hatte, vorgenommen, sie sollten einmal nicht durch so starke Bande der Ehrfurcht an mich gebunden sein wie ich an meine Eltern. Aber ich fürchte, es ist wieder gerade so gekommen. Und wenn ich jetzt über mein Leben zurückblicke, so glaube ich, es war jedenfalls für mich gut so, wie es war. Eltern und Kinder passen da wohl meist zusammen; Söhne von schroffen harten Vätern sind wohl meist aus demselben Holze geschnitzt. Kraft steht da auf gegen Starrheit und erstarkt im Widerstand. Ist das einmal anders und findet der zarter geartete Sohn nicht etwa an der Mutter einen Rückhalt, so kann in der Tat viel zerstört werden.

So hatten wir gute Tage; Arbeit, Freude und fröhliches Wachstum. Aber selbst von diesem hellen Hintergrunde hoben sich Zeiten von noch größerer Leuchtkraft ab; hohe Zeiten, Feste der Familie und Feste eines größeren Freundeskreises. Ich möchte auch von ihnen sprechen, weil mir hier das Bild der Eltern in ihrer allgemeinen Güte und in ihrer besonderen Eigenart so deutlich vor Augen tritt.

Von allen Zeiten des Jahres ist in deutschen Landen wohl keine von einem solchen Zauber umwoben wie die schöne Weihnachtszeit. Glückliche Kinder, wenn die Eltern es vermögen und verstehen, ihnen diesen Glanz ungetrübt und den Sinn dafür empfänglich zu erhalten. Wochenlang das Haus voller Heimlichkeiten, durchzogen vom Duft des Weihnachtsgebäcks. In den letzten Tagen die verschlossenen Türen des Weihnachtszimmers, in welchem, niemand wußte wie hineingekommen, der Christbaum stand. Die Neugierde weit überwogen von der Scheu, das Geheimnis zu enthüllen; undenkbar, daß man etwa durchs Schlüsselloch hätte sehen können. Von der zuerst sehr ernsthaften Furcht, das Christkind würde einem die Augen ausblasen, war noch lange ein Hauch der in Gedanken deutlich verspürten himmlischen Zugluft übriggeblieben. Die letzten Stunden der Erwartung kaum zu überleben; wir pflegten einen großen Spaziergang zu machen und so lange auszubleiben, daß es gerade noch reichte, sich von Kopf zu Fuß festlich anzuziehen, ehe sich die Familie mit den Leuten des Hauses im dunklen Vorzimmer versammelte. Es wurden die altvertrauten Lieder gesungen, welche die Mutter seit Wochen mit uns geübt hatte. Dann lauschte man, ob das silberne Glöckchen noch nicht ertönen wollte. Es fiel wohl ein Lichtschein durch eine Ritze der Türe, man hörte einen Tannenzweig knistern, noch ein letztes Lied, dann erklang das Zeichen, von innen öffneten sich die Flügeltüren und man schaute geblendet in den Lichterglanz. In den ersten Minuten dachte man nichts anderes; dann erwachten die irdischeren Triebe wieder, aber der Anstand gebot, ihnen nicht nachzugeben, bis die Eltern selbst uns aufforderten, an unsere Tische zu gehen. Bald fand man einen Lieblingswunsch erfüllt, bald auch gänzlich Unerhofftes. Die Eltern kamen und erklärten einem den Gebrauch; sie kamen auch und bedankten sich für die kleinen Geschenke, welche wir für sie gearbeitet hatten. Dann kamen die Leute vom Haus heran und sahen sich unsere Sachen an. Auch die Leute vom Geschäft waren da, Herr Rothfuß und Herr Unterstieler und die Markthelfer. Mit einem gehäuften Teller von Mutters Gebäck gingen sie dann nach Hause zu ihren eigenen Familien. Und nun stand nichts mehr im Wege, sich mit einem besonders vielversprechenden Buch, ein Stück des dicken steinharten Lebkuchens zwischen den Zähnen, in eine stille Ecke zurückzuziehen, während in einem so nie wieder gekannten Behagen die Welt um einen versank. Bis auch diese Freude sich erschöpft hatte und die Familie sich zum Festbraten an dem langen Tisch niederließ, an dessen oberem Ende jetzt nicht der Vater, sondern die alte Großmutter saß, schwerhörig und ein wenig in sich zusammengesunken, aber vergnügt und freundlich auf Kinder und Enkel blickend.

Das Bild dieser Stunden stieg immer wieder vor mir auf, wenn ich später meinen eigenen Kindern solange sie noch klein und alle zuhause waren, die Lichter des Christbaums anzünden durfte. Wenn ich da Vergangenes und Gegenwärtiges in einem fühlte, konnte ich nicht sagen, was schöner und ob es wahr sei, wie wir gelehrt werden, daß Geben seliger sei als Nehmen. Beides sind wohl unvergleichbare Dinge. Damals jedenfalls fanden wir das Beschenktwerden ohne Einschränkung schön und bedauerten nur unseren Vater, der seinen Geburtstag gerade am 24. Dezember hatte und nur einmal beschert bekam. Denn die Pyramide von Makronenringen, mit welcher er herkömmlicherweise morgens abgespeist wurde, vermochten wir nicht als vollwertige Bescherung gelten zu lassen.

Am ersten Feiertag waren wir mittags um den Tisch der Großmutter versammelt. Das war dann eine noch größere Tafelrunde, nachdem der jüngere Bruder meines Vaters mit seiner Frau und seinen zwei Söhnen nach Stuttgart übergesiedelt war, und es ging lustig dabei zu. So kam es einmal zu einem „Berufswettkampf" zwischen den beiden Brüdern, bei dem wir dem Onkel Adolf den Sieg zuerkennen mußten. Zwar zerlegte mein Vater die gebratene Poularde kunstgerecht wie immer, wobei er vor allem die Gelenke mit unfehlbarer Sicherheit traf; er tat es aber doch auf der großen Platte. Der Onkel dagegen hielt seinen Vogel frei in der Luft und trennte so ein Glied und ein Stück nach dem anderen mit eleganten Schnitten ab. Wir nahmen an, daß er das bei den Düsseldorfer Husaren gelernt habe, bei denen er als Offizier stand, ehe er bei seinem älteren Bruder den Buchhandel erlernte. Er war ein stattlicher Mann, von der schweren Statur der westfälischen Bauern, von denen wir abstammen.

Unsere Großmutter hatte ihren eigenen Baum geschmückt, der aber nicht für uns angezündet wurde; noch weniger waren wir, wie es sonst in Stuttgart Brauch war, um den Weihnachtsbaum der anderen Verwandten versammelt. Der Eindruck des brennenden Baumes sollte ein einmaliger bleiben; darum war er auch, wenn er nach Umschwung eines Jahres wiederkehrte, immer aufs neue überwältigend.

Aus meiner Jugend bis hinein in die reiferen Mannesjahre nicht wegzudenken ist der Freund meines Vaters, der Bildhauer Adolf Donndorf; der „Urfreund" schlechthin, wie er sich selber nannte. Als er im Jahre 1876 als Professor an die Kunstschule in Stuttgart berufen wurde, hatte er sich schon durch bedeutende Werke einen Namen gemacht. Als Schüler Ernst Rietschels hatte er mit Schilling und einigen andern jüngeren Künstlern an dem großen Lutherdenkmal in Worms mitgearbeitet; die trauernde Magdeburg, vielleicht die ergreifendste Gestalt dieses figurenreichen Denkmals, ist von seiner Hand. Er lebte und arbeitete in der großen Tradition, welche von Christian Daniel Rauch ihren Anfang genommen hatte. Auch die großen Zeichner Peter Cornelius, Preller, Schnorr v. Carolsfeld gehörten zu den von ihm aufs höchste verehrten Meistern. Diese Welt brachte er mit; für sie warb er mit der ganzen Überzeugungskraft seiner feurigen Persönlichkeit. Er bestimmte wohl weitgehend, wenigstens viele Jahre lang, das Kunsturteil meines Vaters. Auch für mich bedeutete dies, daß ich von der Seite der klassischen Plastik her das Reich der Kunst betrat.

Aber noch einen anderen, vielleicht noch wichtigeren Bezirk der geistigen Vergangenheit machte er uns gegenwärtig und lebendig. Donndorf stammte aus Weimar, war dort im Jahr 1835 als Sohn eines Tischlermeisters geboren. Einige Schritte unter dem Wittumspalais stand sein Elternhaus. Auf einem kleinen heimeligen Platz nahe dabei steht jetzt ein rührend schönes Werk von ihm, der Mutterbrunnen, den er als dankbarer Sohn seiner Vaterstadt geschenkt hat. Eine hohe Frau sieht mütterlich auf ein Kind herab, das sie nach Art der Thüringer Frauen in der Falte ihres leinenen Mantels auf dem linken Arm trägt; an der rechten Hand führt sie einen Knaben, der aus einem Henkelkrug das Wasser ausgießt. Zeitlebens hing der Künstler mit Liebe an seiner Vaterstadt, die auch seine geistige Heimat war. Sie hat ihn dadurch geehrt, daß sie ein eigenes kleines Museum erbaute, in welchem eine vollständige Sammlung seiner Werke in Abgüssen aufgestellt ist. So war Donndorf für uns ein Vertreter und Dolmetsch von Weimars großer Zeit. Er hatte noch den alten Eckermann, das „Eckermännchen", über die Straße gehen sehen. An dem neu aufgerichteten Denkmal Wielands hatte sich sein Ehrgeiz entzündet, zu versuchen, ob er es nicht besser machen könne, und als junger Mensch, der noch keinen Unterricht im Modellieren genossen hatte, schuf er eine kleine Statuette des Dichters und Hofmanns; es war ein genialer Wurf, welcher an geistvoller Charakterisierung von keiner späteren Arbeit des gereiften Meisters übertroffen wird. In den Jahren, in denen er geistig erwachte, war Goethes Andenken in Weimar noch ganz lebendig, und selbst zur Zeit, als wir ihn kannten, hatte er noch eine alte Freundin, welche als junges Mädchen Goethe gesehen hatte. Seither sind weitere Jahre hingegangen, und man wird nicht mehr leicht jemand begegnen, der in Augen geblickt hat, welche Goethe gesehen haben.

Aber wenn Donndorf auch aus jener Zeit seine Richtung und seine stärksten Antriebe erhalten hatte, so lebte er doch ganz in der Gegenwart und blickte mit jugendlichem Feuer und Mut in die Zukunft. Er war ein glühender Verehrer von Bismarck, dessen Gast er in Friedrichsruh war, als er den Auftrag hatte, ihn ebenso wie Moltke für ein in Stuttgart zu errichtendes Denkmal zu modellieren. Noch nach Jahren wurde ein Sohn Donndorfs bei einer Huldigungsfahrt von Studenten vom alten Fürsten darauf mit den Worten angesprochen: „Ihr Vater ist ein heiterer Mann, mit dem sich gut reden läßt." Auch sonst lebte er ganz in seiner Zeit. So ergriff er aufs lebhafteste jede neue große Entdeckung der Naturwissenschaften, wenn sie im Bereich seiner Auffassungskraft lag. „Wenn ich noch jung wäre, da müßte ich mit dabei sein", sagte er einmal zu mir. Oder ein anderes Mal schrieb er mir die anspornenden Worte: „Es ist ja noch alles zu entdecken!"

Zum Forscher freilich hätten ihm einige unentbehrliche Voraussetzungen gefehlt. Zwar sind die Eigenschaften des Künstlers: die Kraft der Anschauung und der schaffenden Einbildungskraft, das Erfassen des Großen und das liebevolle Sichversenken in das Kleine, der konstruktive Sinn — für den Forscher, jedenfalls für den Erforscher der Natur ebenfalls wichtige Vorbedingungen der originellen Leistung. Aber dazu muß die unablässige Kritik und Selbstkritik kommen, die völlige Unterwerfung unter das Gesetz des Gegenstands, die strenge klare Fassung und logische Zusammenfügung der Begriffe, also eine geistige Haltung, welche nur äußerst selten mit dem künstlerischen Temperament zusammengeht. Wenn ich also Donndorf auch einmal von sich sagen hörte, „er sei eigentlich für einen Künstler viel zu gescheit", so meinte er damit wohl, daß ihm die Reflexion manchmal das reine Schaffen des künstlerischen Instinktes störe, womit er vielleicht nicht ganz unrecht hatte; aber er war sich doch wohl nie darüber im unklaren, daß er durch und durch ein Künstler und nichts anderes war.

Man kann schwer ermessen, was ein solcher schöpferisch ausströmender Mensch für seine Freunde bedeutete, und vollends für seine jungen Freunde, denen er sich ohne jede Spur von Altersdünkel hingab. So war es nicht verwunderlich, daß man immer Jugend an seinem Familientische fand, die sich unter seine zahlreichen eigenen Kinder mischte. Er hatte deren neun, vier Söhne und fünf Töchter, welche ihren Namen je nach dem Werke erhalten hatten, an welchem der Vater gerade arbeitete; beginnend mit einem Martin, der zwar kein Reformator, aber Oberbürgermeister der Stadt Weimar geworden ist. Zwei Söhne ergriffen praktische Berufe. Mehrere der Kinder waren künstlerisch hoch begabt, für Musik und bildende Kunst. Aber nur einer der Söhne, Karl, wurde Bildhauer wie sein Vater und mit dem Professortitel ausgezeichnet. „Wenn einer meiner Söhne Künstler werden will, schlage ich ihn tot; wenn er es dann immer noch will, hat er meinen Segen": das war etwa die Einstellung, gegen welche der Sohn sich durchzusetzen hatte. Drei der Töchter verheirateten sich mit Männern von sehr verschiedenen Berufen. Die zweite Tochter, Käthe, mit der mich der Lauf des Lebens auch später hin und wieder zusammengeführt hat, war mit Dr. Max Christlieb verheiratet, einem sehr begabten freisinnigen Theologen, welcher zuerst einige Jahre in Wenkheim, einem kleinen badischen Ort, eine idyllische Pfarrstelle innehatte, dann mit seiner Frau als Missionar nach Japan ging und zuletzt unter Harnack an der Berliner Bibliothek tätig war.

So war es schon aus „eigenen Beständen" immer ein großer Tisch, an welchem Mutter Donndorf hausfraulich waltete, mit ihrem schlicht gescheitelten Haar über der feinen Stirn und den gütigen braunen Augen. Auch sie ein echtes Künstlerblut, voll Verständnis für die reiche, auch an Widersprüchen reiche Natur ihres Mannes. Sie sagte einmal zu meiner Mutter, es sei nicht immer leicht, die Frau eines Künstlers zu sein. Und dazwischen nun der Vater, alles selbstverständlich beherrschend mit seiner Persönlichkeit und dabei ein Bild des Behagens. Eines echt sinnlich-geistigen Behagens. Ich sehe ihn mir gegenüber sitzen, wie er etwa einen besonders schönen Apfel in die Hand nahm und ihn drehte und von allen Seiten betrachtete, wie er ihn durchschnitt und sich an dem gesunden Kerngehäuse freute, ehe er das feine Aroma genoß. Daran knüpfte er vielleicht irgendein Wort, etwa über den Unterschied des deutschen und des italienischen Wesens. Luther denke ich mir so im Kreise der Seinen. Aber auch ein Wort von Goethe fällt mir ein: „Werdet Ihr in jeder Lampe Brennen fromm den Abglanz höhern Lichts erkennen", der Ausdruck einer innigen Naturfrömmigkeit.

In anderer Weise schön war es, wenn ich ihn in seinem Atelier bei der Arbeit besuchte. Ich durfte immer ohne Anmeldung kommen. Mit einfacher herzlicher Freundlichkeit trat er einem entgegen, im langen weißen Arbeitskittel, die unvermeidliche, halb gerauchte, halb zerbissene Zigarre in der Hand, an der etwas Modellierton klebte. Er legte vielleicht gerade einen Kopf an, fügte Lehmklumpen zu Lehmklumpen und stauchte das Ganze zurecht; oder gab er dem Gesicht die letzte Feinheit mit dem Modellierholz oder noch lieber mit den so lebendig fühlenden Fingern, nahm da etwas ab und setzte dort etwas auf und verstrich es. Ich durfte ihm bei der Arbeit zuschauen oder sah ich mich in dem hohen hellen Raum um, an dessen Wänden in mehreren Etagen übereinander Gipsabgüsse aller Art hingen und standen, von Händen, Armen und Beinen, von Totenmasken, von kleinen Modellen. Manchmal hatte er auch einen angefangenen Brief auf dem Schreibtisch liegen, der neben dem großen Atelierfenster an der Wand stand. Er blieb über die Mittagszeit in seiner Werkstatt, um das Tageslicht voll auszunützen und arbeiten zu können, ohne an die Zeit denken zu müssen.

Am Sonntag ging er hinaus ins Freie, für den ganzen Tag, am liebsten mit einer der Töchter, welche in seiner Gunst gerade an der Reihe war. Dann schlenderte er durch die Wiesen, „wo einem die Blumen herauf zum Herzen wachsen", „in denen man sich wälzen möchte". Er sammelte auch Schmetterlinge, einheimische und exotische, die er in großen Kästen an die Wand hängte, nicht nach wissenschaftlichen Gesichtspunkten geordnet, sondern so, wie es seinen Augen wohlgefiel. Aber wohl noch lieber sah er sie im Gaukelflug über die Wiese schweben.

Wenn er dann von Luft und Licht gesättigt wieder zuhause war, überkam ihn wohl plötzlich die Lust, seine Freunde zu besuchen. Dann sahen wir ihn — später, als wir schon oben auf dem Berg wohnten — langsam durch den Garten heraufkommen, den großen Schlapphut in der Hand; eine kleine, fast zierliche Gestalt, mit einem Haupt, das durch den Bart und die Löwenmähne noch mächtiger wirkte. Er kam unangemeldet und mußte wohl auch einmal enttäuscht wieder abziehen, wenn er uns nicht zuhause traf. Auch trieb ihn nicht immer die Fülle der guten Stimmung zu uns; manchmal mußte er sich einen Ärger von der Leber reden, was er dann gründlich und mit erfrischender Grobheit besorgte, oder er war innerlich zerrissen, kratzbürstig und voll Widerspruch. Aber wenn alles zur guten Stunde zusammentraf, wenn dann meine Mutter noch Zeit hatte, rasch ein Lieblingsgericht von ihm auf den Tisch zu bringen, und die Korbflasche Chianti vor ihm stand, dann strömte er über von Behagen und innerem Reichtum. An allem Kleinen und Großen in Natur und Geschichte nahm er den lebendigsten Anteil, er sah es greifbar deutlich vor sich und wußte es mit dem treffendsten, bildhaftesten Ausdruck zu bezeichnen. Ob es nun ein kleines Erlebnis war, welches er erzählte, etwa daß kleine Kätzchen um seine Füße spielten und er sagte, „lasset die Kindlein zu mir kommen", oder ob er von Bismarck erzählte, wie bei ihm alles, selbst die Zündhölzer, überlebensgroß gewesen seien. Immer in derselben Weise, ganz selbstvergessen, ganz dem Augenblick hingegeben. Es waren unvergeßliche Stunden.

Unter diesen Möglichkeiten und Anregungen zu allseitiger Bildung näherte sich meine Schulzeit ihrem Ende, und es trat die Entscheidung über den zu ergreifenden Beruf an mich heran, vielleicht die wichtigste für den ganzen Ertrag des Lebens. Ich hatte eine Freiheit in der Wahl, wie sie nicht jedem gegeben ist. Ich war nicht darauf angewiesen, möglichst rasch ins Brot zu kommen. Auch sonst lag kein Zwang vor, irgendeinen bestimmten Beruf zu ergreifen. Mein Vater ließ mir völlig freie Hand, ich konnte mich ganz von innen heraus entscheiden. Der Weg schien mir durch Neigung und Veranlagung gewiesen. Mit der lebendigen Natur umgehen, beobachten, nachdenken, und vor allem lernen, immer lernen, das waren meine stärksten angeborenen Triebe. Es war nicht schwer zu sehen, wo das hinaus wollte. Aber als nun mein Vater mich in jenen Jahren einmal fragte, ob ich mich nicht der Wissenschaft widmen wolle, antwortete ich ohne Besinnen: nein, ich mag kein Professor werden. Ich habe später oft über diese Antwort gelacht und auch über sie nachgedacht. Als hätte es gerochen werden sollen, daß ich diesen edlen Stand abgelehnt hatte, dauerte es fast bis zur Vollendung meines 40. Lebensjahres, bis ich in ihn aufgenommen wurde. Das Bild, welches ich mir damals von einem Professor machte, war wohl nicht unähnlich dem, welches der Jugend der jüngstvergangenen Jahre vielfach von uns gezeichnet wurde. Wie ich zu ihm kam, ob es berechtigt war, spielt in diesem Zusammenhang keine Rolle; das Wesentliche scheint mir, daß sich in jener Antwort bei aller Unreife etwas Grundsätzliches aussprach. Ich fragte nicht, was für eine Arbeit ein Professor treibe und ob ich sie auch gern tun möchte, sondern was für ein Mensch ein Professor sei und ob ich auch so einer sein wolle. Es stand also ein Wunschbild menschlichen Seins gegen die durch Neigung und Veranlagung bestimmte Aufgabe und trug den Sieg davon.

Einige Jahre früher, damals als ich den Professor Froriep um seinen Krebschenfang beneidete, hätte ich mich wohl anders entschieden. Aber seither war neben jenen angeborenen Neigungen, welche ich vorwiegend von mütterlicher Seite herleite, noch ein anderer Kreis von Interessen erwacht und immer lebendiger geworden, der die menschliche Kultur in allen ihren Äußerungen umfaßte. Das war wohl vor allem eine Verwirklichung des Erbteils, das ich vom Vater her mitbekommen hatte, und wurde

Das Elternhaus

angeregt und befördert durch die von Kultur gesättigte Atmosphäre des Elternhauses und die humanistische Schule, in der ich mich für die menschliche Größe der Antike, vor allem des Griechentums, begeisterte. Das taten ja nun andere auch, sie zogen aber andere Folgerungen daraus. Sie verbreiteten oder vermehrten als Philologen oder Archäologen die Kenntnis der Literatur und des Lebens der Antike, wie etwa mein Schulkamerad Robert Zahn, der als chronischer Primus in der Reihe vor mir saß und hernach zu einer internationalen Autorität auf dem Gebiet der Vasenkunde geworden ist; oder aber blieb ihnen die Beschäftigung mit dem Altertum eine Erholung und Freude ihrer Freizeit, wie etwa meinem nächsten Bruder, welcher bis an sein Lebensende die römischen und griechischen Klassiker in der Ursprache las. Er hatte immer ein Bändchen von ihnen in einer schönen Originalausgabe in der Tasche, und so oft er konnte, las er darin, oft viele Stunden des Tages. Ich aber wollte mit der Nachfolge meiner Helden Ernst machen und jenen Geist, auf den allein es mir ankam, in meinem Leben verwirklichen. Auch das noch sehr unreif, aber nicht ohne Folgen für den Gang meines Lebens. Zunächst konnte es mir, wie so vielen anderen vor, neben und nach mir nicht entgehen, in welch fast groteskem Gegensatz das Schulleben, zu welchem wir viele Jahre hindurch gezwungen waren, zu dem menschlichen Ideal stand, für das wir begeistert wurden. Es wäre einem Griechen doch nie eingefallen, die Sprache eines fremden Kulturvolks zur Grundlage seiner Bildung zu machen und in diesem Studium und ähnlichen durch stundenlanges Sitzen in geschlossenen Räumen den Leib verkümmern und die Sinne sich abstumpfen zu lassen. Heute sehe ich, wie das so gekommen ist. Ich sehe, daß die europäischen Völker eine andere geschichtliche Sendung haben als das griechische, welches überall die Grundlagen unserer westlichen Kultur legte, während wir das zur Weiterführung vorfanden, was die antike Welt geschaffen hat, und in eine Aufgabe hineinwuchsen, welcher wir uns nicht willkürlich entziehen können. Aber das übersah ich damals noch nicht; es hätte auch mein Urteil kaum beeinflußt. Die Jugend ist immer, nicht erst seit gestern, revolutionär, sie will nicht verstehen, sondern das, was ihr das einzig Richtige dünkt, verwirklichen und das, was dem entgegensteht, beseitigen. Ich wollte „an den großen Fragen der Zeit mitarbeiten", wie ich zu meinem Vater sagte, der mir erwiderte, daß wir das ja alle täten. Armer Vater! Es wäre ihm wohl angst um seinen Sohn mit so verschwommenen Ideen geworden, wenn er nicht gewußt hätte, daß ich gelernt hatte, auch das nächstliegende Kleine gewissenhaft zu tun. Aber so unreif auch dieser Ausspruch von mir war, so war er doch sehr ernst gemeint und ein Ausdruck dafür, daß ich sehr früh begann, mein Leben nicht als meine Privatangelegenheit zu betrachten.

So faßte ich also den kühnen Plan, die deutsche Schule zu reformieren. An sich war der Gedanke nicht so ganz abwegig; auch war er nicht allein durch meine Erfahrungen mit der Schule hervorgegangen, sondern entsprang einer angeborenen pädagogischen Neigung. Diese hängt, wie ich zu sehen glaube, im tiefsten mit der anderen zusammen, welche dann später meine Lebensarbeit bestimmt hat, der Leidenschaft zum Experimentieren am Lebenden, sich Entwickelnden. Beides vielleicht ein Ersatz für die ersehnte, mir aber versagte rein künstlerische Schöpferkraft.

Die äußere Anregung gab ein Buch, Tom Brown's Schooldays, welches die englischen Jungens damals gerne lasen und das mir unser englischer Lehrer Mr. Smith geschenkt hatte. Es schildert das Leben in Rugby, der Schule des großen englischen Pädagogen Matthew Arnold. Auch mein späterer Freund Hermann Lietz, welcher ausführte, was mir nur als Gedanke vorgeschwebt hatte, war von einer englischen Schule entscheidend beeinflußt worden. Aber gerade der Vergleich mit ihm zeigt, daß er zu dieser Aufgabe berufen war und ich nicht. Als ich meinem Vater von meinen Gedanken sprach, lehnte er ihn keineswegs ab; aber er meinte, dann müsse ich also darauf hinarbeiten, im preußischen Kultusministerium, Abteilung Schulwesen, eine leitende Stellung zu erringen, und in dieser das Reformwerk durchführen. Ich weiß nicht, ob es meinem Vater mit diesem Rat ganz Ernst war, ob er mir den Weg zu meinem Ziel oder zur Erkenntnis der Unreife meines Gedankens weisen wollte. Jedenfalls war es nicht dies, was ich wollte; ich wollte keine Verwaltungsarbeit, sondern wollte es mit den jungen Menschen selbst zu tun haben. Hätte ich den richtigen Instinkt gehabt, so hätte ich gewußt, daß ich damit anfangen müsse, durch Tätigkeit als Lehrer die Schule, ihre Bedürfnisse und Bedingtheiten, kennenzulernen. Wie es aber gekommen wäre, wenn ich diese naheliegende Folgerung gezogen und mich auf den Lehrerberuf vorbereitet hätte, das glaube ich jetzt auch zu wissen. Hätte ich einmal angefangen, Naturwissenschaften zu studieren, so hätte ich schwerlich die deutsche Schule reformiert, sondern wäre eben auch, nur ohne Umweg, Naturforscher geworden. Denn sowie ich diesen Gegenstand, für den ich geschaffen war, wirklich berührt hätte, so hätte er auch mich ergriffen und nicht wieder losgelassen.

Mit dieser Art, „an den großen Fragen der Zeit mitzuarbeiten", war es also nichts gewesen, und der eine oder andere Gedanke in ähnlicher Richtung hatte dasselbe Schicksal. So kam ich endlich zu dem Schluß, daß der Beruf meines Vaters die beste Grundlage abgeben möchte, um die Ideen, welche mich bewegten, in die Wirklichkeit umzusetzen, soweit eben meine Fähigkeiten dazu ausreichen würden. Die Anhänglichkeit an meinen Vater und sein Lebenswerk kamen hinzu, und so faßte ich den Entschluß und warf mich mit aller Energie darauf, Verlagsbuchhändler zu werden. Mein Vater war es mehr als zufrieden, und alles schien nun in bester Ordnung. Aber auf dem Grund meiner Seele lebte vielleicht doch schon damals das leise Gefühl eines Irrtums, welches dann in den folgenden Jahren zu einer schweren inneren Krise angewachsen ist.

Nun war nur noch die Abschlußprüfung zu machen. Ich bin zeitlebens für Prüfungen gleichermaßen begabt und unbegabt gewesen. Begabt für die Prüfung selbst, insofern als ich immer völlig ruhig blieb und eher von erhöhter als herabgesetzter Leistungsfähigkeit war; wenn es glücklich losging, hatte ich stets ein frohes Angriffsgefühl. In hohem Maße unbegabt aber war ich für die Vorbereitung, indem ich aus allem einen Gegenstand der Forschung machte und immer am ersten Punkt, der mich fesselte, hängen blieb und so nachher mit der Zeit ins Gedränge kam. So studierte ich für alte Geschichte meinen Mommsen und speziell die Entwicklung der römischen Verfassung so gründlich, als wollte ich Professor des Staatsrechts werden. Aber ich hatte Glück; eine der Fragen bezog sich gerade auf diesen Gegenstand, und ich schrieb den Herrn Examinatoren eine Abhandlung darüber, daß sie staunten. Bei anders gestelltem Thema hätte ich vielleicht völlig versagt. Im deutschen Aufsatz sollten wir uns darüber äußern, ob der Krieg ein Übel sei oder nicht; wir beantworteten die Frage mit der souveränen Sicherheit, wie sie nur völliger Mangel an eigener Erfahrung verleihen kann. Aber auch hier bekam ich eine gute Note, ebenso in den anderen Fächern. Nun hatte ich noch die Abschiedsrede in der Aula zu halten, und dann konnte ich sehr erleichtert diesen Abschnitt meines Lebens abschließen.

Zunächst sollte ich nun ein Jahr lang in allen Abteilungen des väterlichen Geschäftes arbeiten. Vorher aber durfte ich eine mehrwöchige Reise an den Rhein und nach Westfalen machen, um meine dort lebenden Verwandten zu besuchen.

Es war nicht mein Zweck, den Ursprüngen und Verzweigungen unseres Stammes in seiner alten Heimat nachzugehen, so wie es mein Vater und später in noch höherem Maße mein jüngster Bruder getan hat. Dieses Interesse lag mir damals fern und pflegt sich auch, wenn es überhaupt in der Anlage vorhanden ist, erst dann zu regen, wenn man selbst eine Familie gegründet und eine Stellung in der Welt errungen hat, so daß man sich mit Ehren in die Kette der Geschlechter einreihen kann. Aber ich sollte und wollte die Verwandten meiner Eltern grüßen, mit denen wir noch in lebendiger Verbindung standen.

Mein Großvater Gustav Adolph Spemann war seit fast vier Jahrzehnten tot. Ich konnte nur sein Grab auf dem Friedhof in Dortmund besuchen, wo er unter einem mächtigen Stein, welcher die ganze Länge des Mannes deckt, seine Ruhestatt hatte. Aber seine Schwester lebte noch als verwitwete Frau Weegmann in Köln. Ich besuchte sie, doch ist mir ihr Bild aus dem Gedächtnis entschwunden. Dagegen erinnere ich mich sehr deutlich an ihren Sohn, den Regierungsrat Weegmann; wahrscheinlich deshalb, weil er eine ganz auffallende Ähnlichkeit mit seinem Großvater hatte, dem alten Amtsrat Spemann, welcher als Rentamtmann in der alten Burg von Hörde lebte und von dem mein Vater ein Ölbild in Seitenansicht besaß, das jetzt bei mir hängt. — In der Stadt Köln machten mir vor allem die romanischen Kirchen einen tiefen Eindruck; viel mehr als der Dom, der mir kalt und nüchtern erschien. Bei späteren Besuchen konnte ich mich aber doch dem überwältigenden Eindruck des schmal und hoch aufsteigenden Gewölbes nicht entziehen.

Das eigentliche Ziel meiner Reise war aber Dortmund, wo der Großvater Adriani in einem traulichen alten Haus lebte, nach dem Tode seiner Frau allein mit zwei Töchtern, Anna und Toni, welche ihm den Haushalt führten. Mein Vater war in dem Hause aufgewachsen; es gehörte seiner Mutter, welche darin wohnte, bis sie zu uns nach Stuttgart zog. Die verstorbene Frau Marie Adriani geb. Keller war eine Schwester meiner Großmutter gewesen; mein Vater hatte in zweiter Ehe seine Base geheiratet. Daher war ich auch mit meiner zweiten Mutter blutsverwandt und das mir blutsverwandte Element kam von der Großmutter Adriani. Auch deshalb, für das tiefere Verständnis mancher Züge meiner zweiten Mutter, war mir die Kenntnis des Großvaters Adriani wertvoll. Vor allem aber um seiner selbst willen, denn er war eine starke, scharf geprägte Persönlichkeit.

Der Geheime Justizrat Adalbert Adriani war 1804 in Schwelm (Westf.) geboren. Er starb 1896, 92 Jahre alt, ohne krank gewesen zu sein, kurz nachdem es ihm noch einmal so recht von Herzen geschmeckt hatte. Damals, als ich ihn besuchte, war er 84 Jahre alt, aber noch ungemein frisch, namentlich geistig, und völlig ungebrochen in seiner starken Natur. Es war ein friedliches Bild, wenn er im bequemen braunen Schlafrock, das gestickte Käppchen auf dem Kopf, in seinem Zimmer am Fenster saß und die Straße hinunter sah oder mit der langen Pfeife im Mund zu ebener Erde aus dem Haus trat und zwischen den Buchsbaumhecken im Garten auf und ab wandelte. Eine hohe schwere Gestalt, das Gesicht von massigen Zügen und mit strahlend blauen Augen. Er bewahrte sich bis an sein Lebensende den hohen Schwung der Jugend. So lebte er in der Welt unserer großen Dichter, vertrieb sich in schlaflosen Nächten die Stunden mit der Vergegenwärtigung ihrer Werke und lernte bis in sein hohes Alter immer neue Gedichte hinzu. Die deklamierte er dann auch gern mit seiner tiefen klangvollen Stimme. Er berauschte sich aber auch am reinen Wohllaut des Worts, ganz abgesehen von dem Sinn, den es ausdrückt. So höre ich ihn noch den lateinischen Namen für das Wiesenschaumkraut wieder und wieder sagen, Cardamine pratensis, mit zwei „R" wie fernes Donnerrollen. Ich möchte glauben, daß er auch ein angeborenes mimisches Talent hatte; eine seiner Töchter, unsre sehr geliebte Tante Helene, hatte es zusammen mit ihrem Sprachtalent in ungewöhnlichem Maß.

Der Großvater stammte aus einer fest gefügten Zeit. Als die großen Erschütterungen anfingen, war seine innere Welt schon fraglos gefestigt. Hätte er die tiefen Umwälzungen, durch welche wir seit dem Anfang des großen Kriegs hindurchgegangen sind, auch nur in ihren Anfängen miterlebt, so hätte er wohl auch, wie jener starrsinnige Vater der Tragödie, gesagt: ich verstehe die Welt nicht mehr. Es ist ihm erspart geblieben; er konnte sein Leben in seinem Kreise rein vollenden. Die Ideale seiner Jugend standen ihm unverrückbar fest; aber nicht nur sie, sondern auch Dinge von geringerem Range. So hörte ich einmal den Ausspruch von ihm: „Römer sind für Männer." Also Frauen trinken ihren Rheinwein, wenn überhaupt, dann jedenfalls nicht aus Römern. Das war fröhlich gesagt, aber ernst gemeint; so war es und dabei blieb es und danach mußte man sich richten. Er war ein Selbstherrscher in seinem Kreise, liebevoll, aber ganz selbstverständlich und fraglos.

Wenn man eine fremde Persönlichkeit zu schildern versucht, so zeichnet man zugleich, man mag wollen oder nicht, einige Züge seines eigenen Bildes. Denn das, was einem am anderen auffällt, ist bezeichnend für das eigene Wesen. Es mag einem nachahmens- oder wenigstens beneidenswert erscheinen oder

Das Elternhaus

fremd und störend sein, jedenfalls ist es einem nicht selbstverständlich, sonst würde man es nicht erwähnen. Da unsere Mutter (wie auch meine jüngeren Brüder) sehr stark die Züge jenes Ahnherrn trug, so bedeutete die Erkenntnis seines Wesens für mich eine Klärung und eine Befreiung von einem Druck, welchen das Fremde auf mich ausübte, solange ich meiner selbst noch nicht sicher geworden war.

Einer der drei Brüder meiner Mutter, Otto, war Bergwerksdirektor in Langendreer bei Bochum. Meine Mutter erzählte mir, daß auch er gerne Jurist geworden wäre, daß aber der Beruf des Bergmanns für Großvater immer einen besonders geheimnisvollen Zauber gehabt habe, denn „in das ew'ge Dunkel nieder steigt der Knappe, der Gebieter einer unterird'schen Welt", wie ich ihn auch einmal deklamieren hörte. Ich denke aber, daß auch praktische Gesichtspunkte mitgesprochen haben; der Beruf lag ja in Westfalen nicht so fern. Jedenfalls, wenn man den Mann in seiner Arbeit sah, mußte man den Eindruck gewinnen, daß er am rechten Platze stand. Er nahm mich zweimal mit in die Grube. Er tat es sonst grundsätzlich nicht, denn was eines Beruf nicht sei, da solle er die Hände davon lassen. Aber hier dachte er mit Recht, daß der Gewinn das geringe Risiko rechtfertige. So fuhr ich im kleinen offenen Förderkorb in die Tiefe, ging mit ihm durch einen langen niederen Stollen bis ans Ende, wo die Hauer an der anstehenden Kohle arbeiteten. Ich konnte merken, daß der Herr Direktor bei seinen Arbeitern hohe Achtung und volles Vertrauen genoß. Ich hörte auch zu, wie er sich mit dem Vorarbeiter über die letzten Wahlen unterhielt, vernahm wohl zum erstenmal die Worte „Rote" und „Schwarze", worunter ich mir zunächst nichts vorstellen konnte. Es waren damals erregte Zeiten. Einmal, so wurde mir erzählt, zogen unzufriedene Arbeitermassen vor die Direktorwohnung und verlangten ihn zu sprechen. Er ließ eine Abordnung vor, damit sie ihm ihre Beschwerden vortrügen. Dann trat er vor die Tür, um zu den Leuten zu sprechen. Um besser gehört zu werden, stieg er auf einen Stuhl, und als dieser wackelte, hielten ihn die Arbeiter fest, damit ihr Herr Direktor nicht herunterfalle. Er war von Grund aus tüchtig, rechtlich und furchtlos; ein Mann mit dem Herzen am rechten Fleck.

Im Lande der Kohle und des Eisens sah ich auch, wie dieses wichtigste Metall unseres Zeitalters geschmiedet wird. Es waren, wenn ich recht erinnere, die großen Eisenwerke der Union, in denen ich unter sachkundiger Leitung einen Rundgang machen durfte. Ich sah, wie der glühende Eisenblock von Zangen an Ketten gepackt, unter den Dampfhammer geschwenkt und unter den mächtigen Schlägen zusammengestaucht wird, wie er sich in die Länge streckt und dann zu wiederholten Malen durch das Walzwerk geht, aus dem er jedesmal dünner und länger herauskommt, bis er endlich seine Form als Eisenbahnschiene erreicht hat. Das dumpfe Aufschlagen des Hammers auf das erweichte Eisen, das nachher wieder klingen und klirren wird, die Feuergarben der aufsprühenden Funken, das harte Arbeiten der Männer, den Oberkörper entblößt, vom Rauch geschwärzt, von der Glut beleuchtet, — all das sind Bilder, welche meine Anschauung von der menschlichen Arbeit bereichert haben.

Wieder in eine andere Welt schaute ich hinein, als ich den jüngsten Bruder meiner Mutter, Emil, in Bielefeld besuchte. Er hatte in seinen Knabenjahren, als sein Vater noch Beamter in Bochum war, das Gymnasium in Dortmund besucht und während dieser Zeit bei meines Vaters Mutter, seiner Tante, als Sohn im Hause gelebt. So war er der Schulkamerad und liebste Jugendfreund meines Vaters geworden. Jetzt lebte er als Rechtsanwalt in Bielefeld, mit Frau und drei Töchtern; dort habe ich ihn besucht. Auch er war ein sehr eigenartiger Mensch. Er hatte denselben idealen Schwung wie sein Vater, aber ohne dessen selbstherrliche Art. Auch im Äußeren glich er ihm sehr, mit denselben strahlenden tiefblauen Augen und der vollen weichen Stimme. Er war von seltener Lauterkeit der Gesinnung und übte einen Zauber aus, dem niemand widerstehen konnte. Unsere Mutter sagte öfters von ihm, er sei ihr immer, namentlich im Punkt einer bis ins kleinste gehenden Wahrhaftigkeit, wie ihr Gewissen gewesen. Auch war er glänzend begabt, lernte spielend, arbeitete kaum etwas für die Schule und wußte immer alles, während mein Vater keinen Lernkopf hatte und sich redlich plagen mußte, auch sonst nicht das glückliche Selbstvertrauen seines Freundes besaß. In späteren Jahren, als mein Vater sich immer freier entwickelte und immer kühner in sich steigernde Verhältnisse hineinwuchs, hat er seinem Jugendfreund keine Ruhe gelassen, er solle sich nicht in seine Anwaltspraxis in der kleineren Stadt vergraben, sondern die höhere Beamtenlaufbahn einschlagen, in welcher er die glänzendsten Erfolge für ihn voraussah. Aber jener blieb in dem Kreise, der seinem Bedürfnis nach äußerlicher Ausbreitung genügte. Er hat in ihm unendlich viel Gutes gewirkt, allgemeine Verehrung genossen und ein gesegnetes Andenken hinterlassen.

Von Bielefeld aus besuchte ich die berühmten Bodelschwinghschen Anstalten. Ein Vetter von mir, Otto Keller, der uns einige Jahre vorher als Hauslehrer nach Mentone begleitet und inzwischen seine theologischen Prüfungen abgelegt hatte, war dort vorübergehend tätig und verschaffte mir den Zutritt. Das war nun wieder ein Eindruck von völlig anderer Art. Damals war ich viel zu kurz dort, um einen tieferen Einblick in die Organisation im großen und die unendlich aufopferungsvolle Arbeit im kleinen zu gewinnen; aber es war doch ein erster Blick in eine mir von Haus aus völlig fremde Welt. In späteren Jahren habe ich diese Arbeit aus der Ferne verfolgt und bin auch mit Menschen in nähere Beziehung getreten, welche sich ihr oder einer ähnlichen widmeten, nicht vorübergehend in einer raschen Aufwallung des Mitgefühls, sondern Jahr um Jahr in erschöpfender Gleichförmigkeit. Wenn man das sieht, dann drängt sich einem unabweisbar die Frage auf, woher diese Menschen die Kraft dazu schöpfen. Jede Art von Arbeit führt schließlich zur Ermüdung; aber in ihrem Fortgang sieht man ein Werk entstehen oder man sieht Menschen heranwachsen und reifen oder Kranke wieder gesund werden und verliert dadurch nie ganz das Bewußtsein, dem Leben zu dienen. Aber hier, wo es sich vielfach um Kranke, auch um geistig Kranke handelt, welche nie wieder gesund werden können oder um in ihrem Leben Gescheiterte, welche nie wieder vollwertige Glieder des Volks, der menschlichen Gesellschaft werden können: aus welchen Tiefen — oder Höhen, es gilt mir gleich — kommt da der mächtige Helferwille, welcher auch der irdischen Hoffnungslosigkeit gegenüber nicht versagt? Das gibt es; das geistige Phänomen wird nicht dadurch aus der Welt geschafft, daß man es mißbilligt oder für sinnlos erklärt. —

Mit diesem Besuch war der nördlichste Punkt meiner Reise erreicht. Aber einen friedlichen Eindruck nahm ich noch mit von einem Besuch bei einem Bruder meiner Großmutter, dem Pastor Ernst Keller in Loevenich bei Aachen. Es war das evangelische Pfarrhaus auf dem Lande, wie man es sich gerne denkt; erfüllt von schlichter Frömmigkeit, bürgerlicher Sitte und hoher geistiger Bildung. Neun Söhne und eine Tochter sind aus ihm hervorgegangen, acht dieser Kinder wuchsen heran, lauter gesunde, stattliche Menschen. Von außen gesehen war es das reine Idyll; aber es mag den Vater manche Sorge und die Mutter Sibylle viele Mühe gekostet haben, die Kinder immer satt zu kriegen und die Söhne später studieren zu lassen. Zwei Geistliche, zwei Offiziere, ein Arzt, alle von der angestammten Tüchtigkeit. Vetter Otto hatte ich soeben in Bethel bei Bodelschwingh gesehen; mein Freund Fritz war wohl gerade auf Kriegsschule.

Ich war nun einmal in Bewegung gekommen und wäre am liebsten immer weiter gewandert. Aber mein Vater meinte, es sei nun genug, und rief mich zurück. Ich hatte in diesen Wochen in manche fremde Arbeit hineingesehen und brannte nun selbst darauf, von den Anregungen und guten Vorsätzen zur eigenen Leistung zu kommen.

LEHRJAHRE

Als ich im Spätjahr 1888 meine erste Lehrzeit im väterlichen Geschäft antrat, war dieses schon wieder in neue Räume umgezogen; die alten im Erdgeschoß und Seitenflügel unseres Wohnhauses an der Straße, das wir inzwischen auch mit dem Haus auf dem Berge vertauscht hatten, waren wieder zu eng geworden. Mehrere große Verlagsunternehmen, darunter die Zeitschrift „Vom Fels zum Meer", hatten einen Erfolg gehabt, der die kühnsten Erwartungen übertraf. Jeden Morgen hatte auf dem Frühstückstisch unter den Briefen ein dicker Stoß von Bestellungen gelegen, die mein Vater mit vergnügten Sinnen durchlas, wohl auch der Mutter eine Zahl nannte. Nun war das Geschäft in dem großen Fabrikgebäude untergebracht, welches am unteren Ende unseres Gartengrundstücks etwas erhöht und zurück von der Straße lag. Es war ein altes Bauwerk mit dünnen Wänden und niederen Räumen; eiserne Öfen besorgten die Heizung; wenn man stundenlang am Pult stand, bekam man im Winter kalte Füße und einen heißen Kopf. Hier ging ich nun im Laufe eines Jahres durch alle Abteilungen und lernte die leibliche Entstehung eines Buches und seinen Eintritt in die Welt mithelfend kennen. In umgekehrter Reihenfolge, indem ich zuerst in der „Expedition" arbeitete und die Rechnungen, die „Fakturen", an die Sortimentsbuchhandlungen schrieb, deren Namen und Wohnorte sich auf diesem praktischen Wege dem Gedächtnis einprägten. An der Hand der Fakturen wurden die von den einzelnen Firmen bestellten Bücher auf dem Lager zusammengestellt und im Packraum versandfertig gemacht. Das war mir nichts Neues mehr, dabei hatte ich schon als kleiner Junge mitgeholfen. Je nachdem der Sortimenter es eilig hatte, wurden die Pakete einzeln zur Post gegeben, oder aber wurden die Bücher in geschnürte Ballen oder in große Kisten verpackt, welche mit starken Hanfseilen umgürtet wurden. Letzteres geschah mit einigen höchst einfachen, sicher althergebrachten Handgriffen. Das Seil wird als Schlinge um die Kiste gelegt, in seinem freien Ende nahe der Schlinge eine Schlaufe geschlagen, durch sie ein Holzprügel gesteckt, mit ihm als Hebel das Seil um ein zweites rundes Holzstück gewickelt und aufgewunden. So wird die Schlinge um die Kiste zugezogen, bis das starke Hanfseil bis zum Zerreißen gespannt ist und die Kistenbretter knacken. Diese primitive sinnreiche Ausnützung des natürlichen Geschehens hat mir immer Spaß gemacht; „Vörtele" (kleine Vorteile) nennen unsere schwäbischen Handwerker so etwas.

Weiter dem Ursprung entgegen gewann ich wenigstens einen flüchtigen Einblick in die Herstellung eines Buches. Ich besuchte eine Buchdruckerei und eine technische Anstalt für Vervielfältigung; sah in der Buchbinderei, wie im Großbetriebe die Bogen gefalzt und geheftet, wie die Buchdeckel gepreßt werden, wie das geheftete Buch eingehängt wird. Im kleinen hatte ich das längst gesehen und auch geübt; nun lernte ich es im rationellen Großbetrieb kennen und gewann zugleich einen gewissen Einblick in die Arbeitsweise eines Fabrikarbeiters. Und so immer weiter der geistigen Quelle des Buchs entgegen, bis zum Verkehr mit dem Urheber des Buchs, dem Autor. So lernte ich das Verhältnis zwischen Verleger und Autor zuerst von der Seite des Verlegers her kennen; eine Erfahrung, welche ich später, als ich selbst Autor geworden war, ganz wohl brauchen konnte und manchem Kollegen, der nur die eine Seite kannte, auch gewünscht hätte. Zuletzt kam ich in die Kasse und Buchhaltung, erlernte auch durch Privatunterricht die doppelte Buchführung. Diese höchst geistreiche Erfindung hat mir so viel Freude gemacht, daß ich sie noch später viele Jahre lang in meinen eigenen sehr einfachen Vermögensangelegenheiten angewendet habe. Sie erinnerte mich immer an das physikalische Prinzip von der Erhaltung der Energie. Von jedem Posten wird festgehalten, woher er kommt und wohin er geht; keiner entsteht eigentlich neu und keiner verschwindet, sondern alles wandelt sich nur.

Das waren alles Dinge, an welche ich sicher nicht so viel Zeit gerückt haben würde, wenn ich schon damals gewußt hätte, welch ganz andere Richtung meine Arbeit später nehmen würde; aber geschadet haben sie mir sicher nicht. Schon allein das war für mich, der ich voll hochfliegender Pläne, aber doch von vorwiegend theoretischer Begabung war, von nicht geringem Werte, daß ich frühzeitig an einem einzelnen Beispiel die Bedingtheiten des praktischen Lebens kennenlernte. Daß es ohne eigene Verantwortung und Gefahr geschah, verringerte freilich den Wert der Erfahrung, sparte aber Zeit und Kraft für die mir eigentlich vorbestimmte Arbeit. Wenn mein Vater zum Beispiel sagte, die schönsten Bücher hülfen ihm nichts, wenn die Leute sie nicht kauften, so begann ich zu ahnen, daß der Verleger dem Buch anders gegenüberstehe, ja stehen müsse, wenn er leben wolle, als der, welcher das Buch geschrieben. Je weniger der Künstler, der Dichter, nach dem Publikum schielt, um so reiner wird er den Gedanken verwirklichen, der nach Verkörperung drängt. Was ins Leben hineingesetzt wird und sich darin behaupten soll, ist immer ein Kompromiß zwischen dem Wünschenswerten und dem Möglichen. Es ist das Vorrecht der Jugend, den Kompromiß zu verachten; aber durchführen kann sie das nur, wenn sie darauf verzichtet, alt zu werden, und darf sie es nur, soweit sie bloß für sich selbst einzustehen hat. Die Größe besteht darin, daß man nie aufhört, diese Spannung als drückend zu empfinden, und sie doch aushält.

Dies lernte ich nun an dem besonderen Fall des Buchhandels verstehen und zwar vor allem durch das Anschauen einer lebendigen Persönlichkeit. Daß ich meinen Vater in seiner Arbeit kennenlernte, das ist für mich der menschlich wertvollste Gewinn dieses Lehrjahrs gewesen. Es verschaffte mir einen hohen Begriff von dem Menschentypus des Unternehmers in seiner edelsten Gestalt.

Die Eigenart des Buchhandels, wenigstens wie mein Vater ihn seiner Veranlagung nach betrieb, wurde mir gleich an einem Beispiel sehr eindringlich vor Augen geführt. Als ich ins Geschäft eintrat, war gerade ein neues Verlagswerk versandfertig geworden, Kürschners Quartlexikon. Es war in hoher Auflage gedruckt; mein Vater versprach sich einen großen Erfolg davon. Er meinte, es treffe sich gut, daß das Buch gerade jetzt erscheine; da könne ich gleich sehen, wie ein „Schlager" beschaffen sein müsse. Zweckmäßige Einrichtung, ein originelles, sehr reizvolles Format, runder niedriger Preis von zehn Mark: niemand werde der Versuchung widerstehen können, das Buch zu kaufen. Mein Vater hatte eine wahre Zärtlichkeit dafür. Nach einem halben Jahre erinnerte er mich an seinen Ausspruch und sagte mit Galgenhumor, jetzt könne ich wenigstens das sehen, wir sehr man sich täuschen und hereinfallen könne. Das Buch wurde nicht gekauft, jedenfalls nicht genügend, um die hohen Kosten der großen Auflage zu decken. Unerfindlich, warum. Mein Vater hielt es für möglich, daß gerade das, was ihm an dem Buch gefallen hatte, daß es nämlich in keiner Weise pedantisch wie ein Schulbuch aussah, dem soliden Eindruck der Zuverlässigkeit geschadet habe.

In diesem Fall war wohl der Gedanke zu dem Buch, nicht nur seine Ausführung, von dem ungemein ideenreichen Autor ausgegangen. In sehr vielen, vielleicht den meisten Fällen war das aber anders. Ein höchst geschätzter Kollege hat einmal von meinem Vater gesagt, man brauche ihn nur anzustoßen, so springe eine verlegerische Idee heraus. So hatte meine Schwester mit einigen Freundinnen ein Kränzchen, welches in dem schon erwähnten alten Gartenhaus seine Tagungen abhielt. Mein Vater hatte den größten Spaß daran. Das brachte ihn auf den Gedanken, eine Zeitschrift für Mädchen dieses Alters zu begründen, eben „Das Kränzchen", an welches wohl noch manche deutsche Frau mit Vergnügen zurückdenkt. Als „Kränzchentante" gewann er ein geheimnisvolles Wesen, welches auch als Vignette über dem Briefkasten erschien, mit Häubchen und weißen Lokken. In Wirklichkeit war es ein alter österreichischer Offizier, Herr Kaltenböck, mit martialischem Schnauzbart, welcher sich mit viel Humor und Verständnis für die Mädchenherzen seiner Aufgabe entledigte. In ähnlicher Weise entstand „Der gute Kamerad"; meine jüngeren Brüder mit einigen Freunden stellten das Vorbild und den ersten Leserkreis.

Lehrjahre

Dieses ganz Persönliche herrschte auch im Betriebe des Geschäfts. So sachlich es dort zuging und so fern meinem Vater alles Volkstümelnde lag, so war er doch ganz ungewollt bei seinen Leuten volkstümlich und das Verhältnis hatte einen stark patriarchalischen Zug, der sich einmal in lustiger Weise äußerte. Ein heftiges Schneegestöber hatte die Bäume des Obstgartens, der ans Geschäft grenzte, in kurzer Zeit tief eingedeckt; die Äste drohten unter der nassen schweren Last niederzubrechen. Da stürzte sich das ganze Geschäft — ich weiß nicht, wer das Signal dazu gegeben hatte — vom jüngsten Laufburschen bis zum würdigsten Herrn des Büros, hinaus in den Garten und schüttelte den Schnee von den Bäumen. Stampfend und lachend, mit roten Gesichtern und nassen kalten Händen wie Schuljungen nach einer Schneeballschlacht, kehrten sie an ihre Arbeit zurück.

Neben solchen Werken wie den soeben genannten hat mein Vater freilich auch Bücher verlegt, bei denen er nur der Vermittler zwischen Autor und Leser war; Werke, welche ihm zum Druck angeboten worden waren oder um die er sich beworben hatte. Aber bezeichnend für ihn war doch jene Art von Büchern, zu welchen er den ersten Gedanken, den Plan und Grundriß gegeben hatte und zu deren Ausführung er sich dann die ihm geeignet erscheinenden Mitarbeiter aussuchte. Man könnte ihn einen „Erfinder" von Büchern nennen, mit der eigenartigen Veranlagung und auch Leidenschaft dieser Menschenart. Wie der geniale Techniker erkannte er in einem plötzlichen Aufblitzen ein vorhandenes, vielleicht auch ein erst zu weckendes Bedürfnis und sah zugleich, wenigstens in ihren Grundzügen, die „Buchgestalt" vor sich, durch welche es befriedigt werden könnte. Also darin vom reinen Künstler verschieden, daß diese Gestalt nicht nur in sich, d. h. im menschlichen Gemüt lebendig, organisch möglich sein muß, sondern sich auch in der wirklichen Welt zu behaupten hat. Ich war einmal gerade dabei, als ihm solch ein Gedanke aufging. Oft war er völlig in Gedanken versunken, ganz unbekümmert darum, wo er sich befand. So konnte man ihn auf der Straße gehen sehen, die Augen am Boden, ganz achtlos auf die Begegnenden; eine damals jedem

Lehrjahre

Stuttgarter vertraute Erscheinung. Dann aber etwas nicht ausführen, wovon ihm jenes „so muß es gehen" aufgeleuchtet war, das hätte er schwer über sich gebracht. Das Versuchen, auch mit Gefahr, das Wagnis war sein Element. Sehr merkwürdig bei einem Mann von zarter nervöser Konstitution.

Dem entsprach in den Tagen seiner Kraft ein blitzschnelles Zufassen und eine alle Hindernisse überwindende Energie in der Ausführung seines Entschlusses; auch eine nicht leicht niederzudrückende Spannkraft bei Mißerfolgen. Hatte er aber eine Sache einmal in Gang gesetzt, so minderte sich leicht das Interesse an ihr. Als ich ihn einmal auf einen Mißstand im Geschäft aufmerksam machte, wie sie sich vor dem Sohn der Firma leichter enthüllen als vor dem Chef selbst, sagte er in gequältem Ton: „Ach, immer Wasser auf die alte Mühle gießen." Bei in sich abgeschlossenen Verlagswerken hatte das weiter nichts zu sagen; bei fortlaufenden Unternehmungen dagegen wie etwa bei Zeitschriften hat sich das manchmal schädlich ausgewirkt.

Hier hätte ihm das, was ihm selbst an konservativen, ich möchte sagen, an Hausfraueneigenschaften fehlte, von außen her ergänzend zur Seite treten müssen. Mein nächster Bruder, welcher später ebenfalls Buchhändler wurde, hätte sehr geeignet dazu erscheinen können. Hoch begabt, wie er in vieler Hinsicht war, ermangelte er der schöpferischen Ader des Vaters, war aber auch frei von der damit verbundenen Unrast. Sehr gescheit, sehr vorsichtig, von eiserner Konsequenz und Ausdauer, dabei von Liebe und Verehrung gegen unsern Vater erfüllt, schien er wie geschaffen, dessen rechte Hand zu werden. Aber meinen Vater hinderte nun wieder seine Eigenart, den vollen Gebrauch von dieser ihm gebotenen Hilfe zu machen. Er hatte sich nie in seinem Leben nach einem andern richten müssen. Schon in sehr jungen Jahren war er der älteste Mann in der Familie gewesen. Später wuchs er nicht in gegebene Verhältnisse, in eine schon begonnene Arbeit hinein, sondern er begann selbst etwas ganz Neues, gründete eine neue Firma. Der große Erfolg und nicht minder mancher schwere, aber glücklich überwundene Mißerfolg stärkte seine Selbständigkeit, ja Eigenwilligkeit. Bei aller Herzensgüte konnte er gelegentlich große Schroffheit zeigen.

Dazu kam ein Weiteres. Wenn mein Bruder eher an einem Übermaß von Reflexion litt, so hatte mein Vater davon vielleicht zu wenig. Er hat sich sein Leben lang die schöne, aber gefährliche Eigenschaft der Arglosigkeit bewahrt. Trotz aller Lebenserfahrung war er nicht eigentlich ein Menschenkenner. Er ließ sich mehrmals in entscheidenden Augenblicken von Leuten imponieren, welche in menschlicher Hinsicht weit unter ihm standen. Das hat ihm harte Enttäuschungen und schwere Schädigungen eingetragen.

Es war nun eine tragische Selbstverkennung, daß er, der nur selbstherrlich leben und arbeiten konnte, sich später in eine nahe Verbindung mit anderen einließ. Man hätte ihm voraussagen können, daß das nicht auf die Dauer gut gehen würde. Daß es aber nicht gut ging, das hat der Lebensbahn meines Vaters einen schweren Stoß gegeben und in der weiteren Folge seine späteren Jahre mit viel Kummer und Sorge erfüllt. Aber auch für mein Leben ist es entscheidend geworden.

Nach diesem Lehrjahr, das mir einen unschätzbaren Ein- und Überblick verschaffte, sollte ich nun für ein paar Jahre ins Sortiment. Vorher aber hatte ich meiner einjährigen Dienstpflicht zu genügen.

Es erscheint mir selber sonderbar und ergötzlich, daß unter den mancherlei Seinsweisen, welche ich durch eigenes Erleben kennengelernt habe, auch die eines Husaren sich befindet. Und doch, so fremd sie mir von Natur war, hat mich das Soldatentum an sich so sehr gepackt, daß mein Vater mich allen Ernstes fragte, ob ich dabei bleiben möchte; was ich freilich lachend verneinen mußte. Seit jenen Jahren 1889/90, in denen ich Soldat spielte, ist ein großer Krieg über uns hingegangen, und während ich dieses schreibe, stehen wir eben in einem zweiten; daher widerstrebt es mir begreiflicherweise, von meinen friedlichen Kriegstaten viel zu erzählen. Aber was ich in jenem Jahre gelernt habe, was es für meine Entwicklung bedeutet hat, will ich zu sagen versuchen.

Lehrjahre

Mein nicht sehr kräftiger Körper hatte es rätlich erscheinen lassen, das Dienstjahr nicht unmittelbar an die Schule anzuschließen, derselbe Grund bestimmte auch die Wahl der Waffengattung. So ging ich denn im Herbst 1889 nach Kassel, um mich beim dortigen Husarenregiment zu stellen. Bei der Musterung machte der Oberstabsarzt ein sehr zweifelhaftes Gesicht; aber als er sah, wie gerne ich angenommen werden wollte, drückte er ein Auge zu und ließ mich durchschlüpfen. Es ging denn auch oft bis hart an die Grenze meiner Kraft; aber die Lust zur Sache und der feste Wille ließen mich alles aushalten, besser als manchen körperlich viel kräftigeren Kameraden.

Das Offizierskorps des Regiments ergänzte sich wesentlich aus dem alten hessischen Adel, die Unteroffiziere und Mannschaften wohl vorwiegend aus dem tüchtigen hessischen Bauernstand. Die vierzehn Einjährigen meines Jahrgangs waren alle Bürgerliche aus verschiedenen Teilen von Deutschland. Ich habe mich bemüht, gute Kameradschaft mit ihnen zu halten. Wenn ich später einem von ihnen begegnet bin, habe ich mich gefreut in Erinnerung an die alten Zeiten. Aber ein näheres Verhältnis habe ich zu keinem von ihnen gewonnen. Die Offiziere, welche meine Ausbildung leiteten, haben sich durchweg vornehm gegen uns gehalten; sogar ein etwas freies Wort, welches ich einmal wagte, wurde mir nicht verübelt. Unser Leutnant hatte in der Instruktionsstunde über einen treuherzigen, aber etwas langsamen Westfalen die Geduld verloren, wodurch der Mann nicht aufgeweckter wurde. „Einjähriger Sp., ist der Mann immer so dumm?" „Ist mir nicht aufgefallen, Herr Leutnant; ich glaube, der Mann ist nur eingeschüchtert!" „Bin ich denn solch ein Unmensch?" Auf welch zweite Frage ich natürlich, ohne eine Miene zu verziehen, die Antwort schuldig blieb.

Wärmere Gefühle der Bewunderung und Freundschaft, zu denen man in jenen jungen Jahren so bereit ist, hatte ich nur gegen meinen Unteroffizier Schneider, welcher mich ausbildete. Er war ein prächtiger Mann, Sohn eines Försters, ein vorzüglicher Reiter, voll Verständnis für meine Art und ihre Schwierigkeiten. Gleich zu Anfang erlebte ich mit ihm folgendes: am

Lehrjahre

Ende der ersten sechs Wochen wurde unsere Abteilung vom Regimentskommandeur im Reiten besichtigt. Ich ritt auf meinem großen starken, ungemein ruhigen Pferde an der Tete. Noch nicht im Besitz jener allgemeinen Wursthaftigkeit, welche die Vorbedingung des Erfolgs bei Besichtigungen ist, suchte ich meine Sache möglichst gut zu machen und machte sie gerade deshalb schlecht. Der Oberst, ein kleiner jähzorniger Mann, ließ die Abteilung sofort wieder einrücken. Er gab dem Unteroffizier alle Schuld: „Wenn der Mann richtig instruiert worden wäre, hätte er es auch richtig gemacht." Es war mir schrecklich. Nachher in der Stallgasse trat ich an meinen Unteroffizier heran und sagte ihm, wie leid es mir sei. Er antwortete nur, das sei jetzt schon vorbei, er wisse ja, daß ich mir Mühe gegeben habe. Dieses vornehme Verhalten habe ich nie vergessen; es wirkte um so stärker, als es der allgemeinen militärischen Übung widersprach, nach der ein Stirnrunzeln oben sich zu einem Gewitter steigert, bis es unten angekommen ist. Ich wäre für ihn durchs Feuer gegangen.

Ich war bald ein guter, jedenfalls ein passionierter Reiter geworden, und außer dem Schießunteroffizier der beste Pistolenschütze. Damit hatte es eine besondere Bewandtnis. Einer meiner Kameraden mißbrauchte meine Gutmütigkeit und in der Absicht, mich zu reizen, spielte er mir manchen Schabernack. Da kaufte ich mir eine Flobertpistole mit gezogenem Lauf — ich habe sie heute noch — und übte mich fleißig im Schießen, auch auf Kommando; der Wachtmeister erlaubte mir, das in der Reitbahn zu tun. Es war mir eine Erfahrung fürs Leben, zu sehen, wie höflich mein Kamerad wurde.

Auch das Leben im Lazarett habe ich kennengelernt. Zwar der nicht unbedenklichen Gefahr, mich bei der Rotzepidemie anzustecken, welche in meiner Schwadron ausgebrochen war, bin ich glücklich entgangen. Aber eine schwere menschliche Grippe mit folgender Gelbsucht zwang mich für einige Wochen ins Bett. Der Anfang war nicht sehr ermutigend. Meine Zimmergenossen waren alle mehr oder weniger alteingesessen; sie hohnlachten über den Neuling, der die Hoffnung aussprach, bald wieder herauszukommen. Als dann aber die erste Zeit der größten Schwäche überwunden war, benützte ich die unvergleichliche Ruhe und Abgeschiedenheit des Orts (es gab damals noch kein Radio), mich in Shakespeares Königsdramen zu vertiefen, die ich mit unvergeßlichem Genuß hintereinander weg las.

Der Übergang vom Lazarett zum Dienst war nicht ganz leicht, wurde aber auch überwunden; darüber kamen Frühjahr und Sommer und mit ihnen die schönste Zeit des Soldatenlebens. In der Morgenfrühe hinauf aufs gesattelte Pferd, hinaus ins grüne Tal der Fulda oder in den frischen Buchenwald hinter Wilhelmshöhe, zu Felddienstübungen und zum Exerzieren in immer größeren Verbänden; zum Karabinerschießen auf den Schießständen und zur Ausbildung im Pionierdienst, Übungen im Sprengen von Brücken und Eisenbahnen, Bau einer Brücke über die Fulda. Unsere Ausbildung war ungemein vielseitig und unsere Bewaffnung entsprechend, gerade damals, nachdem die Husaren soeben die Lanze zum älteren Säbel hinzubekommen hatten. Zu Pferd saß man mitten in einem kleinen Arsenal, links den Säbel, rechts am Sattel den Karabiner, in der rechten Hand oder am Riemen über der Schulter die Lanze mit dem flatternden Fähnchen. Schön war das ritterliche Lanzenfechten zu Pferde, das Stechen nach der Strohpuppe im Vorbeigaloppieren, das Schwingen der Lanze, das Hinaufwerfen über den Kopf und Wiederauffangen aus der Luft. Man war sehr hochgemut, vor allem, wenn man im Sonnenschein durch die Straßen ritt; nie wieder habe ich so viel unbegründeten Stolz gefühlt. Aber auch Sturm und Regen, Nässe und Dreck konnten die Stimmung erhöhen, wenn sie nur stark genug waren, daß es sich wirklich verlohnte. Unser Rittmeister hatte einen kleinen Sängerchor zusammengestellt, der setzte sich auf dem Marsch an die Spitze, zumal wenn man anfing, müde zu werden. Ich rechnete mich dazu und sang so manchesmal an der Seite meines Unteroffiziers das Lied vom „Schwarzbraunen Mägdelein" und vom „An Kaisers Seiten ins ferne Welschland reiten".

Dann kam der Höhepunkt des Jahres, das große Kavalleriemanöver an der Elbe. Viele Tage lang ritten wir nach Osten durch weite fruchtbare Felder, durch Dörfer und alte Städte; Felddienstübungen auf dem Marsch, gute Quartiere bei freundlichen Menschen, wohl aufgenommen und gerne gesehen. An den Ruhetagen tanzten und sangen wir abends mit den Mädchen; ich erinnere mich an einen besonders hübschen Abend, wo die Mädchen des Dorfes untergefaßt einen inneren Kreis bildeten, wir auch untergefaßt einen äußeren; so wurden Volkslieder gesungen. Aber auch das Schwatzen mit den Alten war schön. Gleich am ersten oder zweiten Tag, in Bad Soden, war ich bei Pfarrersleuten im Quartier; mein Wirt machte abends einen Spaziergang ins Freie mit mir und erzählte mir von den blutigen Kämpfen, welche in alten Zeiten um den Besitz des Salzes geführt worden waren. So erreichten wir in vielen Tagemärschen die Elbe. Wir setzten auf Booten über den vom Regen angeschwollenen Strom, die Sättel im Boot, die ledigen Pferde am Zügel nebenherschwimmend. Dieser Elbübergang hat unserem Regimentskommandeur große Anerkennung und Beförderung eingetragen. Den Schluß machten große Attacken von mehreren Kavalleriedivisionen auf dem Truppenübungsplatz bei Zeithain. Reiter und trampelnde Pferde, soweit das Auge reichte, in Staubwolken eingehüllt; man selbst darin verschlungen und fortgerissen. Es war ja alles nur ein Spiel, ohne „feindliche Gegenwirkung". Diesen Tagen folgten noch vierundzwanzig Jahre des Friedens, nachdem fast zwanzig ruhige Jahre vorangegangen waren. Aber die jugendliche Phantasie ließ uns im Augenblick doch glauben, es gehe um Leben und Tod.

Die Erinnerung an dieses Jahr ist sonnig und ohne Schatten. Aber darüber hinaus hat es mir manchen dauernden Gewinn eingetragen. Es war eine hohe Schule des Charakters, durch Einordnung zwischen Gehorchen und Befehlen. Fraglos beides und im Notfall durch Strafen erzwingbar, der Gehorsam, den man leistet, und der, welchen man fordert. Für die selbständige Persönlichkeit nur dann erträglich, wenn alles im Dienst einer überpersönlichen Sache geschieht, welche man mit freiem Entschluß zu seiner eigenen gemacht hat. Auch wenn einem dieses Verhältnis nicht klar zum Bewußtsein kommt, so ist es nichtsdestoweni-

Lehrjahre

ger wirksam. Die Bedeutung dieser Schule für das ganze Volk ist oft hervorgehoben worden. Aber gerade weil die Wirkung eine so tiefgehende ist, wird die Verantwortung so groß; der Offiziere gegenüber der Mannschaft, aber auch der Gebildeten gegenüber den einfacheren Leuten. Damals noch mehr als heute war die Zeit des Militärdienstes die einzige, in welcher die jungen Leute aus den verschiedenen Ständen und Bildungsschichten auf gleichem Fuße zusammenkamen und nur nach ihrem Manneswerte beurteilt wurden. Ich gewann sehr eindringlich die Überzeugung, daß es sich für manchen Mann aus dem handarbeitenden Volk in dieser Zeit entscheidet, welche Anschauung er von dem Höhergebildeten bekommt, ob er dessen natürlichen Führeranspruch innerlich anerkennen kann oder nicht.

Um dies zu lernen und zu erkennen, hätte ich freilich nicht gerade in einem hochfeudalen Kavallerieregiment zu dienen brauchen. Es war ja kein ganz kleiner Sprung aus dem Elternhaus mit seiner strengen bürgerlichen Sitte, und ich habe mir manchmal die Frage vorgelegt, ob es bei meinem Vater nur ein unbegrenztes Vertrauen in seinen Sohn gewesen war oder ob er die Größe des Wagnisses doch nicht ganz gekannt hatte. Eine gewisse Unkenntnis der Verhältnisse schien mir aus zwei kleinen Erfahrungen hervorzugehen, die ich mit ihm oder er mit mir machte. Als ich an Weihnachten in Urlaub nach Hause kam, war eine seiner angelegentlichsten Fragen, ob ich auch fleißig bei den schönen Rembrandts in der Kasseler Gemäldegalerie gewesen sei. Er war ziemlich betroffen, als ich gestehen mußte, daß ich sie noch kein einziges Mal gesehen habe, da ich in meiner dienstfreien Zeit nichts getan habe als essen, trinken und schlafen. Und dann fragte er mich einmal, fast sich entschuldigend, wo eigentlich all das Geld bleibe, welches er mir schickte. Das fragte ich mich selbst und war doch so sparsam gewesen, als möglich war, ohne mich von der Kameradschaft auszuschließen; wenn ich mich recht erinnere, habe ich sogar, unerhört für einen Husaren, meine Ausgaben angeschrieben. Ob nun aber mein Vater mir bewußt oder in mangelnder Kenntnis diesen Weg gewiesen hat, so war er richtig und gut für mich. Für das Lehr-

Lehrjahre

geld, welches ich oder vielmehr mein Vater dafür zu zahlen hatte, haben sich mir Seiten des Lebens geöffnet, welche mir ohne dies wohl verschlossen geblieben wären. Junge Leute von der Art meiner Kameraden hätte ich instinktiv abgelehnt; ich mußte mit ihnen zusammengespannt werden, mit zweien von ihnen für Monate sogar in derselben Wohnung, um sie näher kennenzulernen. Nachdem ich mich unter ihnen behauptet hatte, ohne mir selbst etwas zu vergeben, traute ich mir zu, mit jeder in Betracht kommenden Umgebung fertig zu werden. Wertvoller war mir, in meinen Offizieren einen mir bisher fremden Stand kennenzulernen, mit welchem mich mein normaler Lebensweg schwerlich je in Berührung gebracht hätte. Sie stammten wohl meist von großen Rittergütern, als jüngere Söhne, welche ganz bei der Waffe blieben, oder als spätere Erben, welche ihre jungen Jahre im bunten Rock verleben wollten, um dann das väterliche Gut zu übernehmen. Sicher war mancher darunter, der noch ein tüchtiger Landwirt wurde; aber vielen hat doch, wie ich öfters hörte, die nötige Vorbildung und auch der rechte Sinn dafür gefehlt.

Viele werden Freude an ihrer Soldatenzeit haben, aber wenige werden betrübt sein, wenn sie zu Ende ist. Auch wer die Beschränkung der persönlichen Freiheit willig auf sich genommen hat, wird sich doch meist danach sehnen, seinen Weg wieder selbst wählen zu können. Auch zu Dienst und Gehorsam, aber nach eigenem Planen, unter eigener Verantwortung. So zog ich denn Ende September 1890 sehr befriedigt den bunten Rock wieder aus, um mich der weiteren Ausbildung in meinem bürgerlichen Beruf zu widmen.

Wenn es für jeden Erzeuger von Waren wichtig ist, außer den Bedürfnissen auch den Geschmack der Käufer zu kennen, dann vor allem für den Verlagsbuchhändler. Seine Waren sind in den seltensten Fällen Bedarfsartikel, die jeder unbedingt haben muß; wenn auch solche Bücher, wie etwa behördlich eingeführte Schulbücher, technische Handbücher, besonders geeignet sind, einen stetigen Geschäftsgang mit einem vielleicht mäßigen, aber sicheren Gewinn zu gewährleisten. Bücher von der

Art, wie zum Beispiel mein Vater sie herausbrachte, sind in diesem Sinn Luxusartikel, welche durch irgendwelche Eigenschaften zum Kauf und auch zum Verkauf reizen müssen. Es gibt also eine Psychologie des Publikums und auch eine solche des Sortimentsbuchhändlers, welche man kennen muß und nur hinter dem Ladentisch lernen kann. Das sollte ich nun tun, nachdem ich im väterlichen Geschäft einen allgemeinen Überblick gewonnen hatte. Mein Vater bat daher seinen von ihm hochgeschätzten Kollegen Christian Boysen, mich in seinem großen Sortiment, Boysen & Maasch, Hamburg, Heuberg 9, als Lehrling anzunehmen. Dieser willigte freundlich ein und so reiste ich denn im Oktober 1890 nach Hamburg. Im ersten Morgengrauen fuhr ich bei Harburg über die große Elbbrücke. Tief unten zog der mächtige Strom im herbstlichen Nebel dahin, das nahe Meer sandte seinen kräftigen Duft, das neue Leben lag geheimnisvoll vor mir.

Es war und ist ein altangesehenes Haus, in welches ich als jüngstes Glied eintrat; wir waren stolz auf unser Geschäft, in welchem die Fürstin Bismarck einkaufte, wenn sie von Friedrichsruh nach Hamburg hereinkam. Meine Tätigkeit war ja nun plötzlich wieder eine ganz andere geworden. Statt „aufgesessen — abgesessen" hieß es die hohe Leiter hinauf und herunter Bücher anschleppen, bis sie sich zum Berge türmten, und dann im nächsten ruhigen Augenblick wieder alles an seinen Platz stellen. Aber auch zu beraten galt es. Sie waren ja zwar nicht alle so ahnungslos wie die etwas einfache alte Frau, welche ein bestimmtes Buch verlangte, aber den Namen des Verfassers vergessen hatte, und als ich nach dem Titel und Inhalt fragte, auch diesen nicht mehr wußte. Ich sah bald, daß ich das, was ich lernen sollte, Wünsche und Geschmack des Publikums zu verstehen, auf diesem Wege am besten lernen konnte. Ich fand mich rasch und mit Vergnügen in die Sache und erntete einmal sogar, als ich eine würdige alte Dame bedient und zur Tür hinauskomplimentiert hatte, von meinem Chef das höchste Lob, indem er ordentlich hingerissen zu mir sagte: „Herr Sp., Sie sollten Detaillist werden."

Auch sonst behagte es mir gut in meinem neuen Leben. Zur Hauptmahlzeit war ich mit den unverheirateten Herren des Geschäfts zusammen an gemeinsamer Tafel, welcher der Geschäftsteilhaber, Herr Maasch, präsidierte; ich lernte viel Tüchtigkeit kennen und erfuhr manches, was mich interessierte und förderte. Auch die Stadt gefiel mir ausnehmend gut. Ich hatte ein hübsches Zimmer bei ordentlichen Handwerksleuten, von dem aus ich meine Streifzüge machte; in der Woche des Abends in die lichtstrahlenden Straßen der Großstadt, sonntags hinaus ins Freie an die untere Elbe und in die übrige Umgegend.

Aber trotz angenehmer Arbeit, trotz allem äußeren Behagen kam ich nach und nach in eine sehr üble innere Verfassung. Es ist schwer, vielleicht unmöglich, aus der Altersrückschau ein völlig wahrheitsgetreues Bild von verworrenen inneren Zuständen der Jugend zu gewinnen; zu leicht trägt man spätere Einsichten in das Gewoge von unklaren Trieben und Wünschen hinein. Aber es sind mir einige Tatsachen jener Zeit in deutlicher Erinnerung, an Hand deren ich mich wohl zurecht finden kann.

Als mich einige Jahre später ein Freund meines Vaters fragte, warum ich nicht Buchhändler geblieben sei, sagte ich, dabei hätte ich es im besten Fall so weit bringen können wie mein Vater, und als er erstaunt, vielleicht etwas unwillig, einwarf, das wäre doch sehr viel gewesen, erwiderte ich ihm, daß mich das aber nicht im geringsten gereizt hätte. Damit ist die eine Wurzel meines Mißbehagens bezeichnet. Mein Vater hatte mir in der Berufswahl völlig freie Hand gelassen; er hatte mir sogar den Weg vorgeschlagen, den ich später wirklich gegangen bin. Aber als ich mich einmal entschlossen hatte, seinen Beruf zu ergreifen, da lag ihm mein weiterer Weg völlig klar vor Augen. Er war überhaupt bei seinen Freunden dafür bekannt, daß er gerne Reisepläne für andere machte. Sie waren dann immer gut, bis ins kleinste ausgearbeitet; wer ihnen folgte — und das mußte man dann auch — war sicher, seine Zeit nicht zu verlieren. Aber der größte Reiz einer Reise, das Abenteuer auf eigene Faust, fehlte. So lag mir mein weiterer Lebensweg in reizloser Klarheit vor Augen und erfüllte mich mehr und mehr mit

Überdruß. Später, als ich meinen eigenen Weg eingeschlagen hatte, sagte mein Vater einmal in einer besonderen Frage ziemlich bedrückt, nun könne er mir gar nicht mehr raten, und ich hinwiederum sagte bei einer anderen Gelegenheit zu ihm, jetzt sei mir erst wohl, seit ich ganz von ihm losgekommen sei. Zwei meiner Geschwister haben dieselbe Entwicklung durchgemacht, nur noch tiefer greifend und daher schmerzlicher. Sogar die reiche Kultur des Elternhauses, eine so unschätzbar wertvolle Aussteuer fürs Leben, kann zum Verhängnis werden, wenn sie die nach selbständiger Entfaltung drängende eigene Anlage erstickt.

Das war das eine. Die andere Schwierigkeit kam aus den Büchern selbst, mit denen ich Tag für Tag als mit toten Waren umzugehen hatte. Bis auf den heutigen Tag gehört eine Umordnung in meiner Privatbibliothek zu den Dingen, die ich, gerade wie früher die Vorbereitung auf ein Examen, nur mit größter Überwindung fertigbringe. Ich habe vielleicht ein Fach ausgeräumt, da fällt mir ein Titel ins Auge; ich schlage das Buch auf, lese ein paar Sätze, dann ziehe ich mich damit in eine Ecke zurück und vertiefe mich, immer mit dem unbehaglichen Gefühl, daß drüben ein Haufen liegt, der nach Ordnung schreit. Natürlich hielt mich jetzt das Pflichtgefühl ab, diesem Triebe hemmungslos nachzugeben, aber ganz konnte ich ihm doch nicht widerstehen. Als ich Schopenhauer einzuräumen hatte (er stand im obersten Fach, vielleicht weil in Hamburg nicht oft verlangt), wurde ich von ihm gefangengenommen. Im Lager fiel mir das Buch von Wilhelm Preyer über die Seele des Kindes in die Hand; mit schlechtem Gewissen, wie ein Schuljunge mit einem Buch unter der Bank, saß ich damit in einer dunklen Ecke. Das kam aus der Gegend von Ernst Haeckel, der so manchen jungen Mann meiner und der vorhergehenden Generation zur Biologie geführt hatte. Dort begegnete ich auch zum erstenmal, soviel ich mich erinnere, dem Begriff der Biologie als einer umfassenden Wissenschaft vom Leben, mit all ihren aufwühlenden Lehren über seine letzte Tiefe. Der alte Trieb, zu lernen, immer weiter zu lernen, erwachte wieder in voller Stärke. Auf einmal

Lehrjahre

kam mir der so naheliegende Gedanke, daß ich doch nicht oben auf der Leiter zu stehen oder mit schlechtem Gewissen in einer dunklen Ecke zu sitzen brauche, um Philosophie und Naturwissenschaft zu studieren.

So weit war ich, als ich zu Weihnachten nach Hause reiste; ob schon mit einem festen Entschluß, weiß ich nicht mehr. Aber als ich dann mit meinen Eltern beim Begrüßungstee zusammensaß, fuhren mir ohne weitere Vorbereitung die Worte heraus: „Ich will kein Buchhändler werden." Mein Vater war sehr betroffen, meine Mutter drückte mir, sobald wir allein waren, die Hand und beglückwünschte mich. Damit war die vielleicht wichtigste Entscheidung über mein Leben gefallen.

Vielleicht hätte ich es nicht übers Herz gebracht, mich in dieser Weise von meinem Vater und seiner Lebensarbeit zu lösen, wenn er nicht selbst vorher dieses feste Band zerschnitten hätte. Er hatte sich im Jahr 1889 mit den Herren Adolf und Paul Kröner vereinigt und die Union Deutsche Verlagsgesellschaft m.b.H. gegründet. Er gab mir als Grund dafür an, daß seine Unternehmungen zu umfangreich geworden seien, um weiter auf zwei Augen ruhen zu dürfen. Ihm ist es nicht zum Guten ausgeschlagen, aber mir hat es die Freiheit gegeben. Seither habe ich immer, selbst in den hoffnungslosen Jahren nach dem großen Krieg, den Weg in unbegrenzte Weite vor mir offen gesehen, voll Geheimnis und Abenteuer.

Ich wollte nun also studieren, am liebsten alles, was es überhaupt gibt. Aber so sehr ich mich für viele Gebiete des menschlichen Geisteslebens interessierte, so war ich doch keinen Augenblick im Zweifel darüber, daß ich ganz unten bei seinen naturhaften Grundlagen anfangen müsse. Ich wollte die Tatsachen kennenlernen, mit eigenen Augen und Händen, auf Grund deren Ernst Haeckel zu seinen Aufstellungen gekommen war. Da mußte ich hindurch, das stand mir fest. Also wieder, wie bei meiner ersten verfehlten Berufswahl, ging ich nicht vom zunächst Gegebenen aus, von meinen Neigungen und vor allem meinen Fähigkeiten, sondern von einer allgemeineren Idee. Aber da besteht wohl ein geheimnisvoller innerer Zusammenhang.

Lehrjahre

Ebenso wie ich im weiteren Verlauf meines Lebens erfahren durfte, daß auch jener zuerst eingeschlagene Weg kein reiner Irrweg war, der in einer Sackgasse blind endigte, sondern nur ein Umweg, auf dem ich Nebengebiete meiner späteren Arbeit ins Auge faßte und auch manches für meine Hauptarbeit gewann, so führte mich der natürliche Gang des Lebens aus dem Allgemeinen an die besonderen Gegenstände heran, an denen ich die mir gegebenen Kräfte erproben konnte.

Aber zunächst stand noch eine recht peinliche Wartezeit zwischen mir und dem Anfang des endlich gefundenen Weges. Vom Wintersemester war die erste Hälfte verstrichen; die Zeit des Sommersemesters war ebenfalls besetzt durch die beiden militärischen Übungen, welche ich hintereinander abmachen wollte, um diese Verpflichtung mit einem hinter mich zu bringen. Es galt also, die drei Monate bis dahin möglichst nützlich anzuwenden. Mein Vater bot mir an, nach Florenz und Rom zu gehen. Ich glaube, er hatte die stille Hoffnung noch nicht aufgegeben, daß ich von meinem Entschluß zurückkommen werde. Nach einer gelegentlichen Äußerung zu schließen hielt er mich für geeignet, Kunsthistoriker zu werden oder, wozu er selbst alle Gaben besessen hätte, Museumsdirektor. Das hätte ihm so viel näher gelegen als Naturwissenschaft. Aber was bei ihm für eine Reise nach Italien sprach, das war für mich ein Grund dagegen. Ich kannte meine Empfänglichkeit und wollte mich in diesem kritischen Augenblick meines Lebens nicht neuen starken Eindrücken aussetzen, welche in eine ganz andere Richtung wiesen. So wurde beschlossen, daß ich für einige Wochen in die französische Schweiz gehen sollte, um nachzuholen, was ich bei Mademoiselle in jugendlichem Frevelsinn versäumt hatte. Ich reiste also nach Lausanne und verlebte dort den Rest des Winters im Haus des Herrn Professor Romané.

Neben meinem Hauptzweck, die fremde Sprache ins Ohr und in die Zunge zu bekommen, suchte ich alles auf, was sich mit meiner künftigen Arbeit berührte. Der brennende Wunsch, ins Innere eines tierischen Körpers zu schauen, führte mich sogar in den Schlachthof. Ein grausiger Eindruck, wenn ein Ochse mit der Schlachtmaske auf dem Kopf kraftvoll auf seinen vier Beinen steht und dann in einem Augenblick, nach einem Schlag auf den stählernen Bolzen auf seiner Stirn, wie vom Blitz getroffen zusammenbricht. Auch das Schächten sah ich. Aber dann vor allem das Öffnen des geschlachteten Tiers, das Herausnehmen der rauchenden Eingeweide, das Abhäuten und Zerlegen. Wie später auf dem Präparierboden der Anatomie ließ auch hier die Wißbegierde keine andere Empfindung aufkommen. Auch eine schöne naturgeschichtliche Sammlung war in der Stadt. In ihr hatte ich meine erste Begegnung mit einem späteren Objekt meiner eigenen Forschung. In einem Schaukasten stand ein gut präpariertes Skelett von einem Kalb mit zwei Köpfen. Zu einer genaueren Analyse fehlten mir die Kenntnisse des Normalen, so daß ich auch nicht weiß, ob es sich um eine Verdoppelung nur des Vorderendes oder auch anderer Teile handelte. Aber der Anblick ließ mich lange nicht los. Immer wieder glitt das Auge von den in sich symmetrischen Köpfen nach hinten und von dem in sich symmetrischen Rumpf nach vorn, bis zu der Stelle, wo beide geheimnisvoll ineinander übergehen. Es fühlte die Gesetzlichkeit, ohne sie begrifflich fassen zu können. In der Schule war uns gesagt worden, daß der bekannte Vers von Schiller über den Forscher „sucht das vertraute Gesetz in des Zufalls grausenden Wundern" durch den Anblick einer solchen tierischen Mißbildung angeregt worden sei. In der Tat drückt er sowohl die unmittelbare Empfindung wie die geistige Tätigkeit des nachdenklichen Betrachters in vollendeter Weise aus.

Ende März 1891 reiste ich wieder nach Kassel, um meine beiden achtwöchigen Übungen hintereinander abzuleisten. Diesmal wurde ich der 4. Schwadron zugeteilt, welche in der alten Kaserne am Marställer Platz untergebracht war. Mein Rittmeister war Graf Hutten-Czapski, später dadurch allgemeiner bekannt geworden, daß er im Weltkrieg zum Rektor der Universität (Gouverneur der Stadt?) Warschau ernannt wurde. Er war ein fein gebildeter Mann, der uns mit vollendeter Höflichkeit behandelte, in Polen reich begütert, so daß ich ihm gerne Glauben schenkte, als er einmal gegenüber dem weit verbreiteten Pessimismus zu mir sagte, er finde, das Leben biete doch bedeutend mehr Angenehmes als Unangenehmes. Seiner Veranlagung nach war er wohl mehr Diplomat als Soldat.

Ich war als Unteroffizier aus dem Manöver zurückgekommen und wurde nach acht Wochen Vizewachtmeister. Nach und nach bekamen wir selbständigere Aufträge, zur Vorbereitung auf die Obliegenheiten des Reserveoffiziers. Auch wurden wir einmal in der Woche zum Liebesmahl ins Offizierskasino eingeladen; wohl weniger aus Liebe als zur Prüfung unserer gesellschaftlichen Manieren. Alles in allem haben mir diese Wochen einen viel geringeren Eindruck hinterlassen als das Dienstjahr; ein Zeichen, daß man nun der Sache gewachsen war. Mein früherer Eindruck verstärkte sich, daß mir das Soldatenleben im Dienst sehr gut gefiel, außer Dienst aber gar nicht. Auch abgesehen davon sah ich ein, daß die Stellung eines Reserveoffiziers bei einem Husarenregiment allenfalls mit dem Lebensstil eines wohlhabenden Verlagsbuchhändlers zusammenging, aber nicht mit dem eines Privatdozenten, dessen Arbeit wenig einbringt. So schrieb ich denn, als meine Übungen zu Ende waren, an meinen Rittmeister, die Pflichten eines Reserveoffiziers und die eines Studenten ließen sich schwer vereinigen, und bat, von meiner Wahl zum Offizier abzusehen. Der weltgewandte Mann antwortete mir äußerst liebenswürdig und verständnisvoll, und so beschloß ich meine militärische Karriere als Vizewachtmeister der Reserve. Als dann 23 Jahre später der Weltkrieg ausbrach, war ich zu alt, um eingezogen zu werden, und nicht mehr kräftig genug, um freiwillig mitzugehen.

Nun hatte ich nur noch wenige Wochen zu warten, bis ich endlich mit dem Studium beginnen konnte, und ich verbrachte diese Zeit angenehm genug. Da traf mich unerwartet etwas, das zwar nicht den Anfang des neuen Lebens, wohl aber die Länge seiner Dauer in Frage stellte. Mein Vater sorgte auch darin für unsere Zukunft, daß er uns frühzeitig in eine Lebensversicherung einkaufte. Als ich mich zu diesem Zweck untersuchen ließ, stellte der Arzt Eiweiß in den flüssigen Ausscheidungen fest.

Lehrjahre

Als Ursache wurde chronische Nierenentzündung angenommen, und als ich den Arzt nach den Aussichten fragte, sagte er nur, sie seien nicht schön.

Aber dieser schwere Schlag war der Anlaß zu einem merkwürdigen Erlebnis. Ich stand bei meinem Vater am Schreibtisch und erzählte ihm den Bescheid; dann sagte ich ziemlich verzweifelt, ich dürfe nun nie wieder auf einen Berg steigen. In diesem Augenblick durchlief mich ein Schauder, und ich hatte das Gefühl, als versänke alles um mich, bis ich ganz oben stand. Zugleich erkannte ich, daß es zwei Wege gibt, welche zur Höhe führen. Ich möchte glauben, daß diese Idee das erste war und sich mir in der furchtbaren Erregung des Augenblicks wie im Traum zu dem körperlichen Erlebnis verdichtete. Ich bin dann später mit eigener Kraft und Arbeit noch auf manchen hohen Berg gestiegen.

Zur genaueren Beobachtung meines Zustandes ging ich für einige Tage nach Tübingen in die Innere Klinik von Professor Liebermeister. Voll Ungeduld auf den Beginn meines Studiums bat ich den Assistenzarzt um einige menschliche Skelettstücke und ein Buch über Anatomie. Er brachte mir einen menschlichen Schädel und den Atlas von Spalteholz. An Hand des Buchs und des Objekts studierte ich die einzelnen Schädelknochen, welche einzeln abgebildet waren. Ich wunderte mich, daß sie so haargenau zusammenpassen, und wollte wissen, wie das zustande komme. Ich fragte den Assistenten, ob vielleicht das Auge die Form der Augenhöhle bestimme, worauf er wahrheitsgemäß erwiderte, daß man darüber noch sehr wenig wisse. So sehr lag mir die Frageweise der kausalen Morphologie im Blut.

Zu welcher Diagnose und Prognose die Tübinger Autorität kam, habe ich nicht erfahren. Doch trug man keine Bedenken, mich den kommenden Winter in Deutschland zu lassen.

Inzwischen hatte mein Vater bei seinem Berliner Freund, Geheimrat Alexander Conze, den er noch von Rom her kannte, Erkundigungen über die beste Art meines Studiums eingezogen. Meine Absicht, Biologie zu studieren, schien ihm noch zu unbestimmt; er wünschte, ich sollte in irgendeinem Fach bis zu einer

Abschlußprüfung kommen, welche mich zur Ausübung eines bestimmten praktischen Berufs berechtigte. Warum gerade Medizin und das medizinische Staatsexamen gewählt wurde, weiß ich nicht mehr. Für Medizin, meinte meines Vaters Gewährsmann, sei Anatomie das wichtigste Vorfach; der bedeutendste Anatom sei Carl Gegenbaur in Heidelberg. Dort studiere auch ein Mündel seines Freundes Schöne, Friedrich Goeppert. Dieser sei Mitglied einer wissenschaftlichen Verbindung, des Naturwissenschaftlichen Vereins Studierender (N.V.S.). Dort finde ich gleich den besten Anschluß. So fuhr ich denn im Spätjahr 1891 nach Heidelberg; zwar nicht mit so von Hoffnung geschwellten Segeln, wie ich es ohne das drückende Bewußtsein meines angeblich unheilbaren Leidens getan hätte, aber doch in gespannter Erwartung der kommenden Dinge.

STUDIUM

Der Preis von Heidelberg wird seit Jahrhunderten von jungen Lippen gesungen, der Klang dieses Namens weckt in ungezählten alten Herzen die Erinnerung an goldene Tage unbeschwerter Jugendlust. Auch mich hat sein Zauber ergriffen; aber doch war es wohl etwas anders als bei den meisten der fröhlichen Gesellen, welche dort ihre erste Freiheit genießen. Der Beginn des Studiums war vor allem der Anfang eines spät gefundenen Weges, auf dem ich nun mit Ungeduld vorwärts drängte.

Es ist ja etwas Eigenartiges um die deutsche Universität, an der die Brunnen alles Wissens fließen, gleichgültig, ob einer daraus trinkt oder nicht, aus denen man schöpfen kann, wo und wann es einem beliebt. Auch mir ist dieser Rausch nicht fremd geblieben, und er ergreift mich noch jetzt, wenn ich daran denke. In der Wirklichkeit aber beschränkt sich die Sache von selbst und bei mir tat sie es besonders rasch. Zwei entgegengesetzte Triebe sind im wissenschaftlichen Menschen zusammengespannt: der Trieb, die Grenzen des Bewußtseins ohne Aufhören zu erweitern, zu erleben, zu erfahren, zu lernen, immer weiter zu lernen; und der andere, an einem Punkt sich einzubohren, sich zu versenken, zu forschen, immer weiter zu forschen. Bald wirkt mehr der eine, bald mehr der andere; aber den Trieb zur Vertiefung habe ich nie ganz ausschalten können. So brachte ich es damals nicht über mich, die Vorlesungen, welche ich belegt hatte, regelmäßig zu hören. Man denke auch: je eine Stunde Anatomie, Physik, Zoologie, Physiologie, Botanik, Chemie, in täglicher Wiederholung; immer nur aufnehmen, mit geringer Selbsttätigkeit. Es war mir eine Genugtuung, als ich später erfuhr, daß der große C. E. von Baer, der „Vater der Entwicklungsgeschichte", schon vor vielen Jahrzehnten unter demselben

Studium

Verhältnis gelitten und auch Vorschläge zur Änderung des Lehrbetriebs gemacht hatte. Ich half mir kurzerhand dadurch, daß ich einen Teil der belegten Vorlesungen konsequent schwänzte, also von jener Seite der akademischen Freiheit Gebrauch machte, welche mein späterer Freund August Pauly die „Souveränität des Rindviehs" nannte. Als ich mich ihm gegenüber freimütig zu dieser Tierart bekannte, meinte er begütigend, bei mir wolle er es anders, nämlich die „Souveränität in der Wahl der Bildungsmittel" nennen. Es war aber weder das eine noch das andere, sondern nur ein Notstand.

Mein nächstes äußeres Ziel war die ärztliche Vorprüfung, das Physikum, welches damals am Ende des vierten Semesters abzulegen war. Die Fächer, welche bis dahin zu bewältigen sind, waren in hervorragender Weise vertreten, zum Teil durch Sterne erster Größe. Die Namen Gegenbaur, Kühne, Quincke, V. Meyer, Bütschli haben noch nichts von ihrem Glanz verloren. Doch ist es nicht meine Absicht, sie hier alle zu charakterisieren; ich will nur bei denen etwas ausführlicher verweilen, welche meine Entwicklung maßgebend beeinflußt haben.

An Bütschlis Vorlesung war es weniger eine besondere Klarheit der Darstellung, was mir Eindruck machte — darin konnte sie sich nicht entfernt etwa mit der von Boveri messen — als die Glut der Persönlichkeit, welche hinter den Worten zu spüren war. Noch mehr hätte ich sie zu schätzen gewußt, wenn ich schon damals eine Ahnung von der wissenschaftlichen Bedeutung des Mannes gehabt hätte. Sehr wertvoll war mir die eigenhändige Beschäftigung mit dem Gegenstand im kleinen zoologischen Praktikum. Besonders das Zergliedern der Tiere machte mir so viel Freude, daß ich, mit meinem Präparat fertig, das meiner Nachbarn in Angriff nahm, denen jeder Fanatismus in dieser Richtung fern lag. Bütschli bemerkte es einmal und brachte mich mit den drei Worten: „Nun, Herr Assistent?" in die größte Verlegenheit. Auch daß er mich nach dem Physikum, als er mir zusammen mit seinem Assistenten Schewiakoff auf der Straße begegnete, freundlich fragte, wie ich mit ihm zufrieden gewesen sei, weiß ich noch. Welche Macht hat doch so ein Professor über die Herzen seiner Studenten!

Die wichtigste Vorlesung hätte für mich eigentlich die von Kühne über Physiologie werden sollen, denn nach den Lebenserscheinungen und ihrer Erkenntnis ging doch mein ganzes Fragen. Die Vorlesung war auch in ihrer Weise vorzüglich, und jetzt würde ich sie mit großem Gewinn hören, aber für den Anfänger war sie nicht gut. Nicht etwa, weil sie zu schwer verständlich gewesen wäre; vielmehr weil sie den Organismus nicht als ein Ganzes zeigte. Die ersten einleitenden Worte waren symbolisch. „Was ist Leben?", fragte er. Dabei langte er mit der linken Hand in einen Topf und holte eine herrliche grünglänzende Eidechse heraus; mit der Rechten ergriff er eine Schere und schnitt das Tier in drei Stücke. Kopf, Rumpf und Schwanz lagen schnappend und zappelnd auf dem Tisch, lebten also noch. Dies, die verhältnismäßige Unabhängigkeit der Teile und ihr Überleben nach Trennung, hatte er zeigen wollen und zeigte er allerdings auch in unvergeßlicher Weise. Aber es wäre wohl billiger zu machen gewesen. Ich empfand dieses Vorgehen, zumal vor jungen Studenten, als Ausdruck eines völligen Mangels an Ehrfurcht vor dem Leben. Mit diesem gemütlichen Mangel hing vielleicht der andere zusammen, welcher den — Verstand unbefriedigt ließ. Jenes Experiment, mit welchem die bedingte gegenseitige Unabhängigkeit der Teile des Organismus gezeigt werden sollte, hätte doch noch viel eher ihre unbedingte gegenseitige Abhängigkeit gelehrt, wäre dafür allerdings noch weniger nötig gewesen. Denn daß ein Wirbeltier nur noch ganz kurze Zeit weiterleben kann, wenn ihm der Kopf genommen ist, das ist zu bekannt, um noch eines blutigen Nachweises zu bedürfen. Aber die Vorlesung ließ eben dieses wesentliche Merkmal des Organismus, daß nämlich alle seine Teile auf das Ganze bezogen sind, völlig außer acht. Sie erschöpfte sich in einer immer weitergehenden Zerlegung des Ganzen in seine Teile. Selbst für die Forschung kann das nicht das letzte Ziel sein; bei der Darstellung ihrer Ergebnisse aber, zumal für den Anfänger, muß immer vom Ganzen ausgegangen und zum Ganzen zurückgekehrt werden. Das schien nicht einmal angestrebt zu werden. Damit hing es auch wohl zusammen, daß die Vorlesung mit dem Stoff nie fertig wurde, indem einzelne Gebiete mit außerordentlicher Ausführlichkeit behandelt, andere für das Verständnis des Ganzen nicht minder wichtige ganz vernachlässigt wurden. So gab die Vorlesung nicht, wie sie doch sollte, ein Abbild des lebendigen Organismus in seinen schönen, weil notwendigen Verhältnissen. Wenn man das Beste von ihr sagen will, so war sie gut für solche, welche dieses Bild schon in sich tragen und nun selbst in der Einzelforschung stehen, die freilich nicht anders als zerlegend vorgehen kann. Das sind Gedanken des alten Mannes; der Student empfand nur das Mißbehagen, ohne sich klar zu sein, woher es kam.

Dieser Fall hätte nicht so viele Worte der Kritik verdient, wenn er nicht für manche Vorlesung typisch wäre und wohl immer gewesen ist. Ich erinnere an die berühmte Stelle in Goethes Aufsatz „Glückliches Ereignis", wo er beim Verlassen einer naturwissenschaftlichen Vorlesung in Jena vor der Tür mit Schiller zusammentrifft und dieser sich beklagt, daß „eine so zerstückelte Art, die Natur zu behandeln, den Laien, der sich gern darauf einließe, keineswegs anmuten könne", worauf Goethe erwiderte, „daß sie den Eingeweihten selbst vielleicht unheimlich bleibe und daß es doch noch eine andere Weise geben könne, die Natur nicht gesondert und vereinzelt vorzunehmen, sondern sie wirkend und lebendig, aus dem Ganzen in die Teile strebend, vorzustellen".

Es ist sicher kein Zufall, daß es gerade zwei große Künstler sind, welche an der zerstückelnden Auffassung des Lebens Anstoß nehmen. Das Streben nach einem in sich harmonischen Ganzen ist das Lebenselement des Künstlers. Ein Forscher, welcher neben dem zergliedernden Verstand nicht wenigstens eine Ader vom Künstler besitzt, ist meiner Überzeugung nach unfähig, dem innersten Wesen des Organismus näherzukommen. Daß dem so ist, deutet auf eine tiefgegründete Verwandtschaft des menschlichen Geistes mit der organischen Natur.

Was ich in der Vorlesung des Physiologen vermißte, das fand

ich erfüllt in der des Anatomen Gegenbaur. Nicht alle teilten dieses Urteil. Als ich einmal mit einem meiner Bekannten, einem großen Verehrer Kühnes, aus der anatomischen Vorlesung kam und gerade meine Bewunderung aussprechen wollte, meinte jener, noch eine solche Vorlesung, dann habe Gegenbaur keinen Hörer mehr. Die Vorlesung war in keiner Weise glänzend, viel weniger als die von Kühne, in der Form eher trocken. Aber merkwürdig: der Physiologe, der das Leben selber sprechen lassen konnte, wirkte auf mich tot; der Anatom, welcher das tote Erzeugnis des Lebens zergliederte und erklärte, vermittelte mir den Eindruck des Lebens. Sein Vortrag war eben ganz durchgeistet, und zwar war es Goethescher Geist, dessen letzte Ausstrahlungen in ihm erglänzten. Als Schüler des großen Physiologen und Anatomen Johannes Müller hatte er noch eine persönliche Verbindung mit jener Kulturperiode; so wuchs er in die neue Zeit hinein, welche durch die Lehre Darwins ihr Gepräge erhielt. Seine historische Bedeutung besteht darin, daß er die vergleichende Anatomie in engste Beziehung zur Abstammungslehre setzte.

Die Anfänge der vergleichenden Anatomie sind uralt, sie reichen in vorwissenschaftliche Zeiten hinauf. Jede Benennung bestimmter Körperteile, zum Beispiel der Beine verschiedener Tiere und des Menschen mit demselben Namen, setzt eine Vergleichung voraus. Den Beginn der vergleichenden Anatomie als einer Wissenschaft kann man vielleicht von ihrer ersten und größten Entdeckung datieren, daß man die Tiere ihrem Bau nach in eine Anzahl von großen Gruppen einteilen kann, innerhalb derer der gleiche Bauplan des Körpers herrscht. Eine solche Gruppe ist zum Beispiel die der Wirbeltiere, welche von den Fischen bis zum Menschen reicht, eine andere die der Gliedertiere. Bleibt man innerhalb einer Gruppe, so läßt sich der Vergleich bis in alle Einzelheiten des Baus durchführen; überschreitet man aber ihre Grenze, so stößt man früher oder später auf Schwierigkeiten. So verglich man zuerst ganz unbefangen die Bewegungsorgane eines Insekts, also eines Gliedertiers, mit denen eines Wirbeltiers und nannte sie Beine und Flügel; die

Funktion ist in beiden Fällen dieselbe und da diese den Bau weitgehend bestimmt, so besteht auch eine gewisse Ähnlichkeit in der Form, weshalb man den Vergleich weiter ins einzelne durchgeführt hat und auch bei einem Insektenbein von einer Hüfte, einem Ober- und Unterschenkel, einem Fuß spricht. Aber sieht man genauer zu, so stößt man sehr bald auf Schwierigkeiten und kommt nicht weiter. Um nur die augenfälligste zu erwähnen, so hat ein Insekt sechs Beine an Stelle von vieren, und daneben vier Flügel, während ein Wirbeltier Flügel und Beine zusammengenommen nur in der Vierzahl besitzt; d. h. wenn Flügel vorhanden sind, zum Beispiel bei den Vögeln, so nehmen sie die Stelle des vorderen Beinpaars ein und nur das hintere dient zur Fortbewegung auf festem Untergrund. Innerhalb einer Tiergruppe aber ist der Vergleich der entsprechenden, der „homologen" Teile bis ins Einzelne durchführbar. So kann man in der Gruppe der Wirbeltiere zum Beispiel das Vorderbein einer Eidechse und den Flügel eines Vogels nicht nur nach ihren allgemeinen Lagebeziehungen im Körper vergleichen, sondern auch in den einzelnen Teilen des Skeletts. Wenn man einen bestimmten Teil der einen Tierform bei einer anderen zunächst vermißt, so kann man genau die Stelle angeben, wo er sitzen müßte; dort findet man ihn dann auch, vielleicht bis zur Unkenntlichkeit verkümmert, im erwachsenen Zustand ganz geschwunden und nur noch während der Entwicklung nachweisbar, vielleicht mit benachbarten Teilen verwachsen. So fand Goethe, um nur das berühmteste Beispiel zu nennen, den bisher immer vermißten Zwischenkiefer des Menschen, einen Knochen, welcher die oberen Schneidezähne trägt, bei den Säugetieren deutlich abgrenzbar, beim Menschen aber mit dem Oberkieferbein verwachsen ist. Diese Entdeckung beglückte ihn, weil er das „geheime Gesetz" auch hier, wo es durchbrochen schien, in Geltung und den Menschen in den großen Chor des Lebendigen eingeordnet fand.

Es ist nicht ganz klar, ob Goethe bei dieser Feststellung einer ideellen Verwandtschaft zwischen den Organismen, welche ihrem Bau nach zusammengehören, stehengeblieben oder ob er

Als Student in München

Etwa 1894

zur Annahme eines tatsächlichen Zusammenhangs durch Abstammung fortgeschritten ist. Manches könnte in letzterem Sinne gedeutet werden, so seine leidenschaftliche Parteinahme für Geoffroy Saint Hilaire in dessen vor der französischen Akademie ausgefochtenem Streit mit Cuvier. Anderes spricht wieder dagegen und macht es wahrscheinlich, daß ihm dieses „heilige Rätsel" zu dem „Unerforschlichen" gehörte, das man „ruhig verehren" solle. C. E. von Baer, der in derselben Gedankenwelt lebte, hat Darwin, wenigstens im Anfang, ausdrücklich bekämpft. Goethe hat vielleicht gar keinen ganz festen Standpunkt gewonnen.

Für Darwin war diese Verwandtschaft bekanntlich nicht eine rein ideelle, sondern eine Blutsverwandtschaft, auf Abstammung von gemeinsamen Vorfahren gegründet. Er war nicht der erste, welcher diese Lehre vertrat, aber er hat sie ausführlicher als einer vor ihm begründet und ihr dadurch und durch eine damals sehr einleuchtende Erklärung, die Lehre von der natürlichen Zuchtwahl, zum Sieg verholfen und den Weg zu breiter Wirkung in der Biologie geebnet. Daher der Nichtfachmann, wenn man von Darwinismus spricht, dabei in erster Linie oder ausschließlich an die Abstammungslehre denkt. Unter Darwins Beweisgründen nahmen die Tatsachen der vergleichenden Anatomie eine wichtige Stelle ein.

Die Verbindung zwischen den beiden Gebieten war also schon geschlagen, als Gegenbaur, der im Sinn der idealistischen Periode begonnen hatte, zum Anhänger der Abstammungslehre wurde. Seine Lebensarbeit wurde es, die vergleichende Anatomie ganz unter diesen Gesichtspunkt zu stellen. In dieser Verbindung hat sie jahrzehntelang eine unangefochtene Herrschaft ausgeübt. Erst in neuester Zeit ist ihr von zoologischer, botanischer und paläontologischer Seite die Berechtigung abgesprochen worden. Von dieser Reaktion dürfte als wertvoll die Forderung übrigbleiben, immer erneut die Grundlagen zu prüfen, auf denen die Abstammungslehre ruht, und sich zu hüten, die Forschungsmethoden unsauber zu vermengen.

Diese Fragen haben mich später viel beschäftigt. Für den Studenten, welcher die anatomische Vorlesung hörte, kam nur das Allgemeine zur Wirkung, daß Gegenbaur immer, auch bei der Beschreibung des menschlichen Körpers, weitere Ausblicke gab, indem er auf den Bau der tierischen Vorfahren, auf die „niederen Zustände" hinwies. Die Zustände, welche die Vorfahren eines jeden vor uns, wie wir da auf unseren Bänken im Halbkreis herumsaßen, so oder ähnlich einmal durchlaufen hatten. Das waren große Augenblicke, welche sich meinem Gedächtnis unauslöschlich eingeprägt haben, zusammen mit Angesicht und Gestalt des bewunderten Lehrers.

Er war von hohem Wuchs, aber eher zartem Körperbau, von etwas gebeugter Haltung, mit auffallend feinen Händen. Sein Haar war damals schon stark ergraut, fast weiß, aber noch dicht, schlicht gescheitelt. Die Stirn steil ansteigend, das Gesicht nach unten verbreitert, durch einen spitz geschnittenen Bart verlängert. Die Augen dunkelbraun, sehr ernst und gütig. Der Vortrag war prunklos, streng sachlich, fast nüchtern. Die Gedanken standen formend hinter seinen Worten; um so eindringlicher und überzeugender waren sie, wenn sie einmal ohne Hülle durchbrachen. Wenn er zum Beispiel ein einfachstes Sinnesorgan beschrieb, mit den hoch empfindlichen Sinneszellen in der Mitte und den derberen Zellen, welche sich schützend darum stellen, und dann hinzufügte: „Wie das eben überall in der Welt ist", so wußte man, daß das keine leere Redensart war, sondern der Ausdruck einer höchst lebendigen Auffassung des Organismus. Immer wieder drang er darauf, daß wir uns das alles lebendig, in Tätigkeit vorstellen sollten; tot sei es langweilig. Man merkte ihm an, daß er aus einer Zeit stammte, in welcher Anatomie und Physiologie noch vom selben Mann betrieben und gelehrt wurden. Der wachsende Umfang beider Gebiete hat dies, wenigstens für den Augenblick, unmöglich gemacht. Aber wenn man auch weiß und nicht müde wird, es zu betonen, daß die Trennung eine künstliche ist, so ist es bei der dauernden Beschäftigung nur mit der einen Seite der Erscheinungen sehr schwer, die Einheit der Lebensform nie aus dem Auge zu verlieren, nie zu vergessen, daß einerseits das Organ seinen Sinn erst durch die Funktion erhält und daß andererseits alle Lebensvorgänge sich nur an und in bestimmten Formen abspielen.

Die Anatomie zog mich auch deshalb so an, weil in ihr mehr als in irgendeinem anderen Fach des vorklinischen Studiums die Vorlesungen durch praktische Übungen ergänzt werden. So nahm die Arbeit auf dem Präparierboden den relativ größten Teil meiner Zeit in Anspruch. Die Einrichtungen waren nach heutigen Ansprüchen wohl etwas primitiv. Wir saßen ziemlich dicht gedrängt mit unseren Präparaten und die Luft war nicht die beste. Aber die Wißbegierde und die Freude an der praktischen Tätigkeit ließen das kaum bemerken, und man verlor auch sonst sehr rasch jedes Gefühl dafür, wie solche Dinge auf den gewöhnlichen Menschen wirken. In meiner Begeisterung überredete ich meinen Vater, mich einmal bei der Arbeit zu besuchen, und ich war sehr erfreut, als er wirklich kam. Aber als ich für einen Augenblick weggegangen war, um etwas zu holen, und an meinen Tisch zurückkehrte, war mein Vater verschwunden. Er gestand mir nachher, es sei ihm fast schlecht geworden; er habe sich das ganz anders vorgestellt, nicht lauter einzelne Arme und Beine und halbierte Köpfe, sondern mehr so wie auf dem bekannten Bild von Rembrandt. — Gegenbaur legte großen Wert auf diese Seite der Arbeit, er kam regelmäßig, ging von Tisch zu Tisch, prüfte auch einmal, was wir wußten. Aber die Hauptlast des Unterrichts ruhte doch auf dem Prosektor Professor Friedrich Maurer und dem Assistenten Dr. Hermann Klaatsch. Beide waren sehr verschieden in ihrer Weise und ihrem Temperament. Maurer sehr ruhig, sorgfältig, für uns unbedingte Autorität; Klaatsch anregend, von sprudelnder Lebhaftigkeit, wir nannten ihn den Galoppdoktor. Beide widmeten sich uns mit Hingabe, und da meine Vorliebe für das Präparieren unverkennbar war, bekam ich die Erlaubnis, auch im Sommersemester, wo kein Präparierboden abgehalten wurde, auf eigene Faust Wirbeltiere zu zergliedern, und wurde dabei aufs freundlichste unterstützt.

Über dieser bevorzugten Beschäftigung mit der Anatomie

vernachlässigte ich in den ersten drei Semestern die übrigen Fächer ein wenig. Ich suchte es dadurch auszugleichen, daß ich im letzten Semester halbtägig chemisch arbeitete, unter der Leitung von Dr. Paul Eitner. Ebenso holte ich in der Botanik etwas auf, durch fleißigen Besuch des botanischen Gartens. Aber meine allgemeine naturwissenschaftliche Vorbildung wäre doch recht lückenhaft geblieben, wenn ich nicht später in Würzburg die Möglichkeit gehabt hätte, zwei Semester hindurch Physik und Botanik theoretisch und praktisch zu treiben, bei zwei Meistern ihres Fachs, Röntgen und Sachs. Die Chemie habe ich dann auf meine alten Tage noch ein Semester lang bei meinem Kollegen Wieland gehört, die Physiologie durch zwei Semester bei v. Kries. Hätte ich den letzteren dreißig Jahre früher gehört, so wäre ich wohl Physiologe geworden.

Nach den ersten Monaten hatte sich auch der schwere Druck erleichtert, unter dem ich das Studium begonnen hatte. Ich stand unter der Beobachtung des damaligen Heidelberger Internisten, welcher mir mit wenig Verständnis für die inneren Bedürfnisse eines jungen Menschen den Rat gegeben hatte, mir ein angenehmes Leben zu machen, da ich ja nicht darauf angewiesen sei, mich für meinen Lebensunterhalt zu plagen. Mehr und mehr wurde es wahrscheinlich, daß jene erste auch in Heidelberg übernommene Diagnose irrig sei; die mir bekannten jungen Assistenten hatten das, wie sie mir sagten, schon immer geglaubt. So konnte ich nun, wenn auch mit einiger Einschränkung, erleichterten Herzens meine Jugend genießen.

Ich hatte in dem Naturwissenschaftlichen Verein gleichgesinnte Kameraden gefunden; mit einigen von ihnen bin ich zeitlebens in freundschaftlicher Verbindung geblieben. Einmal in der Woche war Kneipe, im Gasthaus zum Schiff auf dem rechten Ufer des Neckars, nahe der unteren Brücke. Im offiziellen Teil wurde nach unseren Satzungen zuerst ein wissenschaftlicher Vortrag gehalten mit darauffolgender Diskussion. Dann kam das Übliche. Die strenge ärztliche Vorschrift befreite mich vom Zwang des Kneipkomments, so daß ich mich nur anfangs mit den anderen, hernach mehr über sie belustigte.

Sonntags zogen wir hinauf ins Neckartal oder wanderten über die waldigen Berge. Es war eine köstliche Zeit. Aber was soll ich viel davon sagen; wer selbst Student gewesen ist, denkt lieber an die eigene Jugend, und wem das nicht vergönnt war, was sollte der mit meinen Erinnerungen anfangen. Auch ist ja gerade diese Seite des Studentenlebens so ganz anders geworden; ernster, mit früher geweddtem Verantwortungsbewußtsein. Das ist schön und gut; doch möchte ich nichts auf meine Jugendzeit kommen lassen. Man soll nie vergessen, daß die jungen Helden von Langemarck aus demselben Studententum kamen.

Nähere Freundschaftsbeziehungen verbanden mich mit Fritz Goeppert (später Professor der Kinderheilkunde in Göttingen) und Otto Frese (später Professor der Ohrenheilkunde in Halle). Sie waren einige Semester älter als ich und hatten schon tiefer aus dem Quell der Weisheit getrunken. Unvergeßlich ist mir ein Spaziergang hoch über dem Neckar, auf welchem Goeppert dem Staunenden erzählte, daß die Vögel von den Reptilien abstammen und mit ihnen zur Gruppe der Sauropsiden zusammengefaßt werden. Er ist auch schuld daran, daß mir bei Sauropsiden gleich die Synoptiker einfallen, mit denen sie doch denkbar wenig zu tun haben. Denn auch diese Bezeichnung für die drei ersten Evangelisten hörte ich zuerst von ihm und ließ sie mir erklären. Goeppert stand durch seinen Bruder Ernst, den späteren Professor der Anatomie in Frankfurt a. M. und Marburg, damals vorübergehend in Jena, auch Maurer näher, und so wurden auch Frese und ich von diesem herangezogen und waren manchmal bei ihm zu Gast. Außerdem war Maurer ebenso wie einige andere jüngere Heidelberger Dozenten (Klaatsch, Schewiakoff, Paul Eitner) Mitglied unseres Vereins, was uns Studenten manche Anregung und Förderung brachte.

Mit großer Freundlichkeit wurde mir von Hermann Klaatsch und seiner jungen Frau begegnet. Sie war eine Tochter des Berliner Malers Spangenberg, von dem das Bild „Der Zug des Todes" vielleicht am bekanntesten ist. Ich war oft bei ihnen zu Tisch eingeladen und habe die Kultur des Hauses und das angeregte Gespräch sehr genossen und nicht vergessen.

Studium

So öffnete sich mir auch das Haus des verehrten Meisters selbst, und ich war mehrere Male mit Goeppert und Frese bei Gegenbaur zu Tisch eingeladen, zusammen mit den Assistenten Maurer und Klaatsch. Man kann sich denken, was das für den jungen Studenten bedeutete. — Als ich Heidelberg verließ und mich von Gegenbaur verabschiedete, bat ich ihn, mir etwas in mein Stammbuch zu schreiben, indem ich entschuldigend hinzufügte, das sei ja eine etwas altmodische Bitte. Er brummte vor sich hin, er sei ja auch nicht modern, und schrieb mir die Worte: „Die Natur gibt uns immer Antwort, wenn wir sie nur richtig zu fragen verstehen."

Am folgenreichsten aber wurde für mich die Bekanntschaft mit Gustav Wolff, die ich im Naturwissenschaftlichen Verein machte und aus der sich im Laufe der Jahre eine dauerhafte Freundschaft entwickelt hat. Wolff studierte damals Medizin und stand dicht vor dem Staatsexamen, hatte aber schon einige Jahre vorher das Staatsexamen für den höheren Lehrdienst gemacht. Sein Ideal wäre gewesen, sich durch eine kaufmännisch zu verwertende Erfindung wirtschaftlich unabhängig zu machen und dann ganz ohne äußere Zwecke zu studieren und zu forschen. Die Erfindung hatte er auch schon gemacht, sie war mehr als originell; doch bin ich nicht ermächtigt, Näheres darüber mitzuteilen. Auch mit der kaufmännischen Verwertung war ein Versuch gemacht worden, der aber nicht die erhofften Reichtümer gebracht hatte. So studierte er nun Medizin mit der Absicht, Psychiater zu werden. Das liege, sagte er, nicht so weit ab von seinem Ziel, das Wesen der organischen Zweckmäßigkeit zu erkennen, wie ich vielleicht denke. Wir haben nach junger Leute Art manche Unterhaltung über schwierige, zum Teil auch unlösbare Fragen miteinander geführt und vielleicht noch mehr miteinander gelacht, zumal wenn sein Freund Fritz Salzer, der spätere Münchener Ophthalmologe, der dritte im Bunde war.

Schon Wolffs häusliche Umgebung war höchst originell, wie aus einem russischen Studentenroman. Ein ödes geräumiges Zimmer in einem alten Haus nahe dem Neckarufer. In der

Mitte ein Tisch mit einem stets wachsenden Haufen übereinandergeschichteter Bücher und Zeitschriften; um etwas zu finden, mußte man nachgraben, bis das Gesuchte nun oben und das übrige unten lag. Rings an der Wand auf dem Boden standen große Töpfe aus Steingut; in ihnen schmachteten unter Drahtgitter unglückliche Molche, welche die Aufgabe hatten, gespaltene Unterkiefer, abgeschnittene Beine und andere Körperteile zu regenerieren. Es war ihnen nicht zu verdenken, wenn sie auszurücken versuchten, was ihnen auch häufig gelang, gerade wenn sie ihre Regenerationsaufgabe so weit gelöst hatten, daß die Wißbegierde des Forschers hätte befriedigt werden können. Ich weiß nicht, ob schon damals jene Molche darunter waren, an denen Wolff nach der Methode der Staroperation die Linse herausgenommen hatte. Dieses Experiment führte später zu einer großen Entdeckung, über welche noch ausführlicher zu berichten sein wird. Jahre nachher brachte uns das Leben wieder zusammen, machte uns sogar zu Nachbarn. Ich arbeitete damals bei Boveri am Zoologischen Institut zu Würzburg, er wurde Assistent an der psychiatrischen Klinik von Konrad Rieger. Von dort kam er nach Basel als Direktor der Pflegeanstalt Friedmatt, und ich auf dem weiten Umweg über Rostock und Berlin wieder in seine Nähe, nach Freiburg. Wir werden ihm noch mehrmals in diesen Blättern begegnen.

In meine Heidelberger Studentenzeit fiel noch ein großes Erlebnis. Im Juli 1892 schrieb mir mein Vater, ob ich mich nicht an der Huldigungsfahrt zu Bismarck beteiligen wolle, welche sechshundert Württemberger als erste von vielen, die später folgten, unternehmen wollten. In Württemberg, welches den jungen Kaiser kurz nach seinem Regierungsantritt mit unbeschreiblichem Jubel begrüßt hatte, war mit Bismarcks Entlassung ein völliger Umschwung der Stimmung eingetreten. Wir waren in erster Linie deutsch, dann erst kaiserlich gesinnt; als der Monarch sich von seinem Kanzler trennte, nahmen weite Kreise des nationalen Bürgertums leidenschaftlich für den letzteren Partei. Auch mein Vater war bismarckisch. Er war nicht eigentlich politisch interessiert; als Mann des praktischen Lebens beschränkte er sich auf das, wovon er etwas verstand, Politik rechnete er nicht dazu. Aber er war im tiefsten Herzen vaterländisch.

Bismarck ist meines Wissens nie in Stuttgart gewesen. Bei den Kaisermanövern im September 1885 war er der einzige unserer Großen, welcher fehlte. Wir haben den ehrwürdigen alten Kaiser stürmisch begrüßt, haben den Kronprinzen auf seinem starken Braunen auf uns zureiten sehen und den Prinz Wilhelm in seiner schmucken Husarenuniform bewundert. Auch Moltke sahen wir allein auf seinem Pferde halten. Am Sonntag waren sie alle zum Gottesdienst in unserer Schloßkirche vereinigt, drei Generationen von Herrschern sah ich unten beisammen sitzen. Unser alter Prälat Gerok hielt die Predigt. Nur Bismarck fehlte darunter. Nun sollte ich ihn doch noch sehen.

Ich fuhr über Würzburg nach Kissingen und stieß dort zu meinen Landsleuten. In geschlossenem Zuge marschierten wir vom Bahnhof zur oberen Saline, wo Bismarck zur Kur weilte; in unseren Reihen eine Dame mit einem großen Blumenstrauß, den sie überreichen wollte. Durch den geräumigen Torweg des altertümlichen Gebäudes gelangten wir in einen Hof mit einigen alten Bäumen und stellten uns in einem großen Halbkreis auf. Der Fürst sollte aus seiner Wohnung über eine breite Treppe in den Torweg kommen und dann im Hof unsere Reihen abschreiten. Jeder solle, hieß es, ruhig an seinem Platz bleiben, dann könnten wir ihn alle aus der Nähe sehen. Von Minute zu Minute steigerte sich die Erwartung und die Erregung, und als nun die gewaltige Gestalt im Torbogen erschien, brach ein begeisterter Jubel los; im nächsten Augenblick drängte alles nach vorn. Mit den machtlosen Worten „wir sollen doch stehen bleiben" suchte ich meine Nachbarn zurückzuhalten, aber nur mit dem Erfolg, daß ich selbst sehr bald ganz hinten stand, vor mir die hochrufende Menschenmasse. Mich durchzudrängen wäre weder möglich noch schicklich gewesen. Es schien, daß ich die Reise umsonst gemacht hatte, denn der Fürst hatte sich vor der anstürmenden Menge unter den Torbogen zurückgezogen und war nicht mehr zu sehen. Da fiel mein Blick auf die Dame mit dem Blumenstrauß, welche auch zurückgedrängt worden war. Ohne mir zu überlegen, was ich tat, nahm ich sie schützend unter den Arm und führte sie durch die höflich ausweichende Menge nach vorn. Es war dies das einzige Mal, daß ich mich hinter eine Frau steckte, um vorwärts zu kommen.

So stand ich nun in der ersten Reihe, dem Fürsten gegenüber. Er war auf die untersten Stufen der Freitreppe getreten; Dr. Schweninger deckte ihn mit seinem Leibe. Auf den Stufen dahinter standen Abgeordnete der Universität Jena, Ernst Haeckel und Max Fürbringer nebst Gattin, welche gekommen waren, um Bismarck zu einem Besuch nach Jena einzuladen. Dort fand dann auch bald danach jene große Volkskundgebung auf dem Marktplatz statt, an welche sich die Älteren unter uns noch lebhaft erinnern. Es waren erregte Tage. Bismarck war von der Hochzeit seines Sohnes Herbert aus Wien zurückgekommen, und man erfuhr, es sei ihm dort vom Wiener Hof auf Veranlassung der deutschen Regierung nicht die gebührende Ehre erwiesen worden. Dagegen wollten die sechshundert Schwaben protestieren. Als einer von ihnen stand ich nun da, über eine halbe Stunde lang, und konnte den Eindruck der mächtigen Gestalt und der großen Gesichtszüge in mich aufnehmen. Manche der Bildnisse von Lenbach geben den allgemeinen Eindruck gut wieder, das Herrschende, Vornehme, Gehaltene, auch die Macht der Augen unter den buschigen Brauen. Aber die Farben waren anders, die gepflegte, fast rosige Haut, das stark abstechende Weiß der Haare und das Blau der Augen. Aus der Nähe gesehen schien jeder einzelne Zug über gewöhnliches Menschenmaß hinauszugehen, aber aus einiger Entfernung stimmte alles harmonisch zusammen. Die Stimme, deren hohe Lage oft bemerkt worden ist, war klar und klingend, jedes Wort gut geformt und sicher hingesetzt. Er sprach nicht wie ein hinreißender Volksredner, sondern als der machtgewohnte vornehme Mann, der es nicht nötig hat, die Stimme zu erheben, um gehört zu werden. Aber die verhaltene Leidenschaft schwang in jedem Satz mit und einmal, als das Wort

„meine Feinde" fiel, war es, als schösse ein Wetterstrahl aus seinen Augen.

So war ich Zeuge einer der großen Reden geworden, welche Bismarck nach seiner Entlassung gehalten hat, um das deutsche Volk zu warnen und zu mahnen. Ihr Gedankengang ist mir aus dem Gedächtnis entschwunden, nur einige Wendungen sind mir geblieben. So sagte Bismarck, daß er sein Leben lang wie ein Naturforscher die Leidenschaften der Menschen studiert habe. Dieser Vergleich drückte verachtungsvolle Kälte aus; seine besondere Fassung schien durch die Anwesenheit des Naturforschers veranlaßt, mit dem er vorher gesprochen hatte und der jetzt hinter ihm stand. Noch deutlicher zeigte sich die lebendige Fühlung mit seinen Hörern bei einem unerwarteten kleinen Zwischenfall. Als er seine Rede geendet hatte und nach den jubelnden Zurufen eine Pause der Ermattung eintrat, ertönte auf einmal eine Stimme: „Meine Herren, ich bin ein Ungar (Lachen und Zuruf: das hört man), ich gehöre zu den intelligenten Kreisen meines Volkes (erneutes Lachen). Ich kann sagen, daß der Name Bismarck in Ungarn ein guter Name ist." Ich sah, wie Bismarck aufhorchte; blitzschnell erfaßte er die neue Sachlage und sprach nun einige Worte der Erwiderung. Ich glaube, dabei war es, nicht schon in der ersten Rede, daß er auf unser Verhältnis zu Österreich zu sprechen kam. Alle hundert Jahre hätten wir uns einmal gerauft, da sei die europäische Uhr richtig gestellt worden; nachher aber hätten wir uns wieder vertragen.

Um einen unvergeßlichen Eindruck reicher kehrte ich nach Heidelberg zurück. Bei Würzburg sah ich zum erstenmal in der Ferne die Marienburg, nicht ahnend, daß sie bald mein täglicher Anblick während vieler Jahre werden sollte.

Als ich im August desselben Jahres in den großen Ferien zuhause war, verlobte ich mich mit der Freundin meiner Schwester, Klara Binder. Damit war nach der Berufswahl die andere glückliche Entscheidung über mein Leben gefallen.

Das folgende Wintersemester beschloß ich in München zuzubringen.

Studium

Daß Liebe blind oder zum mindesten parteiisch macht, ist unter Menschen allgemein zugestanden. Wenn dies auch Städten gegenüber gilt, so muß ich gestehen, daß ich bei München bis auf den heutigen Tag nicht über diesen schönen Jugendzustand hinausgekommen bin. Er begann schon damals, als ich im Jahr 1887 mit meinem Bruder zum erstenmal aus den Bogenhallen des Bahnhofs trat, und wiederholte sich in allen späteren Jahren, so oft ich allein oder dann zusammen mit meiner Frau dasselbe tat. Meine Augen mögen mir sagen, daß das kein schöner Platz, wenn überhaupt ein Platz sei; mein Selbsterhaltungstrieb mag mir zuflüstern, es gebe andernorts gefahrlosere Arten, um von der Bahnhofshalle den nächsten rettenden Bürgersteig zu erreichen; das und manches andere vermag die Freude des Wiedersehens nicht zu dämpfen, sowie die Lungen den ersten Zug der frischen Luft von den Bergen her einziehen und das Ohr die ersten Laute der kraft- und gemütvollen Sprache vernimmt. So bedarf es keiner besonderen Begründung, daß ich den Wunsch hatte, mein erstes klinisches Semester in München zu verbringen. Aber ausschlaggebend waren doch ernstere Gründe.

Ich hatte in Heidelberg des öfteren zwei Namen nennen hören, welche für mein späteres Leben große Bedeutung gewinnen sollten. Der eine, Theodor Boveri, war der eines noch jungen Zoologen, welcher bis vor kurzem Assistent bei Richard Hertwig am Zoologischen Institut in München gewesen und nun kaum dreißigjährig auf den zoologischen Lehrstuhl in Würzburg berufen worden war. Er erfreute sich hoher Achtung, ja Bewunderung bei den Heidelberger Anatomen, wohl vor allem wegen einer vergleichend-anatomischen Entdeckung ersten Rangs, der Auffindung der Niere des Amphioxus lanceolatus, des vermuteten Vorfahren der Wirbeltiere. Boveri hatte dieses lange vermißte, wegen seiner Kleinheit und absonderlichen Lage immer übersehene Organ gefunden, weil er an der richtigen Stelle suchte und die meisten zeitgenössischen Forscher an Schärfe der mikroskopischen Beobachtung übertraf. Er hatte seine Entdeckung in vollendeter Klarheit dargestellt und weitgehende Schlüsse aus ihr gezogen. Als ich von diesem Mann zum erstenmal hörte, stieg sofort der Wunsch in mir auf, einmal unter seiner Leitung wissenschaftlich zu arbeiten. Es ergab sich auch schon eine persönliche Anknüpfung, indem Gustav Wolff ihn von München her kannte und auch mit seinem nächsten Münchener Freund, August Pauly, näher bekannt war. Über den letzteren hörte ich, daß er ein bedeutender Mensch sei und ein interessantes Kolleg über die Abstammungslehre halte. Ihn wünschte ich zunächst kennen zu lernen, in der dunkeln Voraussicht, daß sich das Weitere von selbst ergeben werde. So ging ich im Oktober 1893 nach München.

Die erste Vorbedingung des studentischen Behagens, eine gemütliche Bude bei einer sauberen ehrlichen Wirtin, war bald erfüllt. Das Verfahren der Wohnungssuche war damals in München etwas umständlich, indem nicht weithin sichtbare Plakate in die Fenster gehängt, sondern kleine geschriebene Zettelchen an Straßenecken, Haustore, Dachröhren angeklebt wurden, die einen von Haus zu Haus, treppauf treppab hetzten. Vielleicht hat auch diese behagliche Sitte der guten alten Zeit der fortschreitenden „Verpreußung" weichen müssen. Ich fand aber bald ein hübsches Zimmer in der Nähe der Kliniken, Findlingstraße 201 Querbau, über einem kleinen Höfchen, still wie ein Klosterhof, aber sonnig und hell, mit Blick ins Grüne. Es heimelte mich an, daß es wie mein Zimmer zuhaus pompejanisch rot gestrichen war. An der Wand hingen Photographien nach den bekannten Kaulbachschen Illustrationen Goethescher Werke. Meine Wirtin, Frau Dr. Hasselwander, war eine freundliche gebildete Frau, Witwe eines Arztes. Ihr alter Vater, ebenfalls Arzt, wohnte bei ihr. So hatte ich meine feste Burg, von der ich morgens ausziehen und in die ich abends zurückkehren konnte.

Nach diesem ersten erledigte ich alles übrige, was zu tun war: Meldung auf dem Bezirkskommando, Immatrikulation auf der Universität, Belegen der Vorlesungen für den angehenden Kliniker. Dann hatte ich noch zwei volle Wochen ganz für mich und konnte mich in meiner neuen Umgebung umsehen. Was waren das für Tage! Wie im Rausch stürmte ich durch die

Alte Pinakothek, die Glyptothek, die Schacksche Galerie und warf einen ersten hungrigen Blick auf alle die Herrlichkeiten, welche mir für die nächsten Monate gehören sollten.

Die Kenntnis der Straßen und der Verkehrsmittel erwarb ich auf meine Weise in den späten Abendstunden. Ich bin nie Nachtarbeiter gewesen, habe eigentlich nie in meinem Leben, selbst während der Vorbereitung auf Prüfungen nicht, nach dem Abendbrot gearbeitet. Nur auf diese Weise konnte ich mir den Schlaf sichern, von dem ich eine reichliche Menge nötig habe, um voll arbeitsfähig zu sein, der mir aber auch immer, selbst in schwierigen Lagen, zu Gebote stand und bis heute treu geblieben ist. Beim Physikum zum Beispiel hatte ich mich, um recht frisch zu sein, erst eine Stunde vor Beginn der Prüfung von meiner Wirtin wecken lassen. So hatte ich mir angewöhnt, die letzten ein bis zwei Stunden des Tags hinaus ins Freie zu gehen. In Heidelberg, nahe der schönsten Natur, war ich hinauf zur Molkenkur gestiegen, zuletzt bei pechrabenschwarzer Nacht, so daß ich mich stellenweise fast wie ein Blinder durch Klopfen mit dem Spazierstock zurechtfinden mußte. Dabei reizte es mich auch, das leise Grauen zu überwinden, das wohl jeder zuerst empfindet, wenn er weit von den Menschen entfernt in dunkler Nacht allein draußen ist. Mit dem Mangel an jeglicher Logik, der diesen elementaren Gefühlen eignet, ist dabei namentlich der Augenblick des Umkehrens unheimlich, wenn man die Dunkelheit, in die man vorher hineinschritt, nun auf einmal hinter sich haben soll. In der Umgebung der großen Stadt München wäre dieser Sport schwer durchführbar und wohl auch zu gefährlich gewesen. So erkundete ich statt dessen die verschiedenen Linien der Straßenbahn; sehr langweilig, aber um so sicherer einschläfernd.

Nicht immer gewann ich es über mich, aus dem behaglichen Lichtkreis des Hauses in die unfreundliche Nacht hinauszugehen. Dann setzte ich mich für ein Stündchen zu meinen Wirtsleuten. Alle vier Kinder waren noch zuhaus. Der Sohn, ein netter bescheidener Bub von sechzehn Jahren, fühlte sich durch gemeinsame Neigungen zu mir hingezogen. Er hatte sich im Sommer eine Kanarienzucht angelegt und zeigte mir stolz die zehn jungen Vögelchen, welche er schon bekommen hatte. Die Mutter mit ihren drei Töchtern, der Bräutigam der einen, der Sohn und ich saßen zusammen in dem kleinen Zimmer um den Tisch, auf dem die Zither lag und auch der Maßkrug voll schäumenden dunkeln Biers nicht fehlte.

Anfang November begannen die medizinischen Vorlesungen, welche für die nächsten Monate im Mittelpunkt meiner Arbeit standen. Da ich sie schon nach einem Semester unterbrach und nachher nicht wieder aufnahm, so habe ich nur ein unvollkommenes Bild von der Einrichtung des medizinischen Studiums gewonnen. Immerhin habe ich genug davon kennengelernt, um den Sinn der heutigen Reformbestrebungen zu verstehen. Die Natur des Krankenmaterials, wie die leidende Menschheit vom Standpunkt des forschenden, lehrenden und lernenden Arztes aus heißt, bringt es mit'sich, daß allgemeine Darlegung und besondere Vorweisung nicht so genau Hand in Hand gehen können wie in den grundlegenden Naturwissenschaften. Es laufen also neben der Vorlesung mit ihrem streng systematischen Gang „Vorstellungen" von solchen Kranken einher, welche zur Zeit gerade in der Klinik liegen. In sehr erfreulicher Weise zeigte sich das damals in München beim Typhus. Während die Stadt früher wegen dieser Krankheit verrufen war, führte uns der Professor einen solchen Fall mit der Bemerkung vor, wenn einmal einer zur Verfügung stehe, müsse man die Gelegenheit gleich benützen, da man nicht wisse, wann sie wiederkomme; so selten sei die Krankheit dank dem Wirken von Pettenkofer geworden.

Andere Krankheiten waren natürlich regelmäßiger zur Hand, und zwar nicht nur Biermägen und Bierherzen, bei deren Vorstellung der Professor schmunzelnd bemerkte: „Wir sind nämlich in München, meine Herren, wo es das gute Bier gibt." Sollte auch diese freundliche Eigentümlichkeit inzwischen geschwunden sein? Auch den verschiedenen Verlauf der Narkose, je nach der größeren oder geringeren Vorliebe für jenes Getränk, konnte man gut studieren. So rief eine Frau nach den ersten eingeatmeten Zügen in einem fort: „O du liebs Herrgöttle, o du liebs Herrgöttle", während ein Mann den höchsten Namen in weniger respektvoller Weise anrief und nach dem Gesicht des Arztes spuckte. Daß sich da ein schallendes Gelächter erhob, war unvermeidlich. Auch die leise Heiterkeit war durchaus harmlos, welche durch unsere Reihen lief, als der Chirurg im weißen Kittel mit einem schreienden Säugling auf dem Arm hereinkam, um an dem kleinen Wesen, welches bald alles wieder vergessen haben würde, die so dankbare Operation der Hasenscharte vorzunehmen. In anderen Fällen dagegen hatte ich das Gefühl, der Lehrer hätte im Sinn des Kranken und im Interesse der ärztlichen Ethik die Pflicht gehabt, uns gedankenlose junge Leute daran zu erinnern, daß wir einen leidenden Menschen vor uns hatten. So zum Beispiel als ein Wassersüchtiger einige Zeit nackt auf einem Stuhl gesessen hatte und beim Aufstehen das Muster des Strohgeflechts an sich trug. Das sah freilich komisch aus, aber dem armen schweratmenden Menschen war es wahrlich nicht lächerlich zumut. Ohne eine gewisse Abstumpfung des natürlichen Mitgefühls könnte der Arzt nicht leben; aber wenig ist so abstoßend und der tiefsten Wirkung des Arztes so abträglich wie ärztlicher Zynismus.

Am meisten fesselten mich die chirurgischen Operationen, und zwar in jeder Hinsicht. Das Mitleid mit dem augenblicklichen Zustand des Kranken ist weitgehend ausgeschaltet durch die Sicherheit, daß er nichts von dem Eingriff fühlt. So kann der Beobachter ganz ungestört seiner Wißbegierde nachgeben und das, was er in der anatomischen Vorlesung und auf dem Präparierboden gelernt hat, im lebenden Zustand sehen. Aber auch die Arbeit des Chirurgen selbst hat mir immer einen großen Eindruck gemacht. Selten weiß er im voraus ganz genau, was er vorfinden wird; damals vor der Entdeckung der Röntgenstrahlen noch weniger als heute. Manchmal kommt gänzlich Unerwartetes. Dann müssen im Lauf von Sekunden Entschlüsse gefaßt werden, welche vielleicht über das Leben des Kranken entscheiden. Es ist kein Wunder, daß viele Chirurgen in der höchsten Anspannung aller Kräfte äußerst grob werden. Um so imponierender ist der, der ruhig bleibt. Mit gedämpfter Stimme werden die Weisungen gegeben, lautlos und sicher reichen die Krankenschwestern das Verlangte; alles arbeitet zusammen wie ein einziger Organismus. Wenn dann die letzte Naht angelegt, der Kranke vom Blut gereinigt und sauber verbunden ist und schließlich matt, aber wohl versorgt, von freundlichen Schwesterhänden gepflegt wieder in seinem Bett liegt und nach einigen schweren Tagen zusehends wohler und kräftiger wird, bis er seinen Angehörigen geheilt wieder übergeben werden kann: müßte das ein Hochgefühl für den ärztlichen Helfer sein, wenn er nicht inzwischen schon wieder so viele andere glücklich und auch unglücklich verlaufene Operationen zu machen gehabt hätte.

Ich vermißte sehr die Gelegenheit zum eigenen Zugreifen und war daher in jenem ersten Semester am meisten von den praktischen Übungen im Untersuchen befriedigt; vor allem deshalb, weil sie mich in unmittelbare Berührung mit den Kranken brachten. Damals schon befestigte sich in mir die Überzeugung, daß die wichtigste Voraussetzung für den guten Arzt die pflegliche Veranlagung ist, also eine weibliche Beimischung im Charakter, und daß von Anfang an, noch vor Beginn des eigentlichen Studiums, eine Auslese unter diesem Gesichtspunkt stattfinden sollte. Als sich daher Jahrzehnte später, zunächst unter den jungen Leuten selbst, eine Bewegung anbahnte, im Anfang des Studiums freiwillig als Krankenpfleger zu dienen, habe ich das um so freudiger begrüßt, als ich selbst schon im gleichen Sinn mit unserem Ministerialrat gesprochen hatte.

Ich habe mich selbst manchmal gewundert, daß ich weder damals noch später auf den Gedanken gekommen bin, mich nach Vollendung des Studiums ganz dem ärztlichen Berufe zu widmen. Aber grundlegende Fragen der Weltanschauung beunruhigten mich zu tief; über sie mußte ich zuerst Klarheit gewinnen. Als ich mich dann an Punkten, wo sie angreifbar schienen, nachdenkend, beobachtend und experimentierend mit ihnen eingelassen hatte, ließen sie mich nicht mehr los. Eines ergab sich aus dem andern und darüber ging das Leben hin. Einen wichtigen Schritt auf diesem meinem eigenen Wege war ich gerade im Begriff zu tun.

An einem Sonntagnachmittag saß ich bei der Lampe in meinem Zimmer. Die Familie war ausgegangen, ich war allein im Hause, ganz still und weltverloren. Nur der muntere Zeisig, den ich mir vor einigen Tagen auf der Straße gekauft hatte, hüpfte in seinem Käfig hin und her. Es klingelte an der Flurtür, ich öffnete und sah mich einem stattlichen Mann von etwa vierzig Jahren gegenüber, der sich als Dr. August Pauly zu erkennen gab. Ich hatte ihm mit Berufung auf Gustav Wolff geschrieben, ob ich ihn einmal aufsuchen dürfe. Jetzt hatte er mit einem Neffen, Sohn seiner Schwester Bayersdorffer, einen Sonntagsspaziergang gemacht und nun auf gut Glück versucht, ob er mich zuhause träfe. Ich fragte, ob ich ihn ein Stück begleiten dürfe. Ich weiß nicht, woher es kam; aber ich faßte gleich Vertrauen zu ihm und er wohl auch zu mir, denn als ich ihn ohne weitere Vorbereitung, so ziemlich als erstes fragte, ob er mir nicht etwas über seinen Bildungsgang erzählen möge, tat er das sofort und mit großer Offenheit. Den nächsten Tag verbrachte ich ganz in seiner Gesellschaft, ebenso den darauffolgenden, und so später noch viele unvergeßliche Stunden. Ich lernte in ihm einen der bedeutendsten und merkwürdigsten Menschen kennen, welche mir im Leben begegnet sind.

Pauly hatte eine sehr schwere Jugend gehabt. Sein Vater, geborener Südfranzose, von Beruf Schmied, führte eine Wein- und Speisewirtschaft in der Fürstenstraße in München. Er war wohl ein jähzorniger gewalttätiger Mensch und lebte von seiner Frau getrennt. Der Sohn stand mit derselben Leidenschaft auf der Seite seiner Mutter; was Gutes an ihm sei, stamme von ihr. Ich habe sie auch kennen gelernt und manchmal an ihrem Tisch gesessen; sie schien mir eine einfache gemütvolle Frau, von einer Innigkeit des Wesens, wie sie mir öfter beim bayrischen Volksstamm entgegengetreten ist. Diese Eigenschaft hatte wohl der Sohn geerbt, er hielt sie für sein Bestes; aber ohne die Beimischung des leidenschaftlichen fremden Bluts wäre er schwerlich die geistvolle, sprühend lebendige Persönlichkeit geworden, welche sich ganz aus eigener Kraft zu einer seltenen Höhe organisch gewachsener Bildung heraufarbeitete. Sein Vater bestimmte ihn zum Kaufmann und gab ihn in eine Lehre. Aber die Güter der höheren Kultur, welche in unseren Tagen allverbreitet sind wie Pflanzensporen in der Luft und nur auf einen günstigen Boden zu warten brauchen, reizten ihn unwiderstehlich zur Aneignung. Er gab seinen Beruf auf und unternahm das Wagnis, ohne durch eine höhere Schule gegangen zu sein, ohne Hilfe und Aufmunterung von zuhause, nur von einem Freunde unterstützt, die Gymnasialbildung nachzuholen, um nach fünf Jahren zum Studium der Naturwissenschaften zu gelangen. Er war von gewissenhaftestem Fleiß. Wie der Mann, welchem als Kind die Krumen zusammengescharrt worden sind, jedes Stück Brot ehrt, so versäumte er wohl kaum je eine Vorlesung. Er gestand mir, daß er immer darauf gewartet habe, ob nun diesmal das große erleuchtende Wort gesprochen werden würde. Aber er studierte ohne äußeres Ziel, nur von seinem Wissensdurst geleitet. So war er damals als ich ihn kennen lernte, ein Mann von 43 Jahren, noch ohne gesichertes Auskommen. Seine Lage war dadurch erschwert, daß er im Gefolge eines Typhus, durch Veranlagung und persönliches Unglück befördert, ein schweres Nervenleiden bekam, welches seine Leistungsfähigkeit herabsetzte, und zuletzt noch ein Augenleiden (beginnende Netzhautablösung), welches seinen höchsten Genuß, das Leben in Natur und Kunst, sehr verkümmerte. Aber doch flossen die Quellen seines Glücks so reich, daß er mir als ein beneidenswerter Mensch erschien.

Ich hörte regelmäßig seine Vorlesung über Darwinismus, in welcher er eine Kritik der Zuchtwahllehre gab, aber weit darüber hinaus seine allgemeinen theoretischen Anschauungen über das organische Leben und seine Entwicklung darlegte. Davon wird noch zu reden sein. Nach der Vorlesung in der Alten Akademie holte ich ihn in seinem Zimmer ab und dann schlenderten wir die lange häßliche Türken- oder Amalienstraße hinunter, ins Gespräch vertieft, blind für alles, was uns umgab, in einem Behagen, wie ich es so vielleicht nie wieder empfunden habe. Zielpunkt war ein kleines Café der Akademie der Künste gegenüber, wo wir unser Gespräch zwar nicht zu Ende führten — dazu war der Gegenstand immer zu unabsehbar — aber für diesmal beendeten.

Ein Gespräch über philosophische Fragen ist für mich immer einer der größten Genüsse gewesen, über dem ich alles, Zeit, Umgebung, körperlichen Zustand vergaß. Hier drehte es sich naturgemäß zunächst um den Inhalt der soeben gehörten Vorlesung. Ich hatte wohl manches Bedenken; aber da es mir zunächst darauf ankam, die Denkweise meines neuen Freundes kennenzulernen, stellte ich meine Einwände zurück und fragte nur immer weiter. Dafür wurde ich auch einmal belobt, im Gegensatz zu Boveri, der immer gleich mit seiner Kritik komme. Man müsse auch einmal fliegen können. Das taten wir denn nach Herzenslust. Als ich später auch meinen Einspruch vorbrachte, merkte ich bald, daß dies hier viel weniger fruchtbar war. Von den biologischen Fragen glitt das Gespräch weiter zu allem Möglichen, besonders auch zu Fragen der Kunst.

Pauly war mit Adolf Bayersdorffer, dem Konservator an der Alten Pinakothek, verschwägert und nahe befreundet. Durch diesen feinsinnigen, vielseitig gebildeten Mann war er, wie er mir erzählte, auch in seiner wissenschaftlichen Entwicklung gefördert worden, vor allem aber in seinem Verhältnis zur bildenden Kunst. Das sollte nun auch mir zugute kommen. Ich war, wie ich schon erzählte, in einem Hause aufgewachsen, in welchem neben manchen neueren Kunstwerken Kopien von Meisterwerken der italienischen, deutschen und niederländischen Renaissance von den Wänden herabblickten. Ich hatte auch auf einer längeren Reise in Ober- und Mittelitalien viele der herrlichsten Werke im Original gesehen. Aber immer waren es eben klassische, allgemein anerkannte Kunstwerke einer großen abgeschlossenen Kulturepoche gewesen. Nun wurde ich vor Bilder lebender Maler geführt, auch solche, deren Art dem Auge ungewohnt, vielleicht auf den ersten Blick anstößig war. Gleich in den ersten Tagen unserer Bekanntschaft zeigte mir Pauly in einer Ausstellung Bilder von Hans Thoma und sagte dazu, der sei jetzt eben durchgedrungen; dann solche seines Freundes Karl Haider mit der Bemerkung, der kämpfe noch um Anerkennung. Beim ersteren sah ich zunächst vielleicht eine Verzeichnung, eine Ungelenkigkeit in der Bewegung; beim zweiten stieß mich die Härte von Zeichnung und Pinselstrich ab, ich empfand ihn als hölzern. Pauly lehrte mich suchen, ob sich nicht trotzdem in den Bildern etwas ausdrücke, das zu erfassen die Mühe lohne. Er lehrte mich also, vor dem Kunstwerk zunächst einmal still zu sein und aufzuhorchen, was der Künstler sagen wolle. Denn die Bilder, sagte er, hängen zunächst schweigend nebeneinander, die guten zwischen den schlechten, und man müsse warten, ob sie sich einem erschließen wollen. Es erschien ihm nicht nur als ein persönlicher Verlust, sondern wie eine Schuld, etwas Echtes, Gutes zu verkennen. Die Kunst war ihm kein äußerlicher Schmuck, sondern ein wesentlicher Bestandteil des Lebens. Sein geistiger Besitz war langsam gewachsen, vom Nächsten ausgehend, Stück für Stück hinzu erworben, wie in früheren Zeiten, als man noch weniger leicht und viel reiste, die Eindrücke sich noch weniger jagten und häuften und die schöpferische Gegenwirkung sich ungestörter aus sich selbst entfalten konnte.

Paulys Verhältnis zur Kunst war ein ganz persönliches, auch in dem Sinn, daß er mit mehreren der Künstler nah befreundet war und die Entstehung ihrer Werke miterlebte; so vor allem mit Karl Haider, der damals noch schwer um Anerkennung und Leben zu kämpfen hatte und mit dem er, selbst kein reicher Mann, das letzte Stück Brot teilte. Schönste Werke dieses Meisters, welche später die Räume reicher Kunstfreunde schmückten, hingen damals an den Wänden seines bescheidenen Zimmers; er lebte mit ihnen wie mit vertrauten Freunden. Ein schönes Bild, das eben entstanden war, zwei Hirtenkinder mit Ziegen unter lichtem Frühlingshimmel auf blumiger Wiese, erwarb ich damals für mich und zahlte den noch niederen Preis von den Überschüssen meines Monatswechsels ab. Leider hat es, wie so viele Bilder von Haider, mit den Jahren seine Farbe so stark verändert, daß man die frühere Schönheit nur noch von ferne ahnen kann. Wenn ich mir solch ein Bild in Erinnerung rufe, etwa die sonnige Wiese mit ganzen Wolken von weißen Blumen, Sommerwolken auch oben am Himmel, selbst der abschließende Waldrand wie ein grünes Gewölk, oder das stille Waldtal gegen das Gebirg, gefüllt mit herbstlich herben Laubbäumen, unter einer schwer lastenden schwärzlichen Wolkendecke, — wenn ich mir das in Erinnerung rufe, so sehe ich Haider selbst dastehen, im breitrandigen Filzhut und dunkeln Lodenmantel, in den Anblick versunken und verloren, stundenlang, die Seele mit den Formen und Farben und dem ernsten großen Schweigen füllend, und dann das Bild stille nach Hause tragen und dort auf der Leinwand festhalten.

Auch den großen Humoristen Oberländer lernte ich durch Pauly kennen und durfte ihn in seinem Atelier besuchen. Das war wieder ein tiefer Eindruck und vor allem eine große Überraschung. Solange man vom Leben noch wenig kennt und noch nicht weiß, auf welch verschiedene Weise die Menschen versuchen, mit ihm fertig zu werden, meint man ja wohl, einem Mann, der so viele zum Lachen bringt, müsse es selbst lächerlich zumute sein. Da sah ich nun zunächst, daß der große Zeichner vielleicht lieber ein Maler gewesen wäre und zwar im besonderen ein Tiermaler, mit einer unbeabsichtigt komischen Vorliebe für Löwen. Deren sah ich eine Menge in mehr oder weniger ausgeführten Farbskizzen an der Wand stehen. Ich erinnerte mich dabei an die köstliche Zeichnung von einem Löwen, welcher in München spazieren geht und die verschiedenen stilisierten Löwen betrachtet, um, nach Hause gekommen, seinem Weibchen mit dem Ruf in die Arme zu fallen: oh Weiberl, wie schauen die Stadtlöwen aus!

Dann durfte ich Mappen der schönsten Zeichnungen und Aquarelle aus der näheren und ferneren Umgebung von München betrachten. Immer wieder sagte er von diesem, es sei nicht mehr da, und von jenem, es sei nun auch verschwunden, und schloß tief melancholisch: man findet überall nur noch die Leiche der Schönheit. So aufmerksam gemacht, fand ich das Lächeln unter Tränen nun auch in den Bildern wieder, welche den sonnigsten Humor ausstrahlen. Er kann sich zur höchsten

Höhe gütiger Weisheit erheben. Ich wüßte kein tieferes und liebenswürdigeres Symbol für die Unfähigkeit des Menschen, auch des Höchstgebildeten, sich ein höheres Dasein anders als unter der Form des diesseitigen vorzustellen, als jenes Traumbild des kleinen Gänsejungen, der seine Gänse, wenn er der Herr Graf wäre, zu Pferd auf die Weide treiben würde.

Einen anderen großen Lyriker, einen des Worts, lernte ich einmal flüchtig auf der Straße kennen, als ich mit Pauly den gewohnten Heimweg von der Alten Akademie machte, den Dichter Martin Greif. Pauly hatte mir erzählt, daß jener den unglücklichen Ehrgeiz habe, Schauspiele zu schreiben. Und richtig, unter den wenigen Worten, welche gewechselt wurden, war auch der etwas bittere Ausspruch: „Ich soll ja kein Dramatiker sein."

So sah ich die Kunst im Augenblick des Entstehens und machte die beglückende Erfahrung, daß die Quellen künstlerischer Schöpferkraft noch nicht versiegt sind; ich gewann die beruhigende Überzeugung, daß sie fließen werden, solange es lebende Menschenseelen gibt. Zugleich lernte ich die Kunst vergangener Zeiten, wie sie in den großen Münchener Sammlungen überwältigend zu mir redete, als Ausdruck vergangenen Lebens verstehen und so auf diesem mir gewiesenen Wege, durch die Augen, mehr und mehr von der Fülle des Menschentums in mich aufnehmen.

Paulys Schwager und Freund Adolf Bayersdorffer beriet mich aufs freundlichste in Fragen und Zweifeln. Der Eindruck, den mir das machte, ging mir sogar in den Schlaf nach und erschien mir wieder in einem Traum, über den ich gleich an meine Schwester berichtete, sonst hätte ich ihn wohl längst vergessen. Mein Vater hatte damals ein neues Verlagsunternehmen, „Das Museum" herausgebracht. Mit einem Probeheft ging ich nun — im Traum — zu Bayersdorffer, und zeigte es ihm mit der Bitte um sein Urteil. Er sah es durch und sagte: „Sehen Sie, das mache ich so. Ich habe hier eine große Walze, welche mittels einer Kurbel gedreht werden kann. Darauf hefte ich die Blätter mit Reißnägeln fest. Sehen Sie, so. Und nun drehen Sie. Schneller, bitte, schneller." Ich drehte, bis nur noch ein grauer Schein von den Bildern zu sehen war. „Sehen Sie, so bekomme ich einen Gesamteindruck von dem Werk." So weit war der Traum ganz naiv und echt. Dagegen war ich schon im Aufwachen und wollte vielleicht einen Witz machen, als ich erwiderte, es sei mir nicht möglich, Kunst so rasch aufzufassen. — Auf der Suche nach dem Vater dieser luftigen Ausgeburt fällt mein Verdacht gleich auf deren zwei; auf zwei Zeichnungen von Oberländer, die eine von einem Professor, welcher ein hohes Münster mit der Lupe betrachtet und dabei von dem großartigen Gesamteindruck des Bauwerks spricht, die zweite von einem Klavierlehrer, welcher an einer Kurbel eine von ihm erfundene Maschine zur Lockerung des Handgelenks dreht. Auch so ist mir der lustige Traum ein Sinnbild der vielen Eindrücke, welche in jenen Wochen in rascher Folge auf mich eindrangen. Sie bereicherten mich nicht nur in meiner allgemeinen Bildung, sondern kamen mittelbar auch meiner eigenen produktiven Arbeit zugut.

In der Selbstbiographie von Charles Darwin findet sich eine merkwürdige Stelle. Darin sagt er, dem Sinne nach, daß er über dem unablässigen, viele Jahre hindurch betriebenen Sammeln und Sichten von Einzeltatsachen und dem Ziehen der Schlüsse aus ihnen die Fähigkeit zum Genuß von Kunst fast völlig verloren habe. Er bedauert das nicht nur als einen Verlust an Lebensglück, sondern er meint, daß auch die intellektuellen Fähigkeiten dadurch Schaden nähmen. Man sollte wenigstens alle Woche einmal etwas Poetisches lesen und etwas Musik anhören. Das ist sicher sehr wahr, und es scheint mir auch nicht schwer einzusehen, woher es kommt.

Alle wirklich grundlegenden Fragen sind von elementarer einfacher Art und kommen nicht rein aus dem Verstand, sondern aus dem Ganzen der menschlichen Persönlichkeit; und so sind auch die Antworten, soweit sie die Tiefe der Frage erschöpfen, einfach und ergreifen ebenfalls das Ganze des Menschen. Zwischen beidem aber liegt der staubige Weg der Einzelarbeit. Über seiner Mühe vergißt sich gar leicht der Punkt, von dem man ausging, und das Ziel, welches man dort ins Auge gefaßt hatte. Da bringt nun der Künstler seinem Mitstreiter im Kampf des Geistes die unschätzbare Hilfe, daß er in ihm immer wieder das Ganze seines Menschentums herstellt; daß er seine Phantasie, die Mutter der großen Gedanken auch in der Wissenschaft, jung und schöpferisch erhält; daß er immer aufs neue den Maßstab vor ihm aufrichtet für das, was wirklich des Wissens wert ist. Dieses ist um so nötiger, je weiter sich die Fragen, an denen der Forscher arbeitet, vom nächstliegenden Nutzen entfernen und in das Gebiet des reinen Geistes hinauf reichen.

Über dieser mittelbaren Förderung möchte ich aber nicht die unmittelbare vergessen, welche mir der Umgang mit Pauly für meine eigene Lebensarbeit brachte. Doch muß ich hier ein wenig weiter ausholen und berichten, wie weit ich schon vorher durch Hilfe von anderer Seite und durch eigenes Nachdenken gelangt war.

Zu welcher Zeit der Grundgedanke der Abstammungslehre zum erstenmal an mich herantrat, vermag ich nicht genau zu sagen. Ich weiß nur, daß es sehr früh war und daß er mir ganz unmittelbar einleuchtete, ohne daß ich noch die Gründe dafür und dawider genauer kannte. Die alltägliche Erfahrung lehrt, daß Menschen, Tiere und Pflanzen von ihresgleichen abstammen; niemand hat jemals ein lebendes Wesen aus dem unorganisierten Stoffe entstehen sehen. Je höher es organisiert ist, um so unvorstellbarer erscheint uns seine unvermittelte Entstehung. Der Glaube an einen derartigen Vorgang verlegt ihn daher unwillkürlich in den grauen Nebel ferner Vergangenheit oder noch lieber an den dunkeln Anfang aller Dinge. Aber der forschende Geist vermag hier noch nicht die Grenze anzuerkennen, an welcher er mit seinem Fragen haltzumachen hat. Er versetzt sich in die Zeit, in welcher jene Vergangenheit Gegenwart war, und findet sich dort derselben Unvorstellbarkeit gegenüber. So begreift es sich, wie sehr eine Lehre eingeleuchtet hat und immer wieder einleuchten muß, welche eine allmähliche Umwandlung und eine Steigerung der Formen im Lauf der Generationen annimmt. Wohl setzt auch sie damit wie jede Erklärung neue Rätsel an die Stelle des alten; aber immerhin nicht solche Annahmen, welche unseren natürlich erwachsenen Grundvorstellungen widersprechen.

Meine Überzeugung, wenn man das schon so nennen kann, war also damals noch mehr gefühlsmäßig das Ganze umfassend als auf einzelne Gründe gestützt und durch kritisches Nachdenken gesichert. Auch war ich mir kaum klar bewußt, welch ein Element der Gärung dadurch in mein geistiges Sein eingeführt worden war, welch letzteres sich, namentlich in seinem religiösen Bereich, auf Voraussetzungen ganz anderer Art aufgebaut hatte. Als beide Welten zum erstenmal in Berührung kamen, zur Zeit meiner Konfirmation, welche ich sehr tief durchlebte, kam es daher noch zu keiner Auseinandersetzung zwischen ihnen; vielmehr traten die naturwissenschaftlichen Ideen während dieser Zeit völlig zurück, waren wie ausgelöscht. Doch nach kurzer Zeit meldeten sie sich wieder. Der innere Widerstreit beunruhigte mich tief und wurde zum Hauptgrund dafür, daß ich den praktischen Beruf aufgab, um mir zunächst einmal hierüber Klarheit zu verschaffen.

Bei der Annahme und Ablehnung der Abstammungslehre haben schwerlich nur Gründe des Verstandes mitgesprochen; vielmehr scheint es mir, daß die Lehre einer bestimmten Sinnesart ebenso willkommen war, wie eine andere von ihr abgestoßen wurde. Seither hat die Leidenschaftlichkeit der Stellungnahme merklich nachgelassen; aber wohl nicht, weil die allgemeinen Fragen der Weltanschauung, welche durch die Lehre aufgeworfen werden, schon klar gelöst wären. Man bekommt ja überhaupt manchmal den Eindruck, als verfahre die Menschheit mit ihren großen Problemen wie die Kinder mit ihren Spielsachen; nach einiger Zeit werden sie beiseite geworfen und andere aufgegriffen, nicht etwa, weil sie erledigt sind, sondern weil Neues stärker reizt. Es ist durchaus verständlich, daß kirchlich-religiöse Kreise sich zuerst sträubten, die naturwissenschaftliche Lehre anzunehmen; dagegen ist es merkwürdig, daß sie jetzt, wo sie so ziemlich allgemein aufgenommen ist, weiter keine Beschwerden zu verursachen scheint. Das läßt sich wohl nur daraus erklären, daß diese Gedanken vielfach aus dem Mittelpunkt des allgemeinen Bewußtseins verschwunden sind. Denn es kann doch schließlich nicht ohne Einfluß auf die Anschauungen bleiben, die man sich über die Stellung des Menschen in der Welt bildet, ob er aus dem Tierreich oder unmittelbar aus des Schöpfers Hand hervorgegangen ist.

Durch die Annahme einer allmählichen Wandlung der Tier- und Pflanzenformen im Lauf der Erdgeschichte wird auch ein anderes Problem mit einem Male brennend; nämlich die auffallendste Eigenschaft der Organismen, ihre zweckmäßige Gestaltung. Nimmt man die Tier- und Pflanzenwelt als gegeben hin, von Ewigkeit her vorhanden oder einmal durch Schöpfungsakt entstanden, so gilt selbstverständlich dasselbe auch für die Zweckmäßigkeit ihres Baus. Man bescheidet sich dann damit, die Weisheit des Schöpfers zu bewundern, wie das ungezählte Geschlechter vor uns in Ehrfurcht getan haben. Ein weiteres Fragen erscheint sinnlos. Haben die Formen sich aber gewandelt, haben sie also ihre Gestalt, welche bestimmten Verhältnissen angepaßt war, so verändert, daß sie nun zu neuen Verhältnissen paßte oder auch alten Bedürfnissen vollkommener entsprach, so ist das etwas, was sich vor einer Zeit von berechenbarer Länge ereignet hat und auch wohl in der Gegenwart immer noch ereignet. Damit wird die Frage, die man vorher auf sich beruhen lassen konnte und mußte, auf einmal zu einer sinnvollen Aufgabe der Wissenschaft. Der forschende Menschengeist wird es sich nicht nehmen lassen, ihre Lösung wenigstens zu versuchen. Eine solche Lösung glaubte Darwin bekanntlich gefunden zu haben; er gab sie im zweiten Teil seiner Theorie, in der Selektionstheorie oder der Lehre von der natürlichen Zuchtwahl.

Den Inhalt dieser Lehre und den Gang der Beweisführung darf ich wohl als bekannt voraussetzen und mich darauf beschränken, den Punkt herauszuheben, welchem die größte grundsätzliche Bedeutung für unsere Weltanschauung zukommt und an dem in der Folge die entscheidende Kritik eingesetzt hat.

Alle Tiere und Pflanzen variieren, d. h. die Nachkommen weichen in kleinerem oder größerem Betrage von ihren Eltern ab, nach verschiedenen Richtungen, und sind daher auch untereinander verschieden. Solche Veränderungen können weiter vererbt werden. Die Erfahrungen der Züchter zeigen, daß diese kleinen Schritte sich zu großen Strecken aneinanderreihen lassen, so daß die Endformen sich weit von ihrem Ausgangspunkt entfernen. Wie nun der Züchter in das Hin- und Herwogen der Veränderungen eine Richtung bringt, dadurch daß er die seinen Wünschen entsprechenden Formen zur Nachzucht auswählt, die übrigen aber verwirft, so verfährt, bildlich gesprochen, auch die Natur. Es ist nicht Raum für alles, was zum Leben drängt. Infolge der Überproduktion alles Lebendigen — aus einem einzigen Blattlausweibchen könnte in einem Sommer bei ungestörter Vermehrung so viel lebendige Substanz entstehen, als durch die menschliche Bevölkerung von China dargestellt wird — entsteht ein ungeheurer Wettbewerb zwischen den Einzelwesen, ein „Kampf ums Dasein", bei welchem, aufs Ganze gesehen, das Untaugliche ausgemerzt wird und unter dem Tauglichen das Tauglichste übrigbleibt. Daher „Auslese", „Selektion", „natürliche Zuchtwahl".

All das sind Tatsachen, harte Tatsachen, welche nicht wohl zu bezweifeln sind. Auf Einwände, welche Einzelheiten betreffen, auf Erweiterungen der Theorie, welchen diesen Einwänden begegnen sollten, will ich nicht eingehen und nur den einen Punkt ins Auge fassen, welcher für die Welterkenntnis der wichtigste ist, weil durch ihn das große Rätsel der organischen Zweckmäßigkeit gelöst schien; oder vielleicht richtiger, weil dieses Problem als Scheinproblem entlarvt und so gründlich beseitigt schien, daß selbst die Worte „Teleologie", „Zweckmäßigkeit" verpönt, zu einer Art Kinderschreck geworden sind. Ich meine die Zufälligkeit der einzelnen Variation.

Wenn man von Zufall spricht, also von Mangel an ursächlicher Verknüpfung, muß man, um genau zu sein, hier wie überall hinzufügen, zwischen welchen Reihen von Geschehnissen die ursächliche Beziehung fehlen soll. C. E. von Baer hat das an einem hübschen Beispiel erläutert. Wenn ein Reiter an einer Schießscheibe vorbeigaloppiert und ein Kieselstein fliegt, vom Hufschlag des Pferdes getroffen, ins Schwarze, so nennt man das einen Zufall; nicht weil man glaubt, daß irgendwo eine Lücke in der ursächlichen Verknüpfung der Vorgänge bestehe, welche zu diesem Zusammentreffen führen, sondern weil zwischen dem Ort der Scheibe und der Richtung, in welcher der Stein fliegt, die ursächlichen Beziehungen fehlen. Trifft aber ein Schütze ins Schwarze, so werden wir das höflicherweise keinen Zufall nennen, und wir werden es um so weniger so nennen k ö n n e n , je öfter er trifft. Wenn man also eine Variation zufällig nennt, so meint man, daß keine ursächliche Beziehung besteht zwischen dem Bedürfnis und der Veränderung des Organismus, durch welche es befriedigt wird; vor allem nicht jene besondere Art von ursächlicher Beziehung, welche in unserem Beispiel verwirklicht war. Man will in der Natur, auch in der belebten, wenn irgend möglich ohne den zielenden Schützen auskommen.

An diesem Punkt setzte die entscheidende Kritik der Selektionstheorie ein. Viele Forscher waren daran beteiligt; wer der erste war, weiß ich nicht, wird auch nicht leicht festzustellen sein. Mir trat sie zuerst bei Gustav Wolff entgegen, der ihr auch später einen großen Teil seiner Gedankenarbeit gewidmet hat. Diese Kritik geht von der Frage aus, ob denn die Variationen, welche ihrem Besitzer einen entscheidenden Vorteil über seine Mitbewerber geben, überhaupt von der Art sind, daß man ihr rein zufälliges Eintreten mit genügender Wahrscheinlichkeit erwarten kann. Die Frage wurde verneint. Um genügend wahrscheinlich zu sein, muß die zufällige Variation einfach sein; um aber genügend wichtig zu sein, um „Selektionswert" zu besitzen, muß die Variation oft in hohem Maße verwickelt sein. Ein aus der Literatur bekanntes Beispiel möge diese Sachlage, eine Art logischer Zwickmühle, klar machen.

Eckermann berichtet über ein Gespräch mit Goethe, in welchem dieser gesagt habe, der Ochse besitze nicht seine Hörner, um damit zu stoßen, sondern er stoße, weil er Hörner habe.

Sollte das wirklich so gemeint gewesen sein, wie es nach der Wiedergabe des treuen Jüngers den Anschein hat, so müßte man auf Grund der Tatsachen widersprechen. Denn der Ochse, oder sagen wir, das Ziegenböckchen, macht nicht etwa die Erfahrung, daß es Hörner hat, und kommt dann auf den Gedanken, damit zu stoßen; vielmehr hat es den angeborenen Trieb zu stoßen, es stößt schon, ehe es die Hörner bekommen hat, und würde auch stoßen, wenn man sie ihm in der ersten Anlage genommen hätte. Jedes Tier bekommt gewissermaßen zu seinen Werkzeugen die Gebrauchsanweisung mitgeliefert, und zwar sind beide meist viel komplizierter als in dem absichtlich sehr einfach gewählten Beispiel. Das Werkzeug wäre aber wertlos ohne die angeborene Fähigkeit, es richtig zu gebrauchen; beides muß also gleichzeitig entstehen und sich vervollkommnen, wenn es Selektionswert haben soll; es genügt nicht die eine Reihe glücklicher Zufälle, sondern eine zweite muß ergänzend nebenher laufen, wodurch die an sich schon geringe Wahrscheinlichkeit weiter verringert wird.

Andere Schwierigkeiten der ernstesten Art erheben sich, wenn man die Verkümmerung und das allmähliche Verschwinden nicht mehr gebrauchter Organe, z. B. der Augen von Höhlentieren, durch Selektion zu erklären sucht.

Gustav Wolff blieb bei der Kritik der Selektionstheorie stehen und nahm der organischen Zweckmäßigkeit gegenüber wohl im wesentlichen den kritischen Standpunkt von Kant ein, auf den er sich auch immer wieder bezieht. August Pauly dagegen versuchte die Selektion durch ein anderes Prinzip zu ersetzen, wobei er sich an Lamarck anschloß. Ich will versuchen, seinen zuerst vielleicht fremdartig anmutenden Gedankengang allgemeinverständlich darzustellen.

Wenn man von einem „Organismus", von „Organen" des Körpers spricht, von Geh-, Flug-, Sinneswerkzeugen oder von einem Verdauungs-, Atmungs-, Kreislaufapparat, so vergleicht man dabei die Teile des Körpers mit Vorrichtungen, welche der Mensch sich schafft, um bestimmte Zwecke zu erreichen, bestimmte Arbeiten auszuführen. Die vergleichende Physiologie hat uns ungezählte derartige Apparate kennen gelehrt, deren Bau und Wirkungsweise wir häufig erst verstehen lernten, nachdem wir selbst etwas Ähnliches erfunden hatten. Pauly versuchte es nun mit dem Gedanken, ob nicht die Entstehung der natürlichen Organe nach demselben Prinzip vor sich gegangen sein möchte wie die der künstlichen Werkzeuge, durch Erfindung auf Grund von Erfahrung des Erfolgs. Die Möglichkeit einer solchen Gleichsetzung ruht auf einer Auffassung vom Zusammenhang zwischen körperlichen und seelischen Vorgängen, welche wohl als die zur Zeit in der Biologie herrschende bezeichnet werden darf. Nach ihr entspricht jedem seelischen Vorgang aufs genaueste ein materieller, jeder subjektiven Veränderung in unserem Bewußtsein eine objektive in unserem Gehirn; sei es nun, daß diese Vorgänge einander gesetzmäßig zugeordnet, sei es, daß sie im Grunde eines und dasselbe sind. Das heißt aber, daß die materiellen Vorgänge im Gehirn nach derselben Ordnung miteinander zusammenhängen wie die seelischen, welche uns nebst ihrer Verknüpfung aus unserem eigenen Inneren bekannt sind. Es ist nun ein weiterer, zwar kühner, aber nicht vermessener Schritt, anzunehmen, daß diese Art des Geschehens nicht auf die Zellen des Gehirns beschränkt ist, sondern grundsätzlich aller lebenden Substanz zukommt. Selbst niederste einzellige Tiere verhalten sich, als ob sie Lust und Unlust empfänden, als ob sie diese Empfindungen mit anderen und mit Bewegungsantrieben verknüpften und durch Schaden klug würden. In derselben Linie liegt die Annahme, daß auch die Vorgänge in den Körperzellen der vielzelligen Tiere den im Gehirn ablaufenden nicht völlig fremd gegenüberstehen; daß auch sie Erfahrungen machen und lernen können, in dem Umkreis, der ihnen durch ihre besondere Funktion abgesteckt ist.

Dadurch würden nun aber die Zellen des Körpers nicht nur schon Gekonntes besser machen lernen, sondern sie könnten auch ganz neue Fähigkeiten hinzu erwerben; sie könnten „Entdeckungen" und „Erfindungen" machen. Wenn z. B. eine Zelle, welcher infolge ihrer Lage im Körper die Funktion des Stützens zukommt, Kalk dem umspülenden Blut entnimmt und ihn in der von ihr ausgeschiedenen Stützsubstanz ablagert, zunächst ganz zufällig, ohne Beziehung zu ihrer Funktion, so ergibt es sich, daß sie diese Funktion nun besser ausüben kann als vorher. Diesen unbeabsichtigt günstigen Erfolg empfindet sie und setzt ihn in Beziehung zu der ebenfalls von ihr empfundenen Abweichung ihres Stoffwechsels, welche zu dem Erfolg geführt hat. Sie e n t d e c k t in der Kalkablagerung ein Mittel zur Erhöhung der Festigkeit des von ihr gebildeten Gewebes; sie e r - f i n d e t eine Methode, die von ihr ausgeübte Funktion des Stützens besser zu verrichten. Der menschliche Erfinder würde sich in solchem Falle fragen, was er anders gemacht habe als sonst, daß es jetzt auf einmal viel besser geht als früher. Bei der Zelle aber wäre es ein ganz elementarer, nicht an Begriffe gebundener Urteilsakt.

Wie in diesem einfachsten Fall der die Festigkeit erhöhende Stoff, so kann jeder einfache und komplizierte Teil des Organismus oder Vorgang im Organismus zu einem „Mittel" für ihn werden, ein Bedürfnis zu befriedigen, unter der Voraussetzung, daß beide von ihm empfunden werden und sich in der Erfahrung als förderlich erweisen. Aus dem immer wachsenden Schatz solcher Mittel wird dann das jeweils geeignete zur Anwendung gebracht und zwar keineswegs nur an der Stelle und in dem Zusammenhang, wo es zuerst gefunden wurde, sondern vielmehr wann und wo immer es im Organismus benötigt wird. Wenn zum Beispiel irgendwo im Körper die Entdeckung gemacht worden ist, und es muß das eine der frühesten gewesen sein, daß ein in die Tiefe gerücktes Organ dort besser geschützt ist als an der Oberfläche, so wird diese Versenkung ganz allgemein als Mittel verwendet, wo immer Schutzbedürfnis empfunden wird. Oder wenn Knochensubstanz zuerst einmal als Mittel zur Festigung der Körperhaut erfunden worden ist, bei niederen Fischen, welche noch ein knorpeliges Skelett besitzen, dann erwerben in der Folge auch die Knorpelbildungszellen diese Fähigkeit; sie scheiden Knochensubstanz ab, welche den Knorpel zuerst verstärkt, dann ersetzt und verdrängt.

Diesen Grundgedanken ist Pauly in seiner Vorlesung in allen

ihren Folgerungen nachgegangen. Über ein Jahrzehnt später hat er sie nach dreißigjähriger Arbeit als Buch unter dem Titel „Darwinismus und Lamarckismus" veröffentlicht. Im selben Jahre (1906) hat Boveri sie in seiner Rektoratsrede über „Die Organismen als historische Wesen" ausführlich besprochen. Die Bedenken, welche er dabei äußerte, mögen dieselben sein, welche er schon bei seinen mündlichen Unterhaltungen mit Pauly gegen diesen geltend gemacht hatte.

Es ist ein Kernpunkt der Paulyschen Lehre, daß der Organismus selbst für die Befriedigung seiner Bedürfnisse und die Beschaffung der dazu nötigen Mittel aufzukommen hat, daß kein außer oder über ihm stehendes, seine Grenzen übergreifendes zwecktätiges Prinzip für ihn sorgt; keine vernünftige Macht, welche in die Zukunft sehen könnte oder für welche es Vergangenheit, Gegenwart und Zukunft in ihrer Geschiedenheit gibt. Daher nennt Pauly sein teleologisches Prinzip „egoistisch, nicht altruistisch", „epimetheisch, nicht prometheisch". „Das Prometheische fängt erst im Menschen an", hörte ich ihn einmal sagen. Daraus folgt, daß der Organismus seine Entdeckungen und Erfindungen immer nur während der Funktion selbst machen kann, denn nur dabei kann er den günstigen Erfolg einer Änderung in dem ablaufenden Vorgang erfahren und sich künftig danach richten. Nun gibt es aber Fälle, in denen sowohl die Erwerbung einer Erfahrung als auch ihre Verwertung nicht möglich erscheint, weil der beanspruchte Teil des Körpers während der Funktion nicht mehr lebendig ist. Das gilt zum Beispiel für die Chitinwerkzeuge der Insekten, bei welchen nicht die lebenden Zellen, welche das Chitin gebildet haben, in Funktion treten, sondern ihr Abscheidungsprodukt. Dieser erstarrten toten Masse wird man nicht wohl Empfindung zutrauen, welche zur Gewinnung einer Erfahrung nötig ist; und selbst dann wäre sie nicht mehr imstande, von einer Erfahrung Gebrauch zu machen. Sie kann sich nicht mehr verändern und könnte der nächsten Generation, selbst die kühnsten Annahmen zugegeben, höchstens ihren Wunsch übermitteln, es besser zu machen. Ein anderes Beispiel ist die Vogelfeder. Auch ihr Baumaterial, nicht durch Abscheidung, sondern durch Verhornung von Zellen entstanden, würden wir als tot bezeichnen und ihm weder die Fähigkeit zutrauen, Erfahrungen zu machen, noch die andere, Erfahrungen zu verwerten.

Diesen letzteren Fall hat Pauly in einem besonders schönen Abschnitt eingehend erörtert. Sein Ergebnis ist überraschend. Die Feder zeigt in ihrer Anordnung und äußeren Form, in ihrem technischen Bau bis in die feinsten Elemente hinein, in ihrer durch Pigmentierung und Oberflächenstruktur bedingten Färbung all die Züge der organischen Zweckmäßigkeit, welche durch Paulys psychologisches Prinzip erklärt werden sollen. Wenn nun der Anwendung dieses Prinzips die Beschaffenheit des Baumaterials — tot statt lebendig — im Wege steht, so ist in Paulys Augen nicht das Prinzip erschüttert, sondern die Voraussetzung, daß Hornsubstanz keine Erfahrungen mehr machen kann, ist falsch. Ein solcher Glaube, der Berge versetzt, ist auch in der Wissenschaft gerade bei den Größten öfters vorhanden gewesen, und manchmal hat er recht behalten. Aber immerhin wird man diesen Einwand nicht leicht nehmen dürfen.

Ganz ausgeschlossen scheint die Anwendbarkeit des Prinzips in Fällen wie dem folgenden. Jedermann kennt den kleinen Schwebeapparat, mit welchem die Samen des Löwenzahns ausgestattet sind. Der leiseste Wind — es genügt ja der Hauch aus Kindermund — löst die gereiften Samen vom Fruchtboden ab, entführt sie in die Luft und sät sie über das Land aus. Der Vorteil für die Pflanze liegt auf der Hand; das Mittel aber, durch welches er erreicht wird, kann nicht auf Grund von Erfahrung erfunden worden sein. Die fest im Boden wurzelnde Pflanze kann keine Erfahrung darüber machen, wie man am besten schwebt; nur der Samen selbst könnte das in der kurzen Zeitspanne zwischen der Ablösung vom Fruchtboden und der Landung auf der Erde. Nehmen wir an, er hätte schon einen kleinen Fortsatz, welcher sein Niederfallen etwas hemmt, und es gälte nur, diesen zu verbessern. Räumen wir ein, die anscheinend toten Teile der Federkrone könnten den kleineren oder größeren Widerstand empfinden, den sie der Luft bieten, so könnten sie das doch nur, solange sie festsitzen, nicht während sie schweben. Geben wir aber selbst das zu, wie könnte der Samen den mehr oder weniger weiten Flug von der Mutterpflanze weg in Verbindung bringen mit dem Vorteil, welchen lange Zeit später die aus ihm entstehende Pflanze daraus ziehen wird, daß sie auf noch unbesetztem Boden heranwachsen kann? Aber selbst wenn er das könnte, wenn er aus uralter Erfahrung das allgemeine Streben hätte, „nur möglichst weit von den Eltern weg", und wenn er in dem Schweben ein Mittel zur Erreichung dieses Zwecks erkennte, so liegen doch nach allem, was wir wissen, schon die Anlagen in ihm fest, welche später zur Ausbildung der Federkrone führen werden, und es scheint selbst bei der größten Bereitwilligkeit, den Gedanken des geistvollen Verfassers zu folgen, eine unmögliche Annahme, daß der Samen diese Anlagen durch Erfahrungen, welche er während seines Schwebeflugs macht, noch ändern könnte.

Ganz allgemein gesprochen liegt der Anwendbarkeit des Prinzips von Lamarck und Pauly eine Voraussetzung zugrunde, welche weit von allgemeiner Anerkennung entfernt ist; nämlich die Annahme, daß solche während des Lebens gemachte Erwerbungen auf die Nachkommen vererbt werden können. Gegen eine solche „Vererbung erworbener Eigenschaften" hat bekanntlich August Weismann eine Anzahl von Gründen geltend gemacht, welche nicht leicht, wenn überhaupt, zu widerlegen sind. Dabei denke ich weniger an den Ausfall des bekannten Experiments, bei welchem Mäusen die Schwänze abgeschnitten wurden, immer wieder, durch viele Generationen hindurch, um zu prüfen, ob nicht schließlich Mäuse ohne Schwänze geboren würden. Was niemals geschah, aber auch eigentlich nicht zu erwarten war. Boveri drückte das einmal drastisch mit den Worten aus, man solle doch die Mäuse selbst fragen, ob sie einen abgeschnittenen Schwanz als erworbene Eigenschaft gelten lassen. Ernsthaft gesprochen wäre bei dem Experiment, wenn überhaupt eine Wirkung, dann doch eher die zu erwarten gewesen, daß die Nachkommen der verstümmelten Mäuse schließlich die Fähigkeit erworben hätten, den abgeschnittenen Schwanz zu regenerieren. Aber andere Gründe sind sehr überzeugend, besonders aus solchen Fällen abgeleitet, in welchen weder eine Erwerbung während des Lebens noch eine Vererbung auf die Nachkommen möglich erscheint. Besonders einleuchtend ist das für die Arbeiterinnen bei den Bienen, unfruchtbare Weibchen, welche sich von dem fruchtbaren Weibchen, der Königin, in einer Anzahl von Instinkten und dazu gehörigen Organen unterscheiden. Die Erwerbung der letzteren anzunehmen stößt, soweit sie aus Chitin bestehen, auf die schon erwähnte Schwierigkeit, daß Chitin sich nach seiner Erhärtung nicht mehr verändern kann; ihre Vererbung aber erscheint ausgeschlossen, weil die Arbeiterinnen sich nicht fortpflanzen. Die Königin aber, welche sich fortpflanzt und also solche Organe und Instinkte vererben könnte, vermag sie nicht zu erwerben, selbst nicht die Neigung dazu für die nächste Generation, weil sie die Tätigkeiten nicht ausübt, für welche jene benötigt werden.

Es ist ungemein charakteristisch, wie Pauly auf diese Gründe antwortete. „Es gehört zu den übrigen Ungeheuerlichkeiten im Denken der Darwinschen Epoche, daß ein Biologe (August Weismann in Freiburg) die Überzeugung seiner Zeit in diesem Punkte wankend machen konnte" (S. 75). Was für kritisches Denken eine Hypothese ist, geistvoll und kühn, aber einer Prüfung an allen in Frage kommenden Tatsachen bedürftig, das war Pauly zu einer festen Überzeugung geworden, auf Grund deren er die entgegenstehenden Ansichten verwarf. Der erste Gedanke muß ihm wie eine Erleuchtung aufgeblitzt sein, und nun glaubte er das erst zu Beweisende und gegen Einwände zu Sichernde mit Augen zu sehen und mit Händen zu greifen und schloß auf die Vererbbarkeit erworbener Eigenschaften, weil seine Hypothese sie fordert.

Es ist für den kühlen unbeteiligten Kritiker nicht schwer zu erkennen, wie anfechtbar diese Art des Schließens ist; schwerer, aber auch fruchtbarer, und zwar nicht nur für das Verständnis des Mannes, ist es zu untersuchen, durch welche letzten Voraussetzungen Pauly zu seiner unerschütterlichen Überzeugung gekommen war. Denn gerade in dieser Frage, welche so tief in die allgemeine Weltanschauung eingreift, spielen solche letzten Voraussetzungen eine größere Rolle, als man zunächst denken mag. Bei Weismann war das nicht anders.

Von dem englischen Philosophen Herbert Spencer war für die Lamarcksche Lehre die oben erwähnte Erscheinung der „Koadaption" geltend gemacht worden, d. h. die Tatsache, daß Abänderungen im Bau des Organismus, welche einen einzelnen Teil tiefergreifend treffen, von oft sehr zahlreichen anderen dazu passenden begleitet sind, begleitet sein müssen, wenn sie nicht eine Zerstörung statt einer Verbesserung im Gefolge haben sollen. Als ein sehr einfaches Beispiel dafür hatte Spencer die enorme Vergrößerung angeführt, welche das Geweih des ausgestorbenen Riesenhirsches erfahren hat. Sie ist von einer entsprechenden Verstärkung all der Teile des Körpers begleitet, welche die vergrößerte Last zu tragen haben. Das erschiene verständlich bei Annahme der Lamarckschen Lehre, nach welcher die tragenden Teile sich während des Lebens an die erhöhte Beanspruchung anpassen und dann ihre Verstärkung auf die Nachkommen vererben könnten; unverständlich dagegen (nach Spencer), wenn die Anpassung an die neuen statischen Verhältnisse durch zufällige günstige Variationen der betreffenden Teile erreicht werden müßten. Dagegen macht nun Weismann geltend, daß dieselbe Erscheinung der Koadaption sich auch bei Organen von Insekten findet, bei welchen, wie schon oben ausgeführt, das Lamarcksche Prinzip nicht anwendbar ist, weil die fraglichen Veränderungen entweder nicht während des Lebens erworben oder nicht auf die Nachkommen vererbt werden können. Als ein verhältnismäßig einfaches Beispiel führt Weismann die Schrillapparate an, welche sich in verschiedener Ausbildung bei Heuschrecken, Grillen, auch manchen Käfern finden. „All diese Einrichtungen zum Lautgeben beruhen nun immer auf zwei Organen, von denen das eine den Bogen, das andere die Saite der Geige darstellt; das eine hat ohne das andere keinen Wert, sie müssen also beide gleichzeitig sich ausgebildet haben, und dennoch können sie nicht durch Übung und Vererbung der Übungsresultate entstanden sein..." Ebenso und noch verwickelter in anderen Fällen. Wenn nun, schließt Weismann mit Recht, das in diesen Fällen ohne Mitwirkung des Lamarckschen Prinzips möglich ist, so muß Koadaption auch in solchen Fällen auf dieselbe Weise zustande kommen können, wo an sich der Anwendung jenes Prinzips nichts im Wege stände. Dabei scheint Weismann aber nicht zu bemerken, daß die Tatsachen, mit welchen er die gegnerischen Ansichten bekämpft, auch der seinigen verderblich werden. Wenn er für einen Fall, das Grabbein der Maulwurfsgrille, zu dem Schluß kommt, „daß hier mindestens eine Koadaption von sieben unabhängig voneinander sich verändernden Teilen ... vorliegt", so erscheint es eben im allerhöchsten Maße unwahrscheinlich, daß diese aufeinander abgestimmten Variationen immer wieder zufällig zusammenkommen.

Ein Vergleich mit menschlichen Verhältnissen wird das noch deutlicher machen. Nehmen wir an, ein Techniker habe einen mechanischen Webstuhl studiert — ein verwickeltes, aber im Vergleich zu einem Organismus rohes Werk menschlicher Erfindung — und er habe dabei gefunden, daß man den Mechanismus durch eine kleine Abänderung verbessern und dadurch konkurrenzfähiger machen könnte. Um diese Änderung anzubringen, habe er nur einen blinden Arbeiter zur Verfügung; ihm drücke er eine Feile in die Hand und fordere ihn auf, nach Gutdünken irgend etwas an dem Apparat zu ändern. Nach ausgeführter und mißlungener Arbeit würde ihm jedesmal ein neuer Webstuhl zur Verfügung gestellt. Würde es sich dabei nur um die Beseitigung einer kleinen Rauhigkeit oder etwas Ähnliches handeln, so könnte nach genügend langer Zeit das gute Glück es einmal fügen, daß der blinde Arbeiter gerade das Richtige träfe und den Webstuhl verbesserte. Aber fast immer wird jede Änderung an einer Stelle eine oder viele andere dazu passende Änderungen an anderen Stellen nötig machen, wenn der Apparat verbessert und nicht vielmehr verdorben werden soll. Sie alle müßten zu gleicher Zeit richtig ausgeführt werden. Theoretisch müßte auch das einmal vorkommen können, wenn

Ewigkeiten zur Verfügung ständen; aber geologische Zeiträume dürften dafür nicht ausreichen.

Es steht hier nicht zur Erörterung, ob sich nicht doch Hilfsannahmen ausdenken ließen, durch welche diese Schwierigkeit zu überwinden wäre. Wir fragen nur, durch welche Gründe sich Weismann bei s e i n e n Vorstellungen über Vererbung und Entwicklung getrieben, ja gezwungen fand, an einer so unwahrscheinlichen Annahme festzuhalten. Er sagt es selbst. Da die Lamarcksche Erklärung für ihn ausschied, sah er nur die Erklärung durch Selektion; deshalb hielt er an ihr fest. Die Weltanschauung eines Zeitalters hing an der Darwinschen Zufallslehre; es war einem ihrer ersten Verfechter nicht zu verdenken, daß er sie nicht leichthin aufgab.

Von der anderen Seite herkommend, hatten sich Paulys Überzeugungen gebildet und gefestigt. Er sah wie jeder unbefangene Betrachter das Vernunftartige, das „Zweckmäßige" im Bau des lebendigen Körpers und konnte sich nicht überreden lassen, daß dieser naiv gewonnene Eindruck eine Täuschung sei. Beim Durchdenken im Einzelnen erschienen ihm die Schwierigkeiten einer Erklärung durch zufällige Abänderungen immer unüberwindlicher; sie schied für ihn ganz aus der Erörterung aus. Da leuchtete ihm der Gedanke auf, die natürlich gewachsenen Werkzeuge des Organismus möchten auf ähnliche Weise entstanden sein wie die vom Menschen zusätzlich erfundenen; es möchte also der ganze Organismus bis in seine kleinsten lebendigen Teile hinein erfinderisch sein, nicht nur sein höchstes Organ, das Gehirn. Damit schien sich eine Möglichkeit zu eröffnen, aber auch nur diese einzige, ein zwecktätiges Vermögen im Organismus zu denken, ohne ein ihn überragendes, seine Grenzen übergreifendes zwecktätiges Prinzip annehmen zu müssen. Dieses letztere schien auch ihm unannehmbar, nicht weniger als das selektionistische Zufallsspiel, in welchem Weismann den Ausweg gesehen hatte. Als sich nun die von letzterem aufgewiesenen Schwierigkeiten gegen jede Lamarcksche Erklärung erhoben, konnte Pauly nicht von seiner Überzeugung lassen, daß es einen Ausweg geben m ü s s e, auch wenn wir ihn noch nicht

Studium

sähen, auf welchem wir aus der Zwangslage kommen könnten, ohne jene Grundüberzeugung von der individuellen Beschränktheit des zwecktätigen Prinzips aufgeben zu müssen.

Was würde ich jetzt darum geben, wenn ich als gereifter Mann noch einmal mit dem Freunde über diese Fragen reden könnte! Damals erfaßte ich wohl seinen Grundgedanken in seiner Tiefe und Schönheit. Es regten sich auch die Zweifel und wurden nicht zurückgehalten. Aber die volle Klarheit über die geistige Lage hatte ich noch nicht. Trotzdem war die Begegnung für mich von entscheidender Bedeutung. Es befestigte sich in mir die mir so gemäße und auch schon vorher angebahnte Grundüberzeugung, daß der Organismus in allen seinen lebendigen Teilen „beseelt" ist; nicht weniger, wenn auch in anderer Ausprägung als das Organ, von welchem wir diese Funktion an uns selber kennen, das Gehirn. Von dieser grundsätzlichen Verwandtschaft aller Lebensvorgänge bin ich heute fester überzeugt denn je, seitdem ich durch eigene experimentelle Arbeit weiß, daß dieselbe Zellgruppe, welche zur Bildung unserer Haut bestimmt schien, auch zu Gehirn werden kann, wenn sie in früher Entwicklung in die Gegend des späteren Gehirns verpflanzt wird; daß wir also auf Teilen des Körpers stehen und gehen, mit denen wir auch denken könnten, wenn sie sich an anderer Stelle des Ganzen entwickelt hätten.

Wenn diese Erkenntnis aber nicht in kühnem Gedankenflug ergriffen, sondern am Ende langjähriger folgerichtiger und mühevoller Einzelarbeit gewonnen war, dafür aber nicht als Annahme oder Vermutung, sondern als eine unumstößliche sichere Tatsache, auf welcher sich weiterbauen läßt, so zeigt sich darin meine entschiedene Abwendung von der Geistesart meines Freundes, welche der meinigen ursprünglich durchaus kongenial war. Vieles hat zu dieser Wandlung zusammengewirkt. Ein immer reger, alles in Frage stellender Zweifel und dabei das unabweisliche Bedürfnis nach festem Grund trieben mich in gleicher Weise zur Erweiterung und Vertiefung meiner Erfahrung wie meine angeborene sich immer steigernde Freude am sinn-

Studium

lich aufgenommenen bunten Leben. Und dazu kam nun bald der jahrelange tägliche Umgang mit einem Mann, der in unvergleichlicher Weise sorgfältigste Einzelforschung unter den weitesten Gesichtspunkten trieb, dem großen Forscher Theodor Boveri.

WÜRZBURG

Im Frühjahr 1894 besuchte ich Theodor Boveri in Würzburg. Er war erst vor kurzer Zeit dreißigjährig als Nachfolger von Carl Semper auf den dortigen Lehrstuhl für Zoologie und vergleichende Anatomie berufen worden. Ich hatte durch unsern gemeinsamen Freund August Pauly in München viel von ihm gehört, auch Bilder von ihm gesehen und mir danach von seinem Äußeren ein ziemlich bestimmtes Bild gemacht, welches wie meist in solchen Fällen mit der Wirklichkeit wenig Ähnlichkeit hatte. Er mochte mir das angemerkt haben, denn er sagte gleich bei unserer ersten Unterhaltung, die Leute seien immer enttäuscht, wenn sie ihn zum erstenmal sähen; sie würden sich nach seinem Namen immer etwas interessant Schwarzes vorstellen. Davon war allerdings nichts zu sehen; das italienische Blut, auf welches der Namen in der Tat hinweist, war ganz in dem deutschen ertrunken. Eine mittelgroße untersetzte stämmige Gestalt, von sehr aufrechter Haltung; straffes blondes Haar mit leicht rötlichem Anflug, schlicht gescheitelt; spitz zugeschnittener Vollbart; eine hohe Stirn, fest und steil aufsteigend wie gemauert; alles beherrscht von den großen blauen Augen, welche merkwürdig klar und ruhig, prüfend und unbestechlich, wie stählern, geradeaus blickten; das war der erste Eindruck vom Äußeren dieses seltenen Mannes.

Ich hatte es mit der Zeit meines Besuches gut getroffen. Es war erster Frühling, die Laichzeit der Grasfrösche — das „zoologische Veilchen" nannte Boveri den Froschlaich — und ich sah zum erstenmal ein entwicklungsmechanisches Experiment. Noch dazu das einzige, welches Boveri an Amphibieneiern angestellt hat. Im benachbarten Anatomischen Institut Albert Köllikers hatte kurz vorher Oskar Schultze sein bekanntes Experiment gemacht, bei welchem er an Froscheiern durch abnorme Schwerkraftswirkung Doppelbildungen erzielte. Dem Fragenkomplex, dem dieses Experiment angehörte, war Boveri schon durch eigene Versuche an Seeigeleiern nähergetreten. Jetzt hatte er eine sehr geistreiche Idee, welche er experimentell prüfen wollte.

Wilhelm Roux hatte in einem bahnbrechenden Experiment gezeigt, daß bei einem Froschei nach Abtötung der einen Hälfte durch Anstich mit einer erhitzten Nadel aus der andern Hälfte ein halber Embryo hervorgeht, daß sich diese überlebende Hälfte also gerade so entwickelt, als ob die andere Hälfte noch daran wäre. Hans Driesch hatte ein ähnliches Experiment an Seeigeleiern ausgeführt, aber mit dem einen, vielleicht entscheidenden Unterschied, daß die eine Eihälfte nicht nur abgetötet, sondern ganz entfernt wurde. Es entstand denn auch aus dem halben Ei nicht ein halber Embryo, sondern ein ganzer von halber Größe und normalen Proportionen; also aus beiden Hälften zusammen Zwillinge. Es lag nahe, den Unterschied im Ergebnis auf die Verschiedenheit des Eingriffs zurückzuführen und speziell die Halbbildung darauf, daß die Form des geschonten Restes im einen Fall die einer Halbkugel geblieben war, während sich die völlig abgetrennte Hälfte im andern Fall zu einer vollen Kugel abgerundet hatte. Boveri dachte dabei weniger an die innere Struktur als an die äußere Form und kam auf den Gedanken, man müßte umgekehrt aus einem ganzen Ei einen halben Embryo erzielen können, wenn man ihm die Form einer Halbkugel gäbe. Er war nun, als ich ihn besuchte, eben daran, dies durch den Versuch zu prüfen. Auf der langen Tafel in seinem Arbeitszimmer standen kleine Glaströge, mit Wasser gefüllt, in welches dünne Platten aus feinstem gebranntem Ton eingetaucht waren. In jede Platte war eine kleine Grube eingebohrt, halbkugelförmig und gerade so groß, daß sie ein von seiner Gallerthülle möglichst befreites Froschei eben aufnehmen konnte. Dieses war durch ein Deckglas festgehalten und so gepreßt, daß es dieselbe Form angenommen hatte wie ein halbes Ei. Das poröse Tonplättchen war luftdurchlässig, so daß es dem eingeschlossenen Ei nicht an dem zur Entwicklung nötigen

Sauerstoff gebracht; außerdem wurde durch ein Stückchen Filtrierpapier, welches zwischen Tonplättchen und Deckglas gesteckt war und oben in die Luft ragte und austrocknete, immer frisches Wasser durchgesaugt. — So hübsch das Experiment ersonnen war, so brachte es doch eine Enttäuschung; die auf Halbform abgeplatteten Eier entwickelten sich zu ganzen Embryonen. Offenbar war die äußere Form nicht ausschlaggebend, sondern die innere Struktur, und diese war durch den Eingriff nicht genügend geändert worden.

Am liebsten hätte ich selbst gleich mit einer solchen Arbeit angefangen, denn diese Verbindung von allgemeiner Fragestellung mit technischer Erfindung entsprach meiner stärksten eigenen Neigung und Begabung. Aber Boveri mochte mit Recht der Ansicht sein, daß eine solche spezielle experimentelle Arbeit wenig geeignet sei, um daran das Handwerk zu lernen. Als ich ihn daher um ein Thema für eine Doktordissertation bat, wählte er eine Aufgabe, bei deren Bearbeitung vor allem die Fähigkeit der mikroskopischen Analyse ausgebildet werden konnte. Es hätte wohl auch keinen Platz in Deutschland gegeben, wo man dies besser hätte lernen können als bei Boveri.

Wenn ich ganz ehrlich sein soll, so leitete mich bei dieser ersten Arbeit nicht nur, vielleicht nicht einmal in erster Linie, der reine Erkenntnistrieb, sondern sehr auch der Wunsch, den Doktortitel zu erwerben und damit meinem Ziel, meine Braut heimzuführen, einen Schritt näherzukommen. Ja, dadurch wurde sogar das Thema der Doktorarbeit mitbestimmt, wenn auch nur in negativer Weise. Denn zuerst hatte mir Boveri vorgeschlagen, die Entwicklung der Geschlechtsorgane des Bandwurms zu bearbeiten, und erst als ich schüchtern einwandte, daß mich das in der rein juristischen Familie meiner Braut völlig kompromittieren würde, ging er lachend auf einen andern Wurm über, dessen klangvoller Name Strongylus paradoxus einigermaßen damit aussöhnen konnte, daß er in der Lunge des Schweins zu Hause ist. So machte ich denn eine Untersuchung über die Zellfolge in der ersten Entwicklung dieser Eier, welche sich an eine klassische Arbeit von Boveri anschloß und mich zugleich in ein damals modernes Forschungsgebiet einführte. Auf Grund dieser Arbeit promovierte ich summa cum laude. Meine Examinatoren waren Boveri in Zoologie, Sachs in Botanik, Röntgen in Physik. Zugleich eine schöne Erinnerung an die Glanzzeit der Würzburger Philosophischen Fakultät.

Diese meine kleine Erstlingsarbeit brachte eine Bestätigung dessen, was Boveri bei einer verwandten Form gefunden hatte, und eine Richtigstellung entgegenstehender Angaben für mein Objekt. Sonst nichts grundsätzlich Neues. Aber ich hatte bei der für einen Anfänger nicht ganz leichten Untersuchung das Mikroskopieren gelernt und bei ihrer Abfassung noch etwas anderes, was mir kaum weniger wertvoll war. Als Boveri meine Arbeit in ihrer ersten Niederschrift durchgelesen hatte, gab er sie mir zum nochmaligen Durcharbeiten zurück mit den Worten: „So etwas müssen Sie als ein Kunstwerk behandeln." Mit der zweiten Fassung war er dann zufrieden. Aber auch sachlich hatte ich selbst das Gefühl, die Möglichkeiten des Gegenstands keineswegs erschöpft zu haben. Der bedeutendste meiner Vorgänger, Alexander Goette, hatte seine Beobachtungen wesentlich am lebenden Objekt gemacht; der Fortschritt, den ich erzielen konnte, beruhte vor allem darauf, daß ich wie vor mir Boveri die mit der modernen Technik vorbereiteten konservierten Eier studierte. Es war dringend erwünscht, nun zur primitiveren Art der Beobachtung zurückzukehren und das am toten Objekt Gefundene auch am lebenden aufzusuchen. Ich hatte Geschmack an der Sache gewonnen und gute Lust, die aufgenommene Spur weiter zu verfolgen. Aber Boveri riet mir ab; er meinte, ich solle jetzt etwas ganz anderes machen; mancher komme nie über das Thema seiner Doktorarbeit hinaus.

Schon früh war mir die Entwicklung des Hühnchens im Ei besonders geheimnisvoll vorgekommen, und ich hätte gern etwas darüber gearbeitet. Ich fragte Boveri, ob es nicht interessant sein würde, festzustellen, in welcher Weise die embryonalen Blutgefäße auf dem Dotter diesen aufnehmen und dem Embryo zuführen. Also der Wunsch, näher an das Lebendige heranzukommen. Es scheint mir sehr bezeichnend, wie Boveri sich zu diesem Vorschlag stellte. Zuerst sagte er, er glaube nicht, daß etwas prinzipiell Neues dabei herauskommen würde. Ehe man eine Untersuchung anfange, müsse man sich immer überlegen, ob das zu erhoffen sei. Am nächsten Tag kam er auf seine Äußerung zurück. Er habe nur sagen wollen, man müsse immer versuchen, solche Fragen in Angriff zu nehmen, durch deren Lösung Licht über ein möglichst großes Gebiet verbreitet werden könne. Vielleicht sei die von mir gestellte Frage eine solche. In seiner großen Bescheidenheit und seiner zurückhaltenden Achtung vor der fremden Persönlichkeit hatte Boveri offenbar gefürchtet, sein so wahrer Ausspruch möchte anmaßend erscheinen und mich von etwas Aussichtsreichem abbringen.

Am liebsten hätte ich nun den schon erwähnten Versuch von Oskar Schultze wiederholt und weiter verfolgt. Diesem vortrefflichen Beobachter war eine wichtige Entdeckung geglückt, mit deren Auswertung wir aber nicht einverstanden sein konnten. Doch auch hier gab Boveri dem unerfahrenen Jüngeren eine gute Weisung. Es sei anständig, meinte er, dem ersten Entdecker ein paar Jahre Zeit zu lassen und sich nicht gleich auf seine Sache zu stürzen. Obwohl ich seither gesehen habe, daß dieser vornehme Grundsatz nicht allgemein befolgt wird, habe ich nie bereut, ihn auch zu dem meinigen gemacht zu haben.

So schlug Boveri mir noch einmal ein morphologisches Thema vor. Man müsse, meinte er, einmal auch eine vergleichend-anatomische Arbeit gemacht haben. Gegenbaurs Vorlesungen hatten mir diese Art, die Organismen zu betrachten, in begeisternder Weise nahegebracht. Ich griff also Boveris Vorschlag, die Entwicklung des Mittelohrs bei den Amphibien vergleichend zu untersuchen, mit Freuden auf. In der Tat gehört gerade diese Frage zu den reizvollsten des ganzen schönen Gebietes.

Bei den Fröschen tritt zum erstenmal in der Reihe der Wirbeltiere eine Vorrichtung auf, welche die Schallwellen der Luft auf die empfindenden Teile des inneren Ohrs überträgt. Sie ist grundsätzlich ebenso gebaut wie der verwickelte Apparat, den wir selbst zu diesem Zwecke besitzen, nur viel einfacher, so daß wir seine Herkunft von ganz anders funktionierenden Teilen niederer wasserlebender Tiere erkennen können. Dies um so mehr, als die Frösche selbst im Larvenstadium, als Kaulquappen, im Wasser leben. Es war schon früher festgestellt worden, daß ein Teil des Apparats, die Eustachische Röhre und die Paukenhöhle, an der Stelle liegt, wo sich bei niederen Fischen die erste Kiemenspalte findet. Bei ganz jungen Froschlarven ist eine solche Kiemenspalte auch nachgewiesen; im Lauf der Entwicklung aber wird sie unkenntlich und ihr genetischer Zusammenhang mit der Eustachischen Röhre unsicher. Es gelang mir, ihn durch sorgfältige Untersuchung festzustellen und zugleich auch die Gründe für das vorübergehende fast völlige Verschwinden der Spalte aufzudecken.

Diese Arbeit füllte also eine kleine Lücke in unseren Kenntnissen aus, ohne etwas prinzipiell Neues zutage zu fördern. Doch war sie nicht ohne Folgen für meine eigene wissenschaftliche Weiterentwicklung. Abgesehen davon, daß sie mich eine neue Seite meines Handwerks kennen und beherrschen lehrte, brachte sie mir eine Fragestellung nah, welche mich später weiterführte.

Um nämlich die Entwicklung des Mittelohrs zu verstehen, mußte ich mich genauer über die Metamorphose der Froschlarve unterrichten; über die höchst merkwürdigen Rück- und Neubildungsvorgänge, welche bei der Umwandlung der Kaulquappe in den Frosch große Teile des Körpers zerstören und wieder neu aufbauen. Besonders der in diesem Stadium noch knorpelige Schädel wird von diesen Umbildungen betroffen. Das Wachstum der sich neu bildenden Teile geschieht im Anschluß an die von der Zerstörung verschont gebliebenen Knorpelreste. Dabei drängte sich mir die Frage auf, wie dieses Wachstum geschieht, ob von innen heraus, durch Vermehrung der Zellen der Knorpelreste, oder von außen, durch Angliederung von indifferenten Zellen der Umgebung, welche also von den schon vorhandenen Teilen aus zu ihrem Schicksal bestimmt würden. Daß diese Überlegungen, welche wohl auch schon von anderen bei anderen Objekten angestellt worden waren, sich mir bei eigenen Beobachtungen aufdrängten, gab ihnen für mich jenen Grad von Eindringlichkeit, der nötig war, um sie durch viele Jahre hindurch lebendig zu erhalten, bis sie eine fruchtbare Verbindung mit neuen Tatsachen eingehen konnten.

Die Frage der Entstehung des Mittelohres war nun aber in keiner Weise erledigt, und ich wäre durchaus gewillt gewesen, den Gegenstand weiter zu verfolgen. Ich habe es immer schwer genommen, einen einmal eingeschlagenen Weg aufzugeben. Gerade weil ich mich für so vielerlei interessierte und sehr leicht Feuer fing, hatte ich eine instinktive Scheu vor dem Aufgeben eines Vorsatzes. Diese Beharrlichkeit hätte mich aber aufs neue von der Arbeit weggeführt, für welche ich durch die Art meiner Begabung bestimmt war. Diesmal war es nicht wie das erstemal der Rat meines erfahrenen Lehrers, welcher mir Halt gebot, sondern das Schicksal griff in Gestalt einer langwierigen, nicht unbedenklichen Erkrankung ein, welche mich zu einer längeren Unterbrechung meiner Arbeit zwang. Als ich sie wieder aufnehmen konnte, hatte ich eine experimentelle Idee gefaßt, die mich in ihren Folgen für das ganze Leben mit Arbeit versorgte.

Der Arzt hatte eine leichte Affektion der Lungenspitze festgestellt. Vor allem aber hatte ich mich schwer überarbeitet; wohl weniger, weil ich der Menge nach für meine Kräfte zu viel gearbeitet hätte, als weil ich es mit großer innerer Ungeduld getan hatte. Vergleichend-anatomische Arbeit setzt das geduldige Sammeln und ruhige Überschauen eines möglichst großen Vorrats von Einzeltatsachen voraus, was durch nichts so gefördert wird wie durch ein gewisses Arbeitsbehagen; eine Fähigkeit, welche ich immer an andern bewundert, selbst aber, wenigstens damals, nicht besessen habe. Dabei wären alle äußeren Vorbedingungen dafür gegeben gewesen. Ich war seit dem Frühsommer 1896 aufs glücklichste verheiratet und brauchte mich bei den gesicherten Vermögensverhältnissen meines Vaters nicht um die Zukunft zu sorgen. Der treibende Stachel lag in mir selbst. Boveri hatte einmal von sich gesagt, er gehöre zu den Menschen, welche nur an der Grenze ihrer Leistungsfähigkeit leben können. Dasselbe galt und gilt auch für mich.

Es war recht hart für mich und noch mehr für meine Frau,

daß wir gleich am Anfang unserer jungen Ehe unser halbjähriges Töchterchen der Obhut meiner Eltern überlassen und für ein halbes Jahr zuerst in den Süden und dann ins Hochgebirge gehen mußten. Aber diese Zeit der erzwungenen vollständigen Ruhe ist für mein ganzes späteres Leben entscheidend geworden. Jetzt in der Erinnerung liegt ein einzigartiger Zauber über jenen Wochen und Monaten.

Zunächst hatte ich die Auflage, in dem vorzüglichen Kurhotel in Gries bei Bozen in vier Wochen mindestens sechs Pfund zuzunehmen. Dazu sollte eine Traubenkur helfen, von allen Kuren, die es gibt, ohne Vergleich die schönste. Schon der Spaziergang nach Bozen bei dem sonnigen Herbstwetter, der Besuch der urdeutschen alten Stadt, der Einkauf der dunkelblauen Trauben und ihr Verzehr waren ein täglicher Genuß. Nicht minder kleine Ausflüge nach Schloß Runkelstein, nach Meran, oder auch nur das behagliche Schlendern auf der Erzherzog-Heinrich-Promenade, unter den besonnten Porphyrfelsen, zwischen den blühenden Chrysanthemen. Es gibt kein besseres Heilmittel gegen ein ruheloses, nie befriedigtes Streben, als wenn einmal die ganze Existenz in Frage gestellt ist und man den Wert des reinen Daseins schätzen lernt.

Nach vier Wochen hatte ich die vorgeschriebene Menge Trauben verzehrt und in die geforderte Masse Leibessubstanz verwandelt. Nun fuhren wir über den Brenner nach Innsbruck. Ein kalter Nebel hing schwer auf die Stadt herab, welche gerade so gut in der Norddeutschen Tiefebene hätte liegen können. Am nächsten Tag über den Arlberg nach Chur; dort im Hotel Steinbock waren wir wohl die einzigen Gäste. Ein schnurrendes Feuer im großen Kachelofen machte unser Zimmer ganz heimelig, aber der Sturz aus dem sonnigen farbigen Süden in den grauen Winter war doch etwas jäh und tief. Am folgenden Tage fuhren wir mit dem Wagen nach Arosa hinauf; in Rütti begann der Schnee, in dem wir bis zum Frühjahr bleiben sollten.

Arosa war damals noch nicht der große Kurort, zu dem es seither geworden ist. Schon früher bei den Schweizern als Sommerfrische beliebt, war es von einem schwäbischen Arzt, Dr. Herwig, in seiner Eignung zur Höhenkur für Lungenleidende entdeckt worden. Er war selbst in den besten Mannesjahren plötzlich an Lungentuberkulose schwer erkrankt. Unternehmend wie er war, dabei musikalisch und künstlerisch reich begabt, gründete er zuerst mit einer unverheirateten Schwester zusammen ein Lungensanatorium am, damals höchsten Punkt von Innerarosa in einer breiten sonnigen Mulde, welche das Hochtal abschließt. Später trennte er sich von seiner Schwester und baute sich etwas tiefer am Berghang ein eigenes Haus, welches er zusammen mit seiner Frau, einer geborenen Arosanerin, als Sanatorium führte. Dort wohnten wir. Wir sind gute Freunde geworden.

Nun winterten wir uns ein. Unendlicher Schnee fiel vom grauen Himmel herab, und immer wieder Schnee, bis das ganze Tal mit allen Wegen und Stegen, die runde Kuppe der Moräne mit ihrem Kirchlein, die zerstreuten Holzhäuser und Heustadel mit ihren flachen Dächern in weiße Stille gehüllt waren, jeder Stock und jeder Stein eine weiße Kappe trug und die Äste der Tannen sich unter der schimmernden Last niederbogen. Dann wurde es wieder hell und nun ging Tag um Tag die Sonne funkelnd hinter dem Kranz der Berge auf und ebenso wieder unter, im ersten und im letzten Augenblick so strahlend hell, wie sie am Mittag am schwärzlich blauen Himmel stand; durch keinen Dunst in ihrer Kraft gemindert, aber auch ohne Duft, unbarmherzig klar im reinen Äther. Man wurde sich bewußt, auf welch schmale Zone, leicht abmeßbar für das Auge, das Leben des Menschen beschränkt ist.

Nun kamen ruhige Tage des gleichmäßigsten Lebens, wechselnd zwischen kleinen Gängen durch den schweigenden Winterwald, heiter angeregten Mahlzeiten am Tisch des Doktors, durch Musik verschönte Geselligkeit, vor allem aber viele Stunden des Tages Liegekur in der Sonne; der Sonne, deren Wirkung so mächtig war, daß man einen schmalen Schatten auf dem Körper fast wie die Berührung mit einem kalten Metall empfand. An windstillen Tagen wurde dies bis in die Nacht hinein ausgedehnt, und ich habe manche Stunde unter dem Sternenhimmel gelegen, dessen strahlende Herrlichkeit durch kein irdisches Nebenlicht gestört wurde. Noch lange habe ich alljährlich in den nebelkalten Novembertagen der Ebene an die reine Klarheit des Hochgebirges gedacht, und wenn der Widerschein des ersten Schnees die Innenräume des Hauses erhellt, fallen mir noch jetzt die lichten Zimmer in ihrer Täfelung von Arvenholz aus der Villa Herwig in Arosa ein.

Und doch wurde man mächtig bewegt, als nun mit höher steigender Sonne die Starrheit sich löste. Im Wald wurden die braunen Kuppen der Ameisenhaufen vom Schnee frei, und ihre erwachenden Bewohner bewegten sich träge in der Sonne. Auf dem noch metertiefen Schnee erschien eine schwärzliche Schicht von Gletscherflöhen; ich hielt sie zuerst für meteorischen Staub, bis der Staub zu hüpfen anfing. Alles tropfte von schmelzendem Schnee, vom Rand des Daches hingen mannshohe Eiszapfen herab, die in der Sonne glänzten, und von den Bergen jenseits des Tals donnerten die Lawinen. Noch lange nachher konnte man den Schnee in den Einschnitten der Felsen nachrieseln sehen. Und dann, Anfang April, fuhren wir zu Tal. An der unteren Schneegrenze kamen die ersten Frühlingsblumen aus der Erde, und endlich, an einer Biegung der Straße, sahen wir seit Monaten zum erstenmal wieder in eine blaue Ferne. Ich war völlig gesund, das Leben unter den Menschen mir wie neu geschenkt. Nach einigen Wochen in Baveno am Lago maggiore, wo wir mit meinem Studienfreund Fritz Goeppert zusammentrafen, konnte ich mit neuer Kraft an die Arbeit gehen.

Als einziges wissenschaftliches Buch hatte mich August Weismanns „Keimplasma" nach Arosa begleitet. Dieses große Werk studierte ich in der Abgeschiedenheit jener Wintermonate mit einer Sammlung, wie sie mir anders schwer erreichbar gewesen wäre. Ich fand hier mit ungemeinem Scharfsinn eine Theorie der Vererbung und der Entwicklung bis in die letzten Folgerungen ausgearbeitet, zugleich aber in demselben Buch einige experimentellen Ergebnisse der jüngsten Vergangenheit angeführt, welche jene Theorie eigentlich schon damals widerlegten. Das reizte zu eigener experimenteller Weiterarbeit. Meine Gedanken knüpften an den schon oben mitgeteilten Versuch von W. Roux an, bei welchem die eine Hälfte des Froscheies oder nun genauer die eine der beiden Zellen, in welche das Froschei sich zu Beginn der Entwicklung teilt, durch Anstich mit einer heißen Nadel abgetötet worden war. Roux hatte dabei beobachtet, daß die unverletzte Zelle sich zuerst zu einem halben Embryo entwickelt, dann aber sich durch eine Art Regeneration zu einem vollen Embryo ergänzt. Ich dachte nun, dieses Experiment könnte zwecks weiterer Analyse dahin abgeändert werden, daß die eine Zelle nicht abgetötet, sondern nur in ihrer Entwicklung stark gegen die andere zurückgehalten würde. Es war seit langem bekannt, daß die Amphibieneier sich innerhalb weiter Temperaturgrenzen normal entwickeln können, aber sehr verschieden schnell, indem bei der niedersten noch erträglichen Temperatur die Entwicklung beinah stillesteht. Es galt also, die beiden ersten Furchungszellen ohne Trennung ihres normalen Zusammenhangs in Wasser von verschiedener Temperatur zu halten. Der kleine Apparat, der das ermöglichen sollte, bestand im wesentlichen aus einer dünnen Platte von Zelluloid, in welche ein Loch mit zugeschärften Rändern eingebohrt war, gerade so groß, daß ein Amphibienei im Zweizellenstadium längs der ersten Furche festhalten konnte. Nun wurde ein Ei in dem Loch festgeklemmt und auf der einen Seite mit kaltem, auf der andern mit warmem Wasser berieselt.

Das Experiment ging nicht, die Eier starben. Als ich zur Kontrolle unbehandelte Eier mit einem Stückchen Zelluloid im Wasser hielt, starben sie auch. Also gab das Zelluloid einen giftigen Stoff ins Wasser ab. Dem wäre durch die Wahl eines anderen Werkstoffs leicht abzuhelfen gewesen. Aber inzwischen hatte ich bei der Vorbereitung der Eier eine neue Spur aufgenommen, die mich derart fesselte, daß ich ihr zunächst nachging und die Wiederholung des Ausgangsexperiments auf später verschob. Aber jene Spur lockte mich weiter und weiter, Jahr um Jahr verging und schließlich gab ich das erste Experiment ganz auf.

Da mir nämlich das Einklemmen der Tritoneier längs der

ersten Furche Schwierigkeiten machte, suchte ich die Furchungskerbe durch Schnürung mit einem feinen Haar zu vertiefen. Oskar Hertwig hatte dies schon vorher ausgeführt, in der Absicht, die beiden ersten Furchungszellen völlig voneinander zu trennen. Dabei kamen mir im Unterschied zu Hertwigs Ergebnissen mehrfach Keime vor, welche offenbar längs ihrer Medianebene geschnürt worden waren. Dadurch war aber diese Ebene, die beim normalen Tier die größte ist, zur kleinsten gemacht worden, und ich wartete nun mit Spannung, wie der Keim sich da heraushelfen würde. Und siehe da, es entstand ein Tier mit zwei Köpfen! Der Grad der Verdoppelung richtete sich nach der Stärke der Schnürung. Bei stärkster Schnürung oder gar Durchschnürung entstanden zwei völlig getrennte Embryonen, „eineiige Zwillinge", wie sie auch beim Menschen vorkommen und neuerdings eine so große Rolle in der Vererbungsforschung spielen. Hans Driesch hatte solche schon an Seeigeleiern erzielt und weitgehende Schlüsse allgemeinster Art aus ihnen gezogen; Endres und Herlitzka hatten dasselbe mit der Schnürmethode von Oskar Hertwig auch bei Tritoneiern erreicht.

Bei etwas schwächerer Schnürung ging die Spaltung bis hinter die Vorderbeine; bei noch schwächerer Schnürung trug ein normaler Rumpf einen verdoppelten Kopf mit zwei Mäulern und vier Augen, und selbst ein Kopf mit drei Augen, zwei äußeren und einem aus zweien verschmolzenem inneren, konnte bei richtig abgemessener Schnürung hergestellt werden. Die völlig getrennten Zwillinge ließen sich ohne weiteres aufziehen. Aber auch die Tiere mit tief gespaltenem Vorderende kamen ans Fressen, und es war nun höchst merkwürdig zu sehen, wie bald der eine, bald der andere Kopf ein kleines Krebschen schnappte, wie die Nahrung durch die getrennten Vorderdärme nach hinten rückte, bis sie den gemeinsamen hinteren Teil des Darms erreichte und schließlich durch den After ausgestoßen wurde. Es war wohl für das Gedeihen dieses sonderbaren Doppelwesens gleichgültig, welcher Kopf das Krebschen gefangen hatte; die verdauten Stoffe kamen dem Ganzen zugut. Aber trotzdem drängte ein Kopf den anderen mit den Vorderpfoten weg. Also zwei Egoismen an Stelle von einem, hervorgerufen durch räumliche Trennung der Anlagen. Das Interesse wurde noch dadurch erhöht, daß solche doppelköpfigen Monstren gelegentlich auch beim Menschen vorkommen. Auch hier müßte also ein entsprechender Eingriff diese beängstigende Folge haben.

Damit hatte ich nun endlich — ich war inzwischen 28 Jahre alt geworden — den Anfang meines eigenen Arbeitsweges gefunden. Ich schloß die durch meine Erkrankung unterbrochene Untersuchung über das Mittelohr der Amphibien mehr oder weniger unvollendet ab; daß ich sie nicht überhaupt liegen ließ, verdanke ich wieder Boveri, welcher auf die Durchführung drang, indem er sagte, jede Arbeit müsse einmal fertig werden. Auf Grund dieser Veröffentlichung habilitierte ich mich im Frühjahr 1898 in Würzburg für Zoologie. Und nun konnte das Experimentieren losgehen.

Es war wohl zunächst der Reiz jenes Geheimnisvollen, welches die „teilweise gespaltene Individualität" umgab, dann die Freude an der eleganten Technik des Versuchs, schließlich aber einfach das Weiterwirken des Vorsatzes, was mich nun zwang, ein Frühjahr um das andere mich ins Zimmer einzuschließen und, statt durch die schöne Welt zu streifen, über das Binokular gebeugt Haarschlingen um schlüpfrige Molcheier zu legen, bis ich deren etwa anderthalb Tausend geschnürt hatte. Der Rest jedes Jahres ging mit der Ausarbeitung und Auswertung des konservierten Materials, mit Schnitte machen, Zeichnen und Rekonstruieren hin, und wenn ich damit fertig und über das Ergebnis im klaren war, kamen auch schon wieder die ersten Tritonen zum Laichen ins Wasser. Ich habe sie eigenhändig Stück für Stück in der Umgegend von Würzburg gefangen, damit sie zuhause im Aquarium ihre Eier ablegten, einzeln zierlich an die Blätter von Wasserpflanzen geklebt, — und der Hin- und Rückmarsch durch den unterfränkischen Kalkstaub der sonnigen Landstraße ist mir in lebhafter Erinnerung. Aber auch das Glücksgefühl, wenn ich wieder eines der flinken Tiere mit dem Netz gefangen hatte in dem kurzen Augenblick, wo es zum

Atmen an die Oberfläche des Wassers gekommen war und sich eben anschickte, wieder zur Tiefe zu fahren. —

Ehe ich mit diesen Versuchen, welche sich über viele Jahre erstreckten, zu Ende war, geriet ich an eine neue Frage, welche sich aus der Entwicklung eines höchst komplizierten Organs, des Wirbeltierauges, ergab. Die zu ihrer Lösung angestellten Versuche gingen auf manchen Irrwegen und brachten manche Überraschung. Aus der gedanklichen Vereinigung beider Versuchsreihen ergaben sich neue Fragen, die zu neuen Versuchen und neuen Antworten führten, und so folgte immer eines aus dem anderen. Aus dem frohen Abenteuern der Jugend war eine folgerichtige, die Kräfte aufzehrende Lebensarbeit geworden, und wenn es auch nicht ganz so schlimm war, wie einmal bei fröhlicher Gelegenheit ein Kollege verkündete, der Spemann hätte sein Leben lang „an der oberen Urmundlippe" gehangen, — ein Körnchen Wahrheit war doch daran.

Nachdem ich so dreieinhalb Jahrzehnte rein experimentierend gearbeitet hatte, durfte ich die Ergebnisse der eigenen und meiner Schüler Arbeit noch selbst zusammenfassend darstellen. Auf dieses Buch „Experimentelle Beiträge zu einer Theorie der Entwicklung" darf und muß ich für alle Einzelheiten verweisen und mich hier auf das Persönliche an der Arbeit und auf ihre allgemeinsten Ergebnisse beschränken.

Bei jenen ersten Versuchen war das Eindrucksvollste für mich zuerst einmal die Erfahrung, daß das Ei etwas Lebendiges ist, mit allen Grundeigenschaften des Lebendigen. Dies mag selbstverständlich erscheinen, war es aber damals für mich noch nicht. Ich kam aus einer Zeit, welche ungeheure Fortschritte auf allen Gebieten der beschreibenden Formenlehre gebracht hatte, weit über alles hinaus, was die älteren Forscher auch nur hoffen könnten. Sie waren dadurch ermöglicht, daß nicht mehr das lebende Objekt untersucht wurde, sondern das abgetötete und durch höchst umständliche Verfahren fixierte, gefärbte und durchsichtig gemachte. Aber bei der Begrenztheit des menschlichen Vermögens wird ein solcher Gewinn fast immer, mindestens vorübergehend, durch einen Verlust erkauft. So waren jene alten Forscher mit ihren unvollkommeneren Methoden dem Leben selbst vielfach näher geblieben. Schon allein der Umstand, daß nicht so viel Zeit verging zwischen der Beobachtung des lebenden Objekts und der feineren Untersuchung des Einzelnen, hielt den Sinn mehr auf die Zusammenhänge des Ganzen gerichtet. Selbstverständlich soll das nicht heißen, daß man zu jenen unvollkommeneren Methoden zurückkehren möge. Aber zum Leben soll man immer wieder zurückkehren und das, was man am toten zergliederten Organismus gelernt hat, nun am ganzen lebenden Organismus wiederzufinden suchen.

Dazu gehört aber auch, wenigstens bei mir, die eigenhändige Beschäftigung mit dem Gegenstand, im eigentlichsten Sinne des Worts. Ich kannte ja aus Abbildungen den Ablauf der ersten Entwicklungsprozesse; ich hatte diese Dinge auch an Modellen, ja selbst im Leben gesehen. Aber es ist eben ein großer Unterschied, ob man nur zusieht, wie etwas geschieht, oder ob man selbst dabei mitmacht. Letzteres tut der Experimentator. Er schaltet sich selbst in den Gang des Geschehens ein und lernt es dadurch wie von innen heraus verstehen. Er kommt „in Zwiesprach" mit dem Lebendigen.

So erregte es in mir Überraschung und Staunen, als ich zum erstenmal sah, daß das Ei die Einengung durch die Haarschlinge nicht einfach hinnimmt, sondern daß es darauf antwortet, daß es gegenwirkt.

Die Einschnürung wurde immer möglichst genau längs der ersten Furche des zweigeteilten Eies vorgenommen. Diese hat, wie W. Vogt später zeigte, keine feste Beziehung zur späteren Medianebene des Keims; sie kann mit ihr zusammenfallen, senkrecht zu ihr stehen, aber auch jeden beliebigen andern Winkel mit ihr bilden. Dem entsprach auch das Ergebnis der Schnürung; wenn die Medianebene im Lauf der Entwicklung erkennbar wird, dann fällt sie mehr oder weniger genau mit der Schnürungsebene zusammen oder steht senkrecht zu ihr oder bildet irgendeinen beliebigen Winkel mit ihr. Das war nicht vorauszusehen; es hätte auch sein können, daß die dem Ei durch die Schnürung aufgezwungene Form die Medianebene bestimmt, etwa indem diese durch die nunmehr längste Eiachse geht. Statt dessen folgt aus den Versuchen, daß schon das ungefurchte Ei eine unsichtbare, bilateral-symmetrische Struktur besitzt, welche durch die Veränderung der äußeren Form nicht beeinflußt wird. Für das Experiment ergab sich daraus eine Fülle von Möglichkeiten, von denen jede zu anderen Schlüssen allgemeinster Art führte. Hier nur das wichtigste.

Wenn man die beiden ersten Furchungszellen ganz auseinander schnürt, so entsteht wie schon gesagt in zahlreichen Fällen aus jeder Hälfte ein kleiner Embryo von halber Größe und normalen Proportionen. Häufig aber entwickelt sich nur die eine Hälfte zu einem solchen Embryo, die andere aber wird zu einem äußerlich ungegliederten rundlichen Stück, welches gesund weiterlebt, bis sein Dotter aufgezehrt ist, dann aber zugrunde geht, offenbar weil es keine Nahrung aufnehmen kann. Die Erklärung für dieses verschiedenartige Verhalten findet sich, wenn man die Entwicklung unter schwacher Schnürung verfolgt; denn da entstehen neben median geschnürten Keimen auch solche, bei denen die Schnürungsfurche senkrecht zur Medianebene liegt, so daß sie die Rückenhälfte gegen die Bauchhälfte absetzt. An der Rückenhälfte entwickeln sich weiterhin die Organe des Embryo; ihnen hängt die Bauchhälfte wie ein Dottersack an. Diese Bauchhälfte nun ist jener rundliche, äußerlich ungegliederte Zwilling, welcher nicht fressen kann wie sein glücklicherer Partner und deshalb verhungern muß. Viele Jahre später hat sich herausgestellt, daß auch seine Zellen zu allen Bildungen befähigt sind, welche zu einem normalen Embryo gehören, daß ihm aber das Organisationszentrum fehlt, welches ihre Entstehung veranlassen könnte. Setzt man es ihm ein, so kann auch er zu einem normalen Embryo werden.

Wie die dorsale und ventrale Zelle einander nicht gleichwertig sind, so sind auch die rechte und linke nicht identisch, sondern die eine ist in ihrem inneren Bau das Spiegelbild der andern. Das läßt sich daraus schließen, daß die Zwillingsembryonen, welche aus ihnen hervorgehen, bei genauerer Betrachtung spiegelbildlich asymmetrisch sind, indem der eine auf der rechten, der andere auf der linken Seite schwächer entwickelt ist. War die Durchtrennung in etwas späterem Entwicklungsstadium vorgenommen worden, so ist diese Asymmetrie außerordentlich deutlich und führt zu starken Verkrümmungen; dann sieht man auch, daß die Zwillinge auf der einander zugekehrten Seite schwächer entwickelt sind. Das heißt also: wie das Ei bilateral-symmetrisch gebaut ist, so besitzen die beiden ersten Zellen, in welche es sich teilt, eine seitlich asymmetrische Struktur, welche nach der Durchtrennung erst in eine bilateral-symmetrische umgearbeitet werden muß.

Die „Regulation zum Ganzen" besteht also eigentlich nicht in der Ergänzung eines Teilstücks, sondern in der Wiederherstellung der bilateralen Symmetrie. Das wird besonders deutlich an den Fällen von schräger Schnürung. Bei ihnen werden die Anlagen nicht in der Mitte gespalten, sondern es wird ein seitliches Stück von ihnen abgespalten. Dieses enthält dann nicht mehr alles (so wenig wie die ventrale Zelle, das Bauchstück, alles enthalten hatte), und kann daher auch keinen vollkommenen Kopf mehr bilden. Aber es reguliert sich zur Symmetrie und bildet einen völlig symmetrischen „Kopf", dem aber die mittleren Teile fehlen, so daß die Augen einander abnorm genähert sind, sich berühren, miteinander verschmelzen oder sogar völlig ausfallen.

Hans Driesch hat ein embryonales Gebilde, von dem jeder Teil jedes werden kann, in welchem also alle Teile dieselben „Potenzen" besitzen, ein „äquipotentielles System" genannt. Die Fähigkeit eines solchen Systems, sich nach einem ihm innewohnenden Verhältnis in die einzelnen Organanlagen zu gliedern, harmonisch zur Größe des Ganzen, hat er dadurch ausgedrückt, daß er das System „harmonisch" nannte. Er war zu der Überzeugung gekommen, daß die Eigenschaften des „harmonisch-äquipotentiellen Systems" sich aus einer räumlich geordneten materiellen Struktur nicht vollständig erklären lassen, vielmehr die Annahme eines immateriellen Faktors nötig machen, den er im Anschluß an Aristoteles als Entelechie bezeichnete. Diese Entelechie betätigt sich, so muß man wohl sagen, an dem materiellen System. Sie bleibt ganz, wenn dieses zerteilt wird, und betätigt sich dann an den Teilstücken. Wenn nun aber das materielle System nicht zerteilt, sondern nur am einen Ende gespalten ist, wie verhält sich dann die Entelechie zu ihm? Macht sie das halbe Vorderende zuerst wieder symmetrisch und wirkt dann an ihm als an einem Ganzen? Aber nur so weit, bis sie auf den ungespaltenen hinteren Teil trifft, in welchem sie sich dann seiner größeren Masse entsprechend in größeren Verhältnissen betätigt? Und welche Rolle spielt die Entelechie bei der Entstehung eines defekten Kopfes aus einem seitlich abgespaltenen Teil der Anlagen? Sie repräsentiert doch das Ganze; warum läßt sie einen gesetzmäßig defekten Kopf entstehen? Ich möchte glauben, daß man an dieser Stelle, wo sich der Anwendung des Entelechiebegriffs Schwierigkeiten in den Weg stellen, einmal tiefer in das Rätsel des harmonisch-äquipotentiellen Systems wird eindringen können.

Wenn diese bei den Schnürversuchen gemachten Erfahrungen in eine fernere Zukunft weisen, so ergaben sich an zwei anderen Stellen Ausgangspunkte für ein weiteres Vordringen, welches in späteren eigenen Versuchen schon zu neuen Ergebnissen geführt hat.

Es ist überraschend, daß sich nach medianer Einschnürung immer nur das Vorderende verdoppelt, nicht aber das Hinterende; daß immer nur zwei Köpfe entstehen, zwei Schwänze aber nur dann, wenn die ganzen Tiere getrennt sind. Überraschend ist das deshalb, weil doch die Schnürung rund um das Ei herum gleich tief einschneidet. Es würde verständlich, wenn sich das Vorderende des Embryos bei der Entwicklung gegen die Schnürfurche hin vorwärts bewegte und dabei gespalten würde. Etwas ähnliches ist in der Tat der Fall. Nachdem sich das Ei durch Teilungen in zahlreiche Zellen zerlegt und unter Bildung eines Hohlraums, der „Furchungshöhle", in eine Blase, die „Keimblase", verwandelt hat, beginnt ein sehr merkwürdiger Vorgang. Es stülpt sich das Material für den Darm und die sogenannten mesodermalen Organe, welches ursprünglich an der Oberfläche liegt, ins Innere ein, bis es ganz von der Urhaut, dem Ektoderm, umschlossen wird. Bei diesem Vorgang, Gastrulation genannt, findet nun die Spaltung des Vorderendes statt. Durch die mediane Schnürung wird nämlich nicht nur das Ei hantelförmig, sondern auch die Furchungshöhle nimmt diese Gestalt an. Bei der nun folgenden Einstülpung treffen die einströmenden Zellen in der Mitte, wo sie normalerweise am meisten Platz für ihre Ausbreitung haben, auf die nach innen vorspringende Wand der Furchungshöhle, wie das Wasser des Stroms auf den Brückenpfeiler, und weichen nach den beiden erweiterten Seiten der Furchungshöhle aus, bis in diesen so viel Material untergebracht ist, daß der Rest in der Mitte Platz findet. So erklärt sich für das eingestülpte Material ohne weiteres, daß es nicht ringsum, sondern von vorn her gespalten ist, und zwar um so tiefer, je mehr die Medianebene eingeengt war. Daß nun auch das Gehirn in genau entsprechender Weise verdoppelt ist, deutet darauf hin, daß die Bildung seiner Anlage aus dem Ektoderm von den unterlagerten Teilen aus bestimmt wird. Dieser schon damals gezogene Schluß wurde dann viele Jahre später durch ein direktes Experiment bewiesen und hat sich als sehr folgenreich herausgestellt.

Noch wichtiger für spätere Versuche wurde es, daß ich feststellen konnte, bis zu welchem Entwicklungsstadium eine Verdoppelung des Vorderendes durch mediane Spaltung möglich ist. Im Zweizellenstadium geht es ohne weiteres; daß es bei einem ausgebildeten Embryo nicht mehr geht, ist allgemein bekannt; irgendwo zwischen diesen beiden Entwicklungsstadien muß also der kritische Punkt liegen. Es hat sich nun gezeigt, daß bis zu Beginn jener Einstülpung des Darmmaterials, also im Blastula- und frühen Gastrulastadium, mediane Einschnürung eine Verdoppelung des Vorderendes nach sich zieht, völlige Durchtrennung die Entstehung von Zwillingen. Nach Vollendung der Gastrulation aber bleiben die getrennten Hälften halb. Dann sind also die einzelnen Teile des Keims schon fest zu ihrem späteren Schicksal bestimmt, sie vermögen zu nichts anderem mehr zu werden; vorher aber, bis zu Beginn der Gastrulation, hat diese Bestimmung noch nicht stattgefunden, jedenfalls nicht in unwiderruflicher Weise. Denn wenn an einem Vorderende zwei Köpfe mit vier Augen entstehen an Stelle von einem Kopf mit zwei Augen, dann ist offenbar das zur Verfügung stehende Bildungsmaterial für die Augen anders verwendet worden als im normalen Verlauf der Entwicklung. Für die weitere Forschung trifft es sich sehr glücklich, daß dieser Zustand der „freien Berufswahl" so spät noch vorhanden ist; denn da die erste Einstülpung immer in der Medianebene und in bestimmter Höhe des Keims stattfindet, so läßt sich dieser von jetzt an orientieren. Von dieser Feststellung sind später die Versuche ausgegangen, welche zur Entdeckung des „Organisationszentrums" geführt haben.

Diese Schnürversuche in verschiedenen Stadien der Entwicklung und alles, was später aus ihnen folgte, waren nicht die einzige Frucht, welche mir die Vertiefung in Weismanns Theorie vom Keimplasma eintrug. Vielmehr sehe ich jetzt, daß eigentlich alle meine experimentellen Arbeiten in ihren Anfängen dort wurzeln. Das gilt gleich von einer Versuchsreihe, welche sich in der Technik an jene ersten Schnürversuche anschloß, in der Fragestellung aber noch unmittelbarer an Weismanns Grundanschauung rührte. Ich will sie schon hier ganz kurz erwähnen, obwohl sie erst viel später ausgeführt wurde, als ich schon Professor in Rostock war und meine ersten eigenen Schüler hatte.

Einem dieser Schüler, Otto Mangold, hatte ich die Aufgabe gestellt, jüngste Tritonkeime durch Schnürung zur Verdoppelung zu veranlassen und dann zu prüfen, bis zu welchem Stadium der Entwicklung der eingeleitete Verdoppelungsprozeß wieder rückgängig gemacht und ein einheitlicher Embryo erzielt werden könne. Im Lauf dieser Arbeit hatte Mangold einen eigenen experimentellen Gedanken gefaßt, der mir sehr fruchtbar erschien und den er dann statt des von mir vorgeschlagenen Themas durchführte. Während ich ihm aber gezeigt hatte, wie man Tritoneier schnürt, war auch mir ein neuer Gedanke gekommen, dem ich nun weiter nachging. Ich sagte mir, es müßte möglich sein, das befruchtete, aber noch unentwickelte Ei so einzuschnüren, daß nur seine eine Hälfte den vereinigten Ei- und Spermakern enthielte. Hier würde er zurückgehalten und ebenso zunächst seine Teilungsprodukte. Das weitere würde sich zeigen. Der Erfolg entsprach der Erwartung. Einige Zeit nach der Schnürung durchschnitt die erste Teilungsfurche die kernhaltige Eihälfte, etwas später die zweite; die andere Hälfte blieb ungeteilt. Offenbar hatte bis dahin kein Abkömmling des ersten Kerns den engen Stiel, der die Eihälften verband, passieren können. Je nach dem Grade der Schnürung trat jetzt oder erst nach einigen weiteren Teilungen eine Furche zwischen den Eihälften auf und zeigte an, daß nun ein Kern durch den Stiel gewandert war, bereit, sich weiter zu teilen und die Entwicklung der bisher ruhenden Eihälfte in Gang zu setzen.

Das Endergebnis des Versuchs war dasselbe wie nach Schnürung im Zweizellenstadium. Bei schwacher Schnürung entstanden Embryonen mit zwei Köpfen (mediane Lage der Haarschlinge) oder mit einer queren Furche um den Körper, welche Rücken- und Bauchhälfte trennte (quere Lage der Haarschlinge). Bei starker Einschnürung oder völliger Durchtrennung entstanden je nach dem Zwillingsembryonen oder ein kleiner, normal gegliederter Embryo und ein ungegliedertes Bauchstück. Aber die eine Hälfte war immer, manchmal sehr erheblich, in der Entwicklung zurück, weil sie erst verspätet in sie eingetreten war, und ihre Kerne stammten alle nur von einem Bruchteil des ersten befruchteten Kernes ab; eben jenem, welcher durch den Stiel in die zuerst kernlose Eihälfte hinübergewandert war.

Auf diesen letzteren Punkt kommt es bei dem Experiment an; er widerlegt in klarster Weise die Entwicklungstheorie von Weismann, wie sie in dem Buch über das Keimplasma begründet ist. Nach dieser Theorie spaltet sich der erste Kern des befruchteten Eies fortlaufend in Tochterkerne auf, welche unter sich verschieden und auf die Bildung ganz bestimmter Teile des Körpers eingestellt sind. Ein solcher Bruchteil des Kerns enthält also nicht die ganze Erbmasse, sondern eben auch nur bestimmte Bruchteile von ihr, und könnte nur den entsprechenden

Bruchteil des Embryos entstehen lassen. Statt dessen zeigte sich, daß jeder Abkömmling des ersten Kerns zur Bildung eines ganzen Embryos führen kann, wenn er nur in den richtigen Teil des Eis gelangt; in einen Teil, wie wir jetzt sagen können, der das Organisationszentrum enthält*.

Dieses wichtige Ergebnis war damals nichts Neues mehr; vielmehr hatten schon Versuche verschiedener anderer Forscher zu demselben Schluß geführt. Ja noch mehr, ein ganz entsprechendes Experiment war schon längere Zeit vorher nach anderer Methode an Seeigeleiern von dem amerikanischen Forscher J. Loeb ausgeführt worden. Es war für mich eine nützliche, wenn auch nicht ganz angenehme Erfahrung, als ich später darauf kam, daß ich jene Arbeit schon früher gelesen hatte, sogar sehr sorgfältig mit Auszügen, daß sie mir aber völlig aus dem Gedächtnis entschwunden war, als ich mein eigenes Experiment ersann, ausführte und veröffentlichte. Man würde sich wohl manchmal wundern, wenn man Bücher aus der Kinder- und Jugendzeit in späterem Alter wieder läse, wieviel man anderen verdankt von dem, auf was man ganz selbständig gekommen zu sein glaubte. Vielleicht das merkwürdigste und berühmteste Beispiel hiefür ist die Tatsache, daß Darwins Großvater den Gedanken der Abstammung, welcher seinem großen Enkel wie eine Erleuchtung aufging, schon lange vorher in einem ausführlichen Lehrgedicht dargestellt hatte.

So hat mein Experiment, abgesehen von einigen Besonder-

---

* Auszug aus Weismann, Keimplasma S. 185.

„Die umgekehrte Annahme wäre aber — wie eben gezeigt wurde — auch möglich, die Annahme, daß zwar in jeder Zelle das gesamte Anlagenplasma vorhanden wäre, aber immer nur diejenige Anlage zur Wirkung auf die Zelle gelangte, welche der Rolle entspräche, welche diese spielen soll. Dieses Wirksamwerden der Anlage hinge dann nicht von dem Idioplasma der Zelle, sondern von Einflüssen ab, welche von dem Gesamtkomplex der übrigen Zellen des Organismus ausgingen. Man müßte sich vorstellen, daß jeder Ort des Körpers von sämtlichen übrigen Orten bestimmt würde ... Eine solche ‚Erklärung' ist aber nichts anderes als ein Verzicht auf Erklärung, da wir uns einen solchen bestimmenden Einfluß des Ganzen auf die tausend- und millionenfach verschiedenen Teile in keiner Weise vorstellen oder auf irgendwelche Analogien beziehen können."

heiten des Objekts, für die Wissenschaft nur die Bedeutung, die Widerlegung von Weismanns Lehre in besonders eleganter, weil klarer und einfacher Weise zu leisten. Für meine eigene Arbeit aber war es von Wichtigkeit, daß mir nicht nur auf Grund fremder Beobachtungen, sondern durch eigene Erfahrung die Anschauung ganz lebendig wurde, daß die Kerne aller Zellen zum mindesten des jungen Keims dieselbe vollständige Erbmasse enthalten, aus welcher dann die dem Ort und der Zeit entsprechenden Gruppen von Faktoren aktiviert werden.

Während der Ausführung und Auswertung der Schnürversuche wurde noch eine zweite Serie von Experimenten in Angriff genommen, welche mich dann auch viele Jahre hindurch beschäftigt hat; Experimente über die ursächlichen Zusammenhänge bei der Entwicklung des Wirbeltierauges. Dabei handelte es sich von Anfang an nicht in erster Linie um eine vertiefte Einsicht in die Entstehung dieses wunderbar zweckmäßig gebauten Sinnesorgans, so sehr auch diese eine eingehende Erforschung verdiente. Vielmehr schien sich hier eine besonders günstige Angriffsstelle für die Lösung einer ganz allgemeinen Frage zu bieten, welche für mich durch das Studium der Weismannschen Entwicklungstheorie in den Mittelpunkt des Interesses gerückt war; der Frage nämlich, ob der Organismus, dessen Teile im erwachsenen Zustand aufs genaueste zusammenwirken, sich auch unter Wechselwirkung der Teile entwickelt oder ob diese Teile, wie es nach dem Vorgang Weismanns damals die herrschende Ansicht war, unabhängig voneinander ihren vorbestimmten Weg durchlaufen.

Die Entwicklung des Wirbeltierauges ist nämlich dadurch merkwürdig, daß es aus Teilen ganz verschiedener Herkunft zusammengebaut wird. Nur der bilderzeugende Apparat, die Linse, entsteht aus der Epidermis wie bei den übrigen Tieren; der bildempfangende dagegen, die Netzhaut oder Retina, wird vom vorderen Teil der Hirnanlage geliefert. Auch diese Anlage, die „Medullarplatte", nimmt zunächst einen Teil der Oberfläche des Keims ein; dann aber krümmt sie sich zum Rohre zusammen und wird von der Epidermis überwachsen. Am vorderen Ende dieses „Medullarrohrs" wölben sich rechts und links zwei hohle Ausstülpungen hervor, die „primären Augenblasen"; sie bilden sich in der Folge zur Camera obscura des Auges um. Zu diesem bildempfangenden Apparat kommt nun von außen her der bilderzeugende, die Linse, hinzu. Gerade an der Stelle, wo die Epidermis von der primären Augenblase berührt wird, gerät sie in Wucherung; es bildet sich ein Bläschen, welches sich abschnürt und zur Linse umwandelt.

Angesichts dieses räumlichen und zeitlichen Ineinandergreifens zweier Entwicklungsvorgänge kommt der unbefangene Beobachter unwillkürlich zu der Auffassung, es müsse ein ursächlicher Zusammenhang zwischen ihnen bestehen, derart, daß die Epidermis von der Augenblase zur Bildung der Linse veranlaßt wird. Aber auch das Experiment, um das zu entscheiden, bietet sich selbst an; denn die Zellen für Augenblase und Linse, welche später zur gegenseitigen Berührung ü b e r e i n a n d e r geschoben werden, liegen vorher in der offenen Medullarplatte und in der benachbarten Epidermis, also n e b e n e i n a n d e r, und es müßte möglich sein, etwa die Anlage der Augenblase zu zerstören, ohne diejenige der Linse zu berühren, und damit zu prüfen, ob die Linse auch bei Ausfall der Augenblase gebildet wird.

Es ist merkwürdig, daß dieses so naheliegende Experiment nicht früher ausgeführt worden ist. Ich selbst bin erst durch einen Irrtum daraufgekommen. Als ich mir nämlich einen ganz jungen Froschembryo genauer mit der Lupe betrachtete, fiel mir auf, daß die eben zusammenrückenden Medullarwülste sich vorne rechts und links in je eine flache Erhöhung fortsetzen, welche ich für die erste Anlage der Augenblase hielt. Sofort schoß mir der Gedanke durch den Kopf, es müßte doch möglich sein, diese Augenanlage, welche ich so greifbar deutlich vor mir zu sehen glaubte, zu zerstören und dadurch die Bedeutung der Augenblase für die Bildung der Linse festzustellen. Schon am nächsten Morgen wußte ich, daß ich die Anlagen der Kopfganglien für die Augenanlagen gehalten hatte; aber die experi-

mentelle Idee war nun gefaßt und wurde von dem Irrtum nicht berührt.

Warum war ich nie auf den naheliegenden Gedanken gekommen, die Augenanlage zu zerstören, solange ich sie nicht sah, und tauchte er sofort auf, als ich sie zu sehen glaubte? Ich habe oft bei mir die Beobachtung gemacht, daß ich wie festgebannt bin in dem Umkreis der geläufigen Gedanken, bis irgendeine Vorstellung ein sonst nicht gewohntes Maß von Lebendigkeit gewinnt. Bei vorwiegend begrifflich arbeitenden Forschern tritt diese zu einer neuen Gedankenverbindung nötige Lebendigkeit häufig bei der sprachlichen Formung ein, etwa bei einem Gespräch, in der Vorlesung, beim Schreiben. Bei vorwiegend anschaulich denkenden Menschen, wie es die technischen Erfinder sind, ist es wohl eher ein sinnlicher Eindruck. Wenn ich mir ein neues Instrument machen will, suche ich auf dem Tisch herum oder stehe vor Schaufenstern, bis mir etwas ins Auge fällt, was sich als Mittel zur Erreichung des mir vorschwebenden Zweckes anbietet.

Es wurde nun also zuerst an den ganz jungen Embryonen des braunen Grasfrosches (Rana fusca) die eine Augenanlage in der noch weit offenen Medullarplatte durch Anstich mit einer heißen Nadel zerstört. Das Ergebnis des Versuchs schien eindeutig. Wenn die Augenblase auf der operierten Seite fehlte oder so stark verkleinert war, daß sie die Epidermis nicht erreichte, so unterblieb auf dieser Seite die Bildung einer Linse, desgleichen die Aufhellung der sonst undurchsichtigen kohlschwarzen Epidermis in der Gegend über dem Auge. Da mit großer Wahrscheinlichkeit ausgeschlossen werden konnte, daß dies etwa die Folge einer direkten Schädigung der Epidermis durch die erhitzte Nadel war, so blieb nur der Schluß, daß sowohl für die Linsenbildung wie für die Aufhellung der Epidermis ihre Berührung durch die Augenblase unentbehrlich ist.

Die Frage, welche damit experimentell in Angriff genommen worden war, hatte in der Luft gelegen. Unabhängig von mir und praktisch gleichzeitig mit mir wurde sie von Curt Herbst in größerem Zusammenhange aufgeworfen und unter Auswertung von gewissen Mißbildungen im gleichen Sinne wie von mir beantwortet. So war es nicht verwunderlich, daß sich nun auch zur experimentellen Bearbeitung zahlreiche Kräfte einfanden. Die Ergebnisse stellten meine wissenschaftliche Kritik auf eine nicht ganz leichte Probe, aus welcher aber ein grundsätzlicher Fortschritt nach verschiedenen Richtungen hervorging.

Es wurde wohl allgemein als selbstverständlich vorausgesetzt, daß ein so typischer Vorgang wie die Linsenentwicklung bei allen Wirbeltieren in derselben ursächlichen Verbindung ablaufen müsse. Als daher nicht lange nach meinem Experiment E. Mencl für die Forelle, H. D. King für eine amerikanische Froschart angaben, sie hätten freie Linsen ohne Augenblasen gefunden, schien nur ein Irrtum auf der einen oder anderen Seite möglich zu sein. Da die Gegner das positive Ergebnis aufzuweisen hatten, schien es meine Seite zu sein. Dann wäre also bei meinem Experiment die Linsenanlage doch durch den Anstich mit der heißen Nadel geschädigt worden. Ich hatte aber schwerwiegende Gründe, einerseits dies auszuschließen, andererseits die Angaben meiner Gegner zu bezweifeln. Beim einen schien mir die Linse nicht sehr deutlich, beim andern das Fehlen des Auges nicht gewiß. Immerhin wiederholte ich meine Versuche an einem anderen Objekt, an den Embryonen des grünen Wasserfrosches (Rana esculenta), mit einer anderen Methode, welche als schonender gelten konnte. Ich zerstörte nämlich die Augenanlage nicht mit einer erhitzten Stahlnadel, sondern schnitt sie mit einem inzwischen erfundenen kleinen Instrument, einer feinen Glasnadel, sorgfältig heraus. So fest war meine Überzeugung, daß ich wieder dasselbe Ergebnis haben werde, daß ich das operierte Material ein halbes Jahr liegen ließ, ehe ich es untersuchte, weil ein anderes Experiment mich im Augenblick mehr fesselte; um so größer aber auch meine Überraschung, als ich in mehreren Fällen schön entwickelte Linsen bei völligem Fehlen der Augenblase auffand.

Ich hielt mich für verpflichtet, dieses Ergebnis sofort zu veröffentlichen und meine Zweifel an der Auffassung meiner Gegner zurückzuziehen, so gerne ich vorher ein Experiment ausgeführt hätte, welches entscheiden sollte, ob nicht am Ende doch die ganz unerwartete Möglichkeit verwirklicht wäre, daß sich zwei so nahe verwandte Tierformen wie der Gras- und der Wasserfrosch in einem so wichtigen Punkte verschieden verhalten. Ich vertauschte also die Methoden, schnitt die Augenanlage mit der Glasnadel heraus, wo ich sie beim ersten Versuch ausgebrannt hatte, und zerstörte sie durch Hitze, wo sie vorher kalt ausgeschnitten worden war. Und wirklich, das Ergebnis blieb dasselbe; der grüne Wasserfrosch bekam, so oder so, eine Linse auch ohne Auge, der braune Grasfrosch nicht. Nun zweifelte ich kaum noch daran, daß in der Tat ein Unterschied im Verhalten besteht. Dies brauchte nur ein solcher des Grades zu sein, derart, daß in beiden Fällen eine Mitwirkung der Augenblase bei der Linsenbildung stattfindet, im einen Fall aber unentbehrlich ist, im andern nicht. Das wurde noch wahrscheinlicher, als sich bei weiteren Versuchen herausstellte, daß die Embryonen einer anderen Amphibienart, die der Unke (Bombinator pachypus), in dieser Hinsicht eine Mittelstellung einnehmen. Damit stimmt die weitere Tatsache überein, daß eine experimentelle Verkleinerung der Augenblase bei der Unke eine entsprechende Verkleinerung der Linse nach sich zieht, während beim Grasfrosch nach derselben Operation die Linse viel zu groß für den Augenbecher wird.

Darnach läge also beim Grasfrosch wie bei einigen anderen Wirbeltieren die überraschende, höchst merkwürdige Tatsache vor, daß die Linse nicht gerade an derjenigen Stelle der Epidermis entsteht, wo letztere von der Augenblase berührt wird; daß vielmehr die Linsenwucherung unabhängig von der Augenblase eintritt, aus Ursachen, welche in der Stelle selbst liegen oder auch in ihrer Umgebung, nur eben nicht in der Augenblase. Wenn nun die Vorgänge, welche zum Aufbau des kunstvollen Organes führen, trotz ihres selbständigen Ablaufs so genau ineinandergreifen, so müssen sie schon vorher aufeinander abgestimmt worden sein. Zwar nicht von Anfang an; denn dann wäre nicht zu verstehen, wie durch künstliche Spaltung Tiere mit zwei Köpfen, also mit vier Augen und ebenso vielen Linsen, erzeugt werden können. Aber vor dem Zeitpunkt, wo eine solche Verdoppelung nicht mehr möglich ist, vor dem Ende der Gastrulation, also jedenfalls lange vor Bildung einer Augenblase muß die Zusammenstimmung geschehen sein. Die Linse entsteht also als Teil eines harmonisch-äquipotentiellen Systems.

Es war ein glücklicher Zufall, daß nicht Rana esculenta zuerst zur Untersuchung gekommen war; denn mit der dabei entdeckten unabhängigen Linsenentwicklung hätte man sich wohl beruhigt und wäre nicht auf den Gedanken gekommen, weiter zu fragen, ob auch die Augenblase eine Rolle dabei spiele. Nachdem mir aber zunächst ein Objekt mit abhängiger Linsenentwicklung in die Hand gefallen war, erhob sich sofort die weitere Frage, welchen Umfang nun die Fähigkeit der Augenblase hat und welchen die der Epidermis. Als dann die Fälle von unabhängiger Linsenentwicklung aufgefunden wurden, verlor jene Frage dadurch nicht ihre Bedeutung, vielmehr entwickelte sie sich zu der noch viel wichtigeren weiter, ob vielleicht auch bei ihnen die Augenblase wenigstens mitwirkt.

Es mußte also festgestellt werden, ob auch an anderen Stellen der Epidermis, welche sonst keine Linse bilden, eine solche entsteht, wenn man sie mit einer Augenblase in Berührung bringt. Das erkannte ich wohl und sprach es auch als Forderung aus; doch fehlte es mir damals noch an der geeigneten Methode. Ehe ich sie ausgearbeitet hatte, nahm der amerikanische Forscher W. H. Lewis die Frage auf. Er führte das geforderte Experiment in der Art aus, daß er die soeben vorgestülpte Augenblase freilegte, abschnitt und unter die etwas abgehobene Epidermis des Rumpfes nach hinten schob. Der Erfolg war, daß über der verpflanzten Augenblase in zahlreichen Fällen eine Linse entstand. Daraus war der doppelte Schluß zu ziehen, einmal, daß auch die Epidermis des Rumpfes die Fähigkeit, die „Potenz", zur Linsenbildung besitzt; dann aber, daß die Augenblase diese Linsenpotenz zu wecken, zu aktivieren vermag.

Inzwischen hatte ich eine Methode ausgearbeitet, nach welcher Amphibienembryonen selbst im jüngsten Entwicklungsstadium leicht und sicher in der verschiedensten Weise operiert werden können; also gewissermaßen eine Chirurgie im kleinen. Die Schwierigkeit welche dabei zu überwinden war, bestand außer in der winzigen Größe der Objekte in ihrer ungemeinen Weichheit und Verletzlichkeit; dies erforderte Instrumente von entsprechender Feinheit, ermöglichte sie andererseits aber auch. Die Herstellung ist denkbar einfach. Zu den ersten praktischen Handgriffen, welche der Student der Zoologie lernt, gehört die Anfertigung einer Pipette (Saugröhrchen, Tropfenzähler) durch Ausziehen eines Glasrohres über der heißen Bunsenflamme. Durch einen kleinen Kunstgriff läßt sich die Spitze einer solchen Pipette zu äußerster Feinheit ausziehen. In die enge Öffnung steckt man ein feines Kinderhaar, zuerst das eine, dann das andere Ende, so daß eine Schlinge von gewünschter Größe entsteht, welche man mit einem kleinen Pfropfen geschmolzenen Wachses befestigt. Mit zwei solchen an gläsernem Griff montierten Haarschlingen kann man die jüngsten Embryonen, ja schon das weiche, aus allen Hüllen genommene Ei aufheben, hin und her bewegen und in jede gewünschte Lage bringen, ohne es zu verletzen. Aus den jüngsten Entwicklungsstadien, zum Beispiel der jungen Gastrula, lassen sich sogar kleine Stücke mit der Haarschlinge ausstanzen und beliebig durch andere ersetzen. Zur Operation etwas älterer Stadien verwendet man besser eine Glasnadel, welche in ähnlicher Weise aus einem Glasstabe zu äußerster Feinheit ausgezogen wird. Mit ihr kann man natürlich nicht durch Druck von oben her schneiden, vielmehr sticht man am einen Ende des beabsichtigten Schnitts in den Keim ein, am anderen Ende wieder aus, wie beim Nähen, und schneidet dann die unterstochene Strecke durch Gegendruck mit der Haarschlinge durch. Auf diese Weise wurde die schon erwähnte Operation, Ausschneiden der Augenanlage aus der offenen Medullarplatte, sehr exakt durchgeführt.

Nun ging ich daran, die Fähigkeiten zur Linsenbildung bei der Epidermis und bei der Augenblase in systematisch durchgeführten Versuchen zu prüfen. An den Embryonen der Unke und an denen des Wasserfroschs, nach Schluß der Medullarwülste, wurde die Epidermis über der Augenblase umschnitten, sauber abgehoben und durch solche von einer andern Stelle des Körpers ersetzt. Dabei ergab sich ein sehr bezeichnender Unterschied zwischen den beiden untersuchten Tierarten. Bei der Unke konnte zwar Rumpfhaut keine Linse bilden, wohl aber Kopfhaut, also Epidermis aus der nächsten Nachbarschaft der normalen Linsenbildungszellen. Beim Wasserfrosch dagegen war auch Kopfhaut dazu nicht imstande. Der Unterschied zwischen den beiden Tierarten entspricht also durchaus dem, welchen die Defektversuche gezeigt hatten. Wo die Linsenbildung von der Augenblase abhängig ist, besitzt sowohl diese die Fähigkeit, einen linsenbildenden Reiz auszusenden, als auch die Epidermis wenigstens der Kopfregion, auf einen solchen Reiz mit Linsenbildung zu antworten. Wo aber die Linse auch ohne Augenblase entstehen kann, geht entweder dieser oder der Epidermis oder allen beiden die linsenbildende Fähigkeit ab.

Auch zwischen diesen letzteren Möglichkeiten konnte eine Entscheidung getroffen werden, dadurch, daß Epidermis einer anderen Tierart, deren Fähigkeit zur Linsenbildung bekannt war, auf eine Augenblase verpflanzt wurde, deren Fähigkeit zur Linsenerzeugung in Zweifel stand. Der russische Forscher D. Filatow hat dieses wichtige Experiment ausgeführt und dabei eine Linse entstehen sehen. Der italienische Forscher P. Pasquini hat das Experiment mit gleichem Ergebnis wiederholt. Daraus folgt, daß beim Wasserfrosch zwar die linsenbildende Fähigkeit der Epidermis auf den engen Bezirk der normalen Linsenanlage beschränkt, die linsenerzeugende Fähigkeit der Augenblase aber in derselben Weise wie bei Embryonen mit abhängiger Linsenentwicklung vorhanden ist.

Das ist nun aber ein höchst merkwürdiger Tatbestand, denn er besagt, daß die Augenblase bei der normalen Entwicklung einen linsenbildenden Reiz aussendet, der nun in der Epidermis auf ein Zellmaterial trifft, welches schon auf anderem Wege zur Linsenbildung bestimmt worden war. Die Epidermis kommt also der Augenblase beim Vorgang der Linsenbildung gewissermaßen auf halbem Wege entgegen.

Der Fall war nicht der erste seiner Art. Schon längere Zeit

vorher hatte der Zoologe Ludwig Rhumbler erkannt, daß bei der Durchteilung der Zelle zwei Vorgänge verschiedener Art zu gleichem Endziel zusammenwirken. Dadurch erscheint der Teilungsvorgang „doppelt gesichert"; Rhumbler übertrug auf ihn diesen der Technik entlehnten Ausdruck. Hermann Braus hat dann als erster etwas ähnliches bei einem Entwicklungsvorgang festgestellt. Es traf sich, daß er Boveri und mir von seiner Entdeckung erzählte, als ich gerade dasselbe für die Entwicklung der Linse gefunden hatte. Später hat sich eine weite Verbreitung dieses „synergetischen Prinzips" feststellen lassen; zum Beispiel von dem Schweizer Zoologen Fr. E. Lehmann, der solche Entwicklungsleistungen treffend als „kombinative Einheitsleistungen" bezeichnet hat.

Da das höchst verwickelte Lebensgetriebe inmitten einer ständig wechselnden Außenwelt nur in Gang erhalten werden kann, wenn die einzelnen Lebensvorgänge in ganz bestimmter, den Umständen jeweils angepaßter Weise ablaufen und ineinander greifen, so sind wir gewohnt, bei jeder neu entdeckten Lebenserscheinung nach dem Nutzen für den Organismus zu fragen. Dieser kann hier nicht darin liegen, daß die Entstehung einer Linse auch dann gesichert ist, wenn eine Augenblase fehlt, um ihre Bildung auszulösen. Denn in diesem Fall wäre die doppelt gesicherte Einrichtung sowieso wertlos. Vielmehr müssen wir wohl annehmen, daß die Entwicklung reibungsloser, rascher, ich möchte sagen, bequemer abläuft, wenn sich die ineinander greifenden Entwicklungsprozesse auf halbem Wege entgegenkommen. Aber so sehr das einleuchten mag, weil es uns von unserem eigenen Verhalten her vertraut ist, so unannehmbar erscheint es, hier an zufällige Variation zu denken.

Nun möchte man noch so vieles wissen und weiß davon auch noch einiges, sogar grundlegend Neues. Aber ich darf hier nicht weiter ins einzelne eingehen. Doch glaubte ich meinem geduldigen Leser ein gewisses Eindringen in das Gewirr der Tatsachen — es ist in Wirklichkeit noch viel größer — nicht ganz ersparen zu sollen, weil er nur so eine Vorstellung davon gewinnen kann, wie der experimentierende Biologe arbeitet: immer das Ganze der sich erhebenden Fragen und der von der Natur bisher gegebenen Antworten im Bewußtsein; immer tastend, prüfend, sichernd; mit Vertrauen und doch mit Vorbehalt auf dem Wahrscheinlichen weiterbauend; das Gefundene festhaltend und doch jeden Augenblick bereit, alles wieder aufzugeben, die Tatsachen und Schlüsse neu zu überprüfen, es mit neuen Annahmen zu versuchen. Langsam verfestigt sich so ein Kern von Tatsachen, der immer wieder sich bewährend als gesicherter Bestand des Wissens gelten kann.

Noch ein weiteres möchte ich dem einsichtigen wohlgesinnten Leser nahebringen. Der Fernerstehende mag wohl, gerade bei der heutigen Geisteshaltung, erstaunt, vielleicht mit einem Anflug von Unwillen fragen, wie sich ein Mann von normalen Geistesgaben Jahr für Jahr dieser ernsten Zeiten mit dem Auge eines Frosches, ja sogar nur mit einem Teil dieses Auges beschäftigen mag. Darauf möchte ich erwidern, daß es allein schon etwas Großes und Befreiendes ist, inmitten all des Wähnens und Meinens, des unsachlichen Behauptens, der selbstsüchtigen Unwahrhaftigkeit an irgendeinem Punkt der unbestechlichen Wirklichkeit gegenüberzustehen. Den Sinn dafür zu erhalten, ist auch ein Dienst an Volk und Vaterland. Dann aber gibt es in der Naturwissenschaft diese Wertabstufung nach dem Gegenstand nicht. Wir greifen da an, wo wir eine schwache Stelle zu finden glauben, und stoßen möglichst tief durch. Gelingt das, so rollt sich ein Abschnitt der Front des Unbekannten von selbst auf. So handelt es sich hier in letzter Linie gar nicht um das Auge des Frosches, sondern um allgemeingültige Gesetzlichkeiten der Entwicklung, die gerade hier besonders leicht zugänglich erscheinen, die aber weit über den Einzelfall hinaus auch unsere eigene Entstehung beherrschen und deren Erkenntnis auf die geistige Erfassung unseres eigenen Wesens zurückwirken muß. Daß aus solcher Erweiterung und Vertiefung unserer Naturerkenntnis zuletzt auch immer eine Erhöhung unserer Macht folgt und damit eine Hilfe im harten Kampf mit der Not des Lebens, das hat tausendfache E r f a h r u n g gelehrt. Aber auf diesen Beweggrund möchte ich gar nicht zurückgreifen.

Wir nehmen es ja als einen besonderen Adel unseres Wesens in Anspruch, daß wir eine Sache um ihrer selbst willen tun, daß wir „lieben können ohne Lohne". Möchten wir uns hierin von keiner anderen Nation übertreffen lassen.

Aber diese höchsten Beweggründe reichen nicht immer hinein bis in den erstickenden Kleinkram jedes Tages. Wenn man all die zahllosen kleinen Handgriffe, welche das naturwissenschaftliche Arbeiten fordert, ehe auch nur das kleinste Ergebnis erzielt ist, rein aus Vorsatz zur Erreichung des letzten Ziels zu tun hätte, würde man bald erlahmen. Boveri, von dem mir immer wieder einmal ein treffendes Wort einfällt, hörte ich einmal in seiner drastischen Art sagen: „Ein Mensch, der nicht gern Flüssigkeiten zusammenschüttet und durcheinanderrührt, soll kein Chemiker werden." Man sollte nicht nur zum Gegenstand seiner Wissenschaft eine angeborene Verwandtschaft haben, sondern auch ihr Handwerk lieben. Wenn das wahr ist, so bin ich durch Naturtrieb zur experimentellen Erforschung der Entwicklung bestimmt gewesen.

Die Liebe zur belebten Natur im allgemeinen ist mir angeboren, als Erbteil von seiten meiner Mutter, der Tochter und Enkelin von Ärzten, bei denen wie bei ihr die Liebe zu Blumen besonders bemerkt wurde. Ein Vetter meiner Mutter, der Verleger Julius Hoffmann, hatte Zoologe werden wollen; er blieb sein Leben lang ein passionierter Jäger, Sammler von Schmetterlingen und Vögeln, Kenner und Liebhaber von Rosen. Meine liebsten Kinderbücher handelten von Tieren, besonders Vögeln, von ihrem Leben im Freien, ihrer Pflege in der Gefangenschaft. Ich habe niemals Briefmarken gesammelt, aber bis in spätere Jahre mit Eifer Käfer und Schmetterlinge. Auch Pflanzen, doch hielt ich diese lieber frisch oder pflegte sie im Garten. Ich kannte die Standorte auch von Arten, die in der Umgebung meiner Vaterstadt seltener geworden waren, und wartete jedes Frühjahr sehnsüchtig auf ihr Erscheinen. Meine glücklichsten Träume handelten vom „Haben" von Tieren. So träumte ich einmal von Forellen in einem klaren Bach; auf einmal kam mir der entmutigende Gedanke, daß es nur ein Traum sein möchte, bis ich mich durch Anfassen überzeugte, daß ich sie wirklich hatte. Was leider nicht hinderte, daß ich aufwachte und sah, daß es doch nur ein Traum gewesen war. Diese Neigung war angeboren, nicht durch Beispiel angeregt. Auch mein nächster Bruder hatte sie, wenn auch in etwas anderer Weise; meinen übrigen Geschwistern und meinen Eltern fehlte sie entweder ganz oder sie war mehr auf die Schönheit gerichtet, nicht auf das Geheimnis ihres Wesens.

Besonders aber fesselte mich die Entwicklung. Ich erinnere mich noch lebhaft, wie ich einmal aus der Schule nach Hause kam und die Küchlein waren aus den Eiern geschlüpft, auf denen, wie ich wußte, die Henne seit Wochen gesessen hatte. Die reizenden kleinen Federkugeln, die so munter umhertrippelten, mußten ja ganz unmittelbar jedem Kind gefallen. Aber weit darüber hinaus erstaunte ich bei dem Gedanken, daß durch die Wärme der Henne aus den toten Eiern diese lebenden Wesen hatten werden können, die mich sahen und hörten, und ich wunderte mich, daß nicht jeder sich darüber ebenso wunderte und alles daran setzte, um es zu verstehen.

Aber schon früher, ganz instinktiv und unmittelbar, zogen mich die kindlich plumpen Formen der jungen Blätter an und ihre allmähliche Entfaltung und fortschreitend zierlichere Ausgestaltung. Ich sah das mit einem dumpfen Staunen, ohne Verständnis, ja ohne ganz klares Bewußtsein; aber es muß sehr tief in mir gelegen haben, denn noch jetzt kenne ich dieses rätselhafte Gefühl, wie von Erinnerungen an weit zurückliegende Dinge, deren Anfang man nicht kennt und die daher gerade so gut aus einer Zeit von jenseits des Lebens stammen könnten.

Zu diesem kam, wohl von Vaters Seite, eine Neigung und Begabung für alles Handwerkliche, welche auch meine Kinder alle geerbt haben. Was der Beruf davon forderte, war mir daher keine Last, sondern ein Vergnügen, bei dem ich jede Zeit vergessen konnte und mich nur hüten mußte, daß es nicht überwucherte und aus einem Mittel zum Selbstzweck wurde. Besondere Freude machte mir das Erfinden kleiner Werkzeuge und Vorrichtungen für meine Versuche, möglichst so einfach, daß ich sie ohne fremde Hilfe selbst herstellen konnte. Boveri meinte einmal, Leute von meinen Neigungen würden sonst gewöhnlich Techniker, Physiker oder Chemiker, und ich wundere mich jetzt selbst, daß ich nie an die Möglichkeit gedacht habe, einen dieser Berufe zu ergreifen. Aber ich wollte eben gerne mit dem Leben zu tun haben. Der Weg war so klar vorgezeichnet und doch fand ich ihn so spät, weil ich erst spät lernte, mir selbst zu vertrauen und auf nichts zu hören als auf meinen eigenen innersten Trieb. Jetzt glaube ich klar zu sehen, in welcher Tiefe dieser Trieb wurzelt. Ich wünsche auf das Lebendige einzuwirken, um am fremden Leben teilzuhaben und mich selbst dabei lebendiger zu fühlen. Meine Leidenschaft zum Experimentieren am sich entwickelnden Lebendigen hängt im Innersten mit meinen pädagogischen Neigungen zusammen, mit meiner Freude am Kennenlernen von Menschen, am Unterrichten und Erziehen. So wurde mir auch diese Seite meiner beruflichen Pflichten zu einer Quelle dauernder Befriedigung.

Zum Gegenstand meiner ersten Vorlesung nahm ich auf Rat und Wunsch von Boveri ausgewählte Kapitel der Entwicklungsmechanik. Es war damals noch nicht gar so lange her, daß dieses jüngste Gebiet biologischer Forschung von Wilhelm Roux eröffnet und begrifflich organisiert worden war; es war daher in seiner Ausdehnung noch leicht zu überblicken. Doch war die Lage durch die sachlichen und zum Teil auch persönlichen Gegensätze zwischen den führenden Forschern Weismann—Roux einerseits, Driesch—O. Hertwig andererseits ziemlich verworren. So war mein Erstes ein gründliches Studium namentlich der Arbeiten von Roux. Dieser war mir schon in Weismanns „Keimplasma" begegnet, im übrigen aber nur aus der Darstellung von Oskar Hertwig bekannt. Er hatte sich häufig über diese Darstellung seiner Ansichten als unzutreffend beschwert, und in der Tat sah manches im Zusammenhang der Originalarbeiten anders aus, als ich mir gedacht hatte. Andererseits war Roux damals noch ein Anhänger der Weismannschen Grundanschauungen über Entwicklung, denen vor allem durch die experimentellen Arbeiten von Driesch der Boden eigentlich schon entzogen war; mit ihnen suchte er die Ergebnisse seiner eigenen Experimente in Beziehung zu setzen, was vielfach nicht ohne Zwang möglich war. Kurz, es war für den Anfänger nicht ganz leicht, sich durchzufinden. Das Wesentliche aber war, daß vor allem Roux und Driesch die letzte Entscheidung immer beim Experimentieren suchten. Dem Für und Wider der Deutungen in alle Einzelheiten nachzugehen, schulte das Urteil und regte zu eigenen Experimenten an.

So begann ich denn am 6. November 1898 meine erste Vorlesung vor einer kleinen, aber sehr erlesenen Hörerschaft, denn Boveri war darunter, ferner der Physiologe M. v. Frey und mein späterer Freund Hermann Braus, der gerade von Jena zu Kölliker nach Würzburg gekommen war und den ich in den letzten bangen Minuten vor Beginn meiner ersten Vorlesung kennen lernte. Ich kann mich nicht dafür verbürgen, daß nicht der eine oder andere dieser Prominenten — die Vorlesung manchmal geschwänzt hat; aber immerhin hatte ich öfters nachher wertvolle Kritik und Diskussion.

Boveri war auch im wissenschaftlichen Vortrag mein Meister, nach welchem ich mich zu bilden strebte. Oft setzte ich mich vor Beginn meiner eigenen Vorlesung für ein paar Minuten in seinen Hörsaal und sah mir die klaren Zeichnungen an, welche die Tafel in schöner Verteilung bedeckten, jede einzelne ein kleines Kunstwerk. Ich kann nicht sagen, daß meine eigenen danach besser geworden wären. Seine Vollendung drückte auf mich, und ich konnte mich frei nach meiner eigenen Art erst entwickeln, als ich nicht mehr bei ihm war. Einmal sagte ich in halb ernster, halb komischer Verzweiflung zu ihm: „Das ist der Unterschied zwischen Ihnen und mir — wenn S i e reden, bleiben Sie ganz ruhig und die Zuhörer sind begeistert; wenn i c h rede, bin ich begeistert und die Zuhörer bleiben ganz ruhig." Worüber er lachte. Es war der Unterschied zwischen dem Meister und dem Schüler, aber etwas auch der zwischen zwei verschiedenen Temperamenten. Boveri bereitete sich immer auf das sorgfältigste vor, bis ins Einzelne hinein, ganz in sich selbst zurückgezogen. In dieser Ferne blieb er auch während des Sprechens, er entzündete sich nicht am Hörer. So meisterhaft seine Reden waren, zum Hören und auch nachher zum Lesen, so würde ich ihn doch nicht einen hinreißenden geborenen Redner nennen. Wenn es galt, eine unerwartete Situation durchs Wort zu meistern, oder wenn er in der Diskussion einen Angriff zu parieren hatte, so habe ich ihn ziemlich hilflos gesehen. Nicht daß es ihm an Schlagfertigkeit gefehlt hätte; diese konnte er im Gespräch in höchstem Maße haben, auch einen Witz, der nie Wortwitz war, sondern auf einer oft genialen Kraft der Anschauung beruhte. Ich glaube, er brauchte immer ein wenig Zwischenraum zwischen sich und den Menschen oder den Dingen und Ereignissen. Ich nahm mir seine Gewissenhaftigkeit in der Vorbereitung zum Vorbild, dann aber vertraute ich mich mehr der Eingebung des Augenblicks an. Deshalb blieb mir aber auch jede Vorlesung und Rede eine große Anspannung, w ä h r e n d deren ich mich in einem Zustand einer seltsamen Gehobenheit befand, v o r der ich aber selbst als alter Dozent die Angst nie ganz verlor, jenes eigentümliche Gefühl in den Knien beim Niederdrücken der Türklinke des Hörsaals, welches wohl den meisten meiner jungen Kollegen bekannt sein wird.

In den folgenden zehn Jahren meiner Würzburger Dozentenzeit las ich außer dem eben genannten Thema noch über Entwicklungsgeschichte der Wirbellosen und mit besonderer Vorliebe über Naturgeschichte der Vögel und der Insekten. Schon in einem der nächsten Jahre aber bekam ich Gelegenheit, in Vertretung von Boveri, der zum Experimentieren an Seeigeleiern einen Winter in Neapel zubringen wollte, das Hauptkolleg über allgemeine Zoologie zu halten. Zur Vorbereitung dieser Vorlesung ging ich für ein paar Wochen nach Berlin, mietete mich in der Nähe des Museums für Naturkunde ein und studierte dessen schon damals ungemein reichhaltige, gut aufgestellte zoologische Schausammlung. Auch war ich ein fleißiger Besucher des Zoologischen Gartens. So war ich für die ersten Wochen des Semesters gut mit Stoff versorgt; später mußte ich freilich von der Hand in den Mund leben, wie das wohl jeder angehende Dozent kennt.

Die Zoologie hatte sich mit dem Sieg der Abstammungslehre eine ganz zentrale Stellung errungen. Wenn der Mensch aus dem Tierreich hervorgegangen ist, so kann man sagen, daß ihr Gebiet an der Grenze zwischen Belebtem und Unbelebtem anhebt und in der Psychologie gipfelt, wie es der Professor der Theologie und damalige Rektor der Berliner Universität Adolf Harnack im Jahre 1901 bei der Begrüßung des 2. Internationalen Zoologenkongresses aussprach. Demgemäß war die Wertschätzung, deren sie sich allgemein erfreute, eine hohe und es stand außer Frage, daß ihr auch an der Ausbildung des ärztlichen Nachwuchses ein wesentlicher Anteil gebühre.

Das hat sich nun, wenigstens in Deutschland, im Lauf der letztvergangenen zwei Jahrzehnte nicht unwesentlich geändert. Man möchte Zoologie und Botanik in der naturwissenschaftlichen Vorbildung der Mediziner zurückdrängen, um Raum für die sich immer mehr ausdehnenden medizinischen Fächer und Spezialfächer zu gewinnen. Da für die Aneignung des stets wachsenden Stoffes nicht mehr, sondern aus mancherlei Gründen eher weniger Zeit zur Verfügung gestellt ist, so muß sich mit Naturnotwendigkeit der gegenseitige Druck der wie in einem unnachgiebigen Gefäß eingeschlossenen Fächer verstärken, und er wird dasjenige Fach zur Verkümmerung oder Ausscheidung bringen, welches, ich will nicht sagen, sich am wenigsten wehren kann, aber welchem die geringste Bedeutung für die Ausbildung der Ärzte beigemessen wird. Die Biologie für ein solches Fach zu halten, wäre ja nun gar zu inkonsequent in einem Staat, welcher gerade daran ist, wichtigste Teile seiner inneren Politik auf biologischen Grundsätzen aufzubauen. Das kann daher nicht die Meinung der Reformbestrebten sein; ebensowenig, sich auf die Biologie des Menschen, d. h. die Anatomie und Physiologie im gewöhnlichen Sinn, zu beschränken. Man will diese auf eine breitere Basis stellen, sie allgemein wissenschaftlich unterbauen. Nun aber nicht, wie bisher, durch eine Anatomie der Tiere und Pflanzen, sondern durch eine „allgemeine Biologie". Man hat vorgeschlagen, daß die Fachvertreter für Zoologie und Botanik abwechselnd diese Vorlesung halten sollen. Wenn ein Zoologe, der sich die praktische Durchführung dieser Aufgabe überlegt, dagegen einzuwenden hat, er verstehe nicht genug von Botanik, und umgekehrt der Botaniker von Zoologie, um eine solche Vorlesung in der auf deutschen Hochschulen hergebrachten wissenschaftlichen Höhenlage zu halten, d. h. auf Grund eigener Erfahrungen und Einzelkenntnisse des Fachs, so beleuchtet schon diese technische Schwierigkeit die innere Unmöglichkeit der Forderung. Es gibt eben kein „Leben im allgemeinen"; vielmehr spielt sich das wirkliche Leben mit seinen mannigfachen Verrichtungen in verschiedenen konkreten Lebensformen an verschieden gebauten konkreten Organismen ab, bei Tieren anders als bei Pflanzen, bei freilebenden Tieren anders als bei festsitzenden oder bei Parasiten, bei Fleischfressern anders als bei Pflanzenfressern, bei Wassertieren anders als bei Land- und Lufttieren, und was dergleichen Grundverschiedenheiten mehr sind. Wenn sich daraus auch einige grundsätzliche Züge aller Lebensvorgänge abstrahieren lassen, wie etwa der Stoffwechsel mit seinen Voraussetzungen und einzelnen Phasen, oder die Bewegung, die Reizbarkeit, die Regulation, so können diese doch nur an konkreten Organismen aufgezeigt werden. Erst muß der Student die einzelnen anschaulichen Tatsachen kennen lernen; nicht zu viele, in wohl überlegter Auswahl, aber gründlich, womöglich unter eigenhändigem Zugreifen, und zwar für die tierischen wie für die pflanzlichen Formen. Dann können durch Vergleich die allgemeinen Begriffe gewonnen werden, durch welche der Stoff geordnet und für den Geist überschaubar gemacht wird. Damit anzufangen oder gar sich darauf zu beschränken, wie die Vorlesung über allgemeine Biologie es täte, würde bloß zu einem Anhäufen inhaltsarmer allgemeiner Vorstellungen oder im Grunde von Worten führen, wodurch nur eine anspruchsvolle und schädliche Scheinbildung erzeugt würde, nicht jene echte naturwissenschaftliche Allgemeinbildung, wie der Arzt sie nötig hat.

Denn darum, um echte Bildung, handelt es sich hier im letzten Grunde. Ihr Wert ist hier derselbe wie überall. Unmittelbar anwenden kann man das allgemeine theoretische Wissen eigentlich nie; man bedarf zu jedem Handeln der besonderen Übung, ja der Routine. Aber es macht eben doch einen entscheidenden Unterschied, ob man eine Sache nur als routinierter Praktiker versteht oder ob man mit einem durch Einsicht in die weiteren Zusammenhänge geschärften Urteil an sie herantritt. So auch beim Arzt. Je umfassender und je tiefer der Einblick ist, den er in die Lebenserscheinungen gewonnen hat, um so besser wird er befähigt sein, alle Abweichungen von der Norm, auch die unbedeutenden und seltenen, zu erkennen und richtig zu beurteilen, um so besser gerüstet, den kranken Menschen zu verstehen und ihm zu helfen.

Dazu kommt noch ein weiteres. Jeder Berufsstand hat seine besonders ausgeprägte Weltanschauung; sich ihrer bewußt werden und sie vertreten können, ist Bildung. Aber dieselbe schöne Verfassung des Geistes und des Herzens befähigt ihn auch allein, die fremde Anschauung zu verstehen und ihr gerecht zu werden. So ist der Arzt durch sein tägliches Tun und Erleben der Vertreter einer stark naturwissenschaftlich bestimmten Lebenslehre im höchsten Sinne des Worts. Ihrer soll er sich bewußt werden, sie soll er vertreten können. Denken wir uns das Bild, welches wohl nicht leicht aus unserem deutschen Leben verschwinden wird, den Stammtisch im Dorf oder in der kleinen Stadt, an dem die Honoratioren beisammen sitzen. Da sollte der Arzt doch nicht nur über die Leiden seiner Mitbürger und ihre mehr oder weniger interessanten Ursachen Bescheid wissen, sondern er sollte auch mit lebendigem Verständnis erklären können, was es mit dem Darwinismus für eine Bewandtnis hat, was man auf diesem Gebiete weiß und was man schließen zu müssen glaubt und aus welchen Gründen; er sollte die wichtigsten Tatsachen der Vererbung gründlich kennen und verstehen und in der Lage sein, über diese und ähnliche Dinge von allgemeinem Interesse dem wißbegierigen Frager begründete Auskunft zu geben, aber auch dem halbgebildeten Schwätzer über den Mund zu fahren. Selbst das wäre kein unbedingter Schaden, wenn er ein paar Tiere und Pflanzen kennte; er würde sich um so besser mit dem Förster und Apotheker verstehen. Dieselbe Kulturmission hat der Arzt neben seiner nächsten Aufgabe, die Gesundheit der Einzelnen und der Volksgemeinschaft zu betreuen, auch in den verwickelteren Verhältnissen der großen Stadt. Ganz ungewollt übt er, wenn er ein g e b i l d e t e r Arzt ist, diese erhellende und erziehende Wirkung auf seine nähere und dann auch auf seine weitere Umgebung aus.

Aus diesem Kulturziel ergibt sich, was die grundlegende Vorlesung über Zoologie, welche für die künftigen Ärzte und Lehrer gemeinsam ist, bringen und vor allem, wie sie es bringen sollte. Im einzelnen wird und soll jeder die Aufgabe anders anfassen, je nach seiner eigenen Arbeitsrichtung und Neigung; man kann von vielen Seiten her und auf mancherlei Wegen zum Verständnis des Lebens gelangen. Aber dieses Verständnis, nicht die Aufhäufung von Kenntnissen sollte immer das Ziel sein. Wird man also durch den Druck der andern Fächer gezwungen, sich einzuschränken, so versuche man nicht, den hergebrachten Wissensstoff mittels der modernen Hilfsmittel an den ermüdenden Augen und sich abstumpfenden Hirnen vorbeizujagen, sondern man beschränke den Stoff zugunsten der Vertiefung.

Aber nur wer hat, kann geben. So wurde mir durch den erwählten Lehrberuf das zur Verpflichtung, wozu mich eigener Trieb drängte, meine biologische Bildung unablässig zu erweitern und zu vertiefen. Ohne die äußere Verpflichtung hätte ich bei der Art meiner Forscherarbeit dazu vielleicht nicht die geistige Freiheit behalten. Die innerliche Nötigung, das letzte aus meiner ziemlich eng begrenzten Kraft herauszuholen, zwang mich zur äußersten Arbeitsökonomie und damit zur strengsten Selbstbeherrschung auf das eine Objekt, welches sich als dienlich erwiesen hatte, das Amphibienei und seine Entwicklung, und auf eine einzige Reihe von Fragen, von denen jede aus der Lösung der vorhergehenden folgte. Diese bewußte Einseitigkeit in der produktiven Arbeit bedeutete für mich bei meiner Empfänglichkeit für die lockende Fülle der Welt eine schwere Entsagung und war vielleicht meine größte innerliche Leistung. Oft war ich so weit, daß mir einfach alles interessanter erschien als das, woran ich nun schon seit Jahren saß, und ich verschwor es, daran weiter zu arbeiten. Aber wenn dann im Frühjahr wieder die ersten Molche zum Laichen ins Wasser kamen, schien es mir doch unmöglich, ihre Eier sich in Frieden normal entwickeln zu lassen, und allen guten Vorsätzen zum Trotz mußte ich — recht eigentlich nolens volens — aufs neue die Fragen aufnehmen, welche mir die Ergebnisse des vergangenen Jahres gestellt hatten.

So war es eben schließlich doch wieder die mir durch meine Veranlagung gestellte Aufgabe, welche mich auf dem schmalen Wege festhielt, der auch äußerlich ein Wagnis bedeutete. Ich denke dabei weniger an jenen vorsichtigen gleichaltrigen Kollegen, welcher meinte, er wolle doch lieber erst abwarten, wie die Entwicklungsmechanik sich durchsetze, ehe er sich mit ihr einlasse. Aber verschiedene Male wurde mir von älteren Kollegen, welche es wissen mußten, wohlmeinend geraten, ich solle mein Arbeitsgebiet erweitern, und selbst Boveri, der mir in einem Fall diesen Rat überbrachte, nannte ihn sehr beherzigenswert. Freilich, als ich ihm dann am nächsten Tage, nachdem ich die Sache beschlafen hatte, sagte, wer denn dann der neuen noch viel angefeindeten Forschungsrichtung zum Durchbruch verhelfen solle, wenn nicht Leute in meiner äußeren Lage, gab er mir auch recht. Es war in der Tat, wie ein Kollege bedauernd sagte, eine Sackgasse, in welcher ich mich befand; aber ich wagte es auf den Glauben hin, daß mir der Durchbruch zu entscheidenden Erfolgen gelingen werde.

Die Versuchung, von diesem schmalen Pfade abzuweichen, war nie größer denn damals, als sich mir die Möglichkeit bot, den Winter 1903/4 an der Zoologischen Station in Neapel zuzubringen. Dort wird man überschüttet mit lebendigem Arbeitsmaterial und darunter auch gerade mit solchem, welches zur experimentellen Erforschung der Entwicklung geeignet ist. Die Eier von Seetieren, von Seeigeln, Seescheiden, vom Lanzettfischchen waren es ja gewesen, an welchen nach Wilhelm Roux's ersten Versuchen am Froschei O. und R. Hertwig, Boveri, Hans Driesch, Curt Herbst, E. B. Wilson, E. Conklin und so viele andere ihre Experimente ausgeführt hatten. Was lag näher, was war verlockender, als das eine oder andere dieser Experimente zu wiederholen, um das Material kennen zu lernen, woraus sich dann das weitere von selbst ergeben hätte. Und doch war ich so ziemlich von Anfang an entschlossen, mich in diesen köstlichen Wochen und Monaten nicht wieder in irgend eine Einzelfrage zu vergraben, sondern frei um mich zu schauen, nach allen Seiten.

So trennte ich mich denn Anfang Oktober 1903 von Frau und Kindern und fuhr, von Genua an mit dem Schiff, nach Neapel.

*

Hier bricht die Lebensbeschreibung von der eigenen Hand Hans Spemanns ab. Eine große Zahl von Briefen und einzelne Berichte beleuchten jedoch auch das weitere Leben so stark mit seinen eigenen Gedanken, daß sich das unvollendete Werk großenteils mit Spemanns eigenen Worten abrunden läßt. Das ist nun in den folgenden Abschnitten versucht.

II

AUS AUFSÄTZEN, BRIEFEN UND VORTRÄGEN

In Freiburg

Etwa 1924

HERMANN LIETZ
UND DIE DEUTSCHEN LANDERZIEHUNGSHEIME

Von Hans Spemann

Es ist mir immer merkwürdig gewesen, welche lange Reihe kleiner „Zufälle" sich unter der Wirkung eines starken stetigen Triebes aneinanderfügen mußte, wie Eisenspäne unter der Wirkung eines Magnets, damit meine Bekanntschaft mit Hermann Lietz zustande kam; eine Bekanntschaft, aus welcher eine herzliche Freundschaft wurde, die zu einer Mitarbeit an seinem Werke führte und meine innere Entwicklung so stark gefördert hat wie wenig anderes.

Ich hatte mich, wie ich schon erzählt habe, seit meiner eigenen Schulzeit lebhaft für die damals viel erörterte Frage der Schulreform interessiert; so sehr, daß ich eine Zeitlang ernstlich daran dachte, mich ihr ganz zu widmen. Als dann die Entscheidung über die Richtung meines Lebensweges fiel, hat zwar der alles beherrschende Drang nach Erkenntnis diese Bestrebungen an die zweite Stelle gedrängt; aber sie blieben doch lebendig und haben sich immer wieder in der einen oder andern Form geltend gemacht. Daher erregte es mein Interesse, als ich lange nachher, es mag im Jahr 1906 gewesen sein, in der Zeitung las, daß am Ammersee ein Landerziehungsheim gegründet worden sei. Sein Leiter Dr. Lohmann hielt in Würzburg in engerem Kreise, in den ich durch einen Kollegen eingeführt wurde, einen Vortrag über seine Schule. Bei dieser Gelegenheit erfuhr ich, daß im Frühjahr 1907 in Schondorf am Ammersee ein neues Schulgebäude, von dem Münchener Architekten Thiersch erbaut, eingeweiht werden solle; ich erhielt dann einige Zeit nachher eine Einladung zur Teilnahme an der Feier. Ich hatte nicht die Absicht, ihr Folge zu leisten. Als es sich aber traf, daß ich gerade am Tag vor dem Fest in München war, mit meiner Frau auf der Rückreise vom Gardasee begriffen, fiel mir diese Einladung wieder ein. Ich entschloß mich rasch, ließ meine Frau allein nach Hause reisen und fuhr nach Schondorf.

In den Ansprachen bei der Feier hörte ich zu wiederholten Malen mit großer Verehrung den Namen Dr. Lietz nennen, der uns die Ehre erwiesen habe, zur Einweihungsfeier zu kommen. Ich sah mir neugierig jeden der mir unbekannten Anwesenden daraufhin an, ob er wohl Dr. Lietz wäre; als dieser dann auftrat, um einige Worte zu sprechen, hatte ich ihn übersehen gehabt. Er war ein wohlgebauter Mann von mittlerer Größe, stark gebräunt, mit dichtem schwarzem Haar und großen dunkeln Augen, die ebenso herrschend blicken wie gütig leuchten konnten; von einer natürlichen Kraft und Anmut in jeder Bewegung. Was er sagte, ist mir nicht mehr erinnerlich. Am Nachmittag sah ich ihn noch einmal beim Kaffee im Kreise der Lehrer, die eine Menge Fragen und Anliegen vor ihn brachten. Jede seiner Antworten war einfach und naheliegend; sie hätten sie sich selbst geben können; aber jede verlangte irgendein Opfer an der eigenen Bequemlichkeit. Wir verließen zusammen das Fest. Infolge irgendeiner Bummelei bei Besorgung des Fuhrwerks blieben wir auf einer kleinen Station liegen; es waren nur ein paar Stunden, aber sie genügten, um uns Gelegenheit zur Aussprache und Anknüpfung der Bekanntschaft zu geben. In später Nacht kamen wir in Würzburg an; er stieg mit mir zusammen aus und ließ es sich nicht nehmen, mir meinen schweren Handkoffer bis zu meinem Hause zu tragen. Er war viel stärker als ich und Widerstand aussichtslos.

Dabei hätte es ja nun bleiben können, bei einer flüchtigen Begegnung, wie man viele im Leben hat. Bei der man in einem fremden Menschen mit freudigem Erstaunen etwas Verwandtes erkennt, auch wohl denkt, es müßte schön sein, als sein Kamerad die Lebensstraße zu wandern. Aber jeder hat sein eigenes Ziel, und die Wege führen wieder auseinander. Doch es war wohl beschlossen, daß wir näher zusammenkommen sollten.

Im folgenden Sommer war ich mit meiner Familie in St. Märgen, dem hochgelegenen Dorf im badischen Schwarzwald, dessen alte Klosterkirche mit ihren zwei Türmen ich jetzt bei klarem Wetter von Freiburg aus sehen kann. Ich stand mit dem bepackten Rad vor dem Haus, in dem wir zur Miete wohnten, im Begriff, nach Freiburg zu fahren. Es fiel mir ein, daß ich noch etwas vergessen hatte, und ich ging ins Haus zurück, es zu holen. Als ich gleich darauf wieder herauskam, hielt der Sohn eines Würzburger Kollegen mit dem Rad vor dem Haus; auf die Frage, wo er hin wolle, sagte er, nach Gaienhofen an den Bodensee, um seine Patin, Frau v. Petersen, zu besuchen. Sie war mit Dr. Lietz eng befreundet und hatte in Gaienhofen ein Landerziehungsheim für Mädchen gegründet, in welchem auch ihre Tochter erzogen wurde, die spätere Frau Jutta Lietz. Ich stand ja nun fast auf der Wasserscheide und konnte mein Rad ebenso gut nach Gaienhofen wie nach Freiburg rollen lassen. So lernte ich dieses Heim vor einem der Lietzschen kennen. Das war aber meinem Freund zu viel. Er überfiel mich in Würzburg mit einer Schar seiner Jungen, um einen Druck auf mich auszuüben, daß ich nun auch ihn besuchte, was ich gerne versprach. So machte ich im Spätjahr 1907 meinen ersten Besuch im Deutschen Landerziehungsheim Schloß Bieberstein.

Das ehemals fürstbischöfliche Jagdschloß Bieberstein liegt am steilen Westabfall der Rhön, in der Höhe von Fulda, gegenüber dem schräg abgeschnittenen Kegel der Milseburg. Es krönt weithin sichtbar die Spitze eines Bergrückens, der in die sanft gewellte Ebene vorspringt. Eine Zweigbahn bringt den Reisenden von Fulda nach der kleinen Station Langenbieber, von der man in einer Viertelstunde die Höhe erreicht. Durch einen dunkeln Torweg gelangt man auf den noch immer leicht ansteigenden Platz auf dem sich der mächtige Bau des Schlosses erhebt. Tritt man vor an die niedere Mauer, welche den Platz gegen den steilen Absturz umgibt, so öffnet sich ein Blick über Berge und Täler, Wälder, Wiesen und Felder, wie er größer und lieblicher in deutschen Landen nicht zu finden ist. Wie oft habe ich seither aus den Fenstern des Schlosses dort hinabgeschaut! Wenn lichte Frühlingswolken am Himmel zogen und die Wiesen grün wurden vom jungen Gras; wenn das Korn auf den Feldern reifte; wenn die Wälder sich verfärbten; wenn das weite Land unter der weißen Schneedecke lag, in welche der Lauf des Baches, die Straßen und Dörfer dunkel eingezeichnet waren. In jeder Zeit des Jahres, in guten und in bösen Tagen.

Damals bei meinem ersten Besuch erwartete mich unten ein Schüler, ein junger Mann von sechzehn bis siebzehn Jahren, von freimütigem offenem Wesen. Er führte mich einen kürzeren Weg, einen schmalen Fußpfad zum Schloß hinauf, und es fiel mir auf, in welch ritterlicher, zugleich ungezwungener und bescheidener Art er voranging und beim steilen Steigen vermied, mir längere Zeit den Rücken zuzuwenden. Gerade so war mir auch Lietz entgegengetreten und so begrüßte er mich auch jetzt, ein ganz freier Mensch. Ich verbrachte bei ihm ein paar unvergeßliche Tage, während deren ich, soweit mir möglich, am Leben der Schüler teilnahm.

Früh um sechs Uhr ertönte die große Glocke im Hof. Kurz darauf hörte man die Schüler die Treppe herunterpoltern. Sie sammelten sich in dem großen, von den vier Flügeln des Schlosses umgebenen Hof, traten in Abteilungen an und stürmten, einen Lehrer an der Spitze, zum Tor hinaus zu einem Dauerlauf in den Wald. Dann sammelten sich alle Bewohner des Schlosses, die Lehrer und Schüler, die Angestellten, Knechte und Mägde, im großen Speisesaal zum Frühstück. Während jeder hinter seinem Teller stand, las Lietz ein kurzes Wort, von irgendeinem Großen des Geistes; dann ging es mit scharfem Appetit ans Essen, Hafergrütze mit Zucker, Kakao, Schwarzbrot mit Butter; alles gut und reichlich. Die Sache wurde flott abgemacht, ein anders Gewöhnter mußte sich dazu halten, wenn er zu dem Seinigen kommen wollte. Ich saß neben Lietz, der von seinem Platz aus alles übersah; um ihn seine „Familie". Auch die übrigen Schüler saßen nach Familien geordnet an langen Tafeln, jede mit ihrem „Familienvater" an der Spitze. Familienmütter, die jetzt an den wenigsten Tischen fehlen, gab es in jenen Jahren, im heroischen Zeitalter der Heime, als Lietz selbst noch unverheiratet war, nur wenige, wenn überhaupt eine. Es war ein reiner Männerstaat und glich einem spartanischen Kriegslager. Das ist später anders geworden, und es mag wohl sein, daß damit lose Knöpfe und schmutzige Finger seltener geworden sind, von tieferen Wirkungen zu schweigen. Aber schon damals wurde die Grundlage jeder echten Höflichkeit, die Rücksicht auf die Gefühle des Andern, hochgehalten, vor allem durch das Beispiel von Lietz selbst. Es war ein lustiger Anblick, ein fröhlicher Lärm. Aber ziemlich plötzlich wurde das Stimmengewirr schwächer; alles war in Erwartung des leisen Glockenzeichens, mit welchem Lietz Stille gebot. Doch auch aus dem stärksten Lärm heraus verstummte alles ganz plötzlich, wenn das kaum hörbare gewohnte Zeichen ertönte. Das hat mir jedesmal aufs neue einen großen Eindruck gemacht, als Ausfluß tiefer erzieherischer Weisheit. Man muß die Menschen für die leisen Töne empfindlich erhalten; um so stärker wirkt dann ein kräftiges Wort. Verlegt man sich einmal aufs Schreien, so muß man bald brüllen. Es würde nichts schaden, wenn allgemeiner nach diesem Grundsatz gehandelt würde. — Nun gab Lietz einiges bekannt, auch der eine oder andere Schüler hatte eine Mitteilung zu machen. Dann zerstreuten sich die Schüler in ihre Zimmer, um sie und sich selbst in Ordnung zu bringen. Um acht Uhr begann der Unterricht.

Fand der Unterricht im Zimmer statt, so setzte ich mich meist in die hinterste Bank, wo die Klasse mich nicht sah und sicher bald vergaß, wenn sie mir überhaupt Beachtung geschenkt hatte, wo mir selbst aber nicht leicht etwas entging. Vor allem interessierte mich die Haltung der Schüler. Da fiel zunächst einmal eines ganz weg, der heimliche Unfug während des Unterrichts. Wenn man Tags zuvor auf dem Feld oder in der Werkstatt gearbeitet und den Tag mit einem Dauerlauf begonnen hat, dann sitzt man auch als übermütiger Junge ganz gern eine Weile still. Auch sind die Lehrer in einem Landerziehungsheim von vornherein in viel höherem Maße als in der staatlichen Tagesschule darauf angewiesen, sich durch ihre persönliche Kraft, körperlich und geistig, gegenüber der Jugend durchzusetzen. Wer das nicht kann, scheidet meist bald wieder aus.

Vom Unterricht interessierte mich am meisten der von Lietz selbst gegebene, vor allem in Religion und Geschichte. Schon seine äußere Art, die von allem wenigstens damals Gewohnten abwich, war mir höchst eindrucksvoll. Am liebsten unterrichtete er im Freien, etwa auf dem Rasen unter einem Baum sitzend, die Jungens im Halbkreis um ihn her. Ich halte das nicht für eine bedeutungslose Äußerlichkeit. Gerade dem jungen Menschen prägt sich auch bei aufmerksamem Folgen nicht nur das ein, was er mit Ohr und Verstand vernimmt; die ganze Umgebung, die er während des Hörens wahrnimmt, verbindet sich unlöslich mit dem Gehörten. Man wird später lieber an jene ersten Eindrücke zurückdenken, wenn sie einem mit dem Spiel der Sonne in den Blättern oder mit dem Blick über eine weite Sommerlandschaft verknüpft sind und nicht mit der Erinnerung an eine kahle viereckige Schulstube, in der man in Reih und Glied saß. Der heranreifende Mensch freilich muß lernen, sich in jeder Umgebung zu sammeln.

Für Lietz war beim Unterricht alles immer ganz von innen heraus lebendig. Er faßte die Vergangenheit nie romantisch, sondern ganz wirklich und gegenwärtig. Er erläuterte das große Neue am kleinen Bekannten, das Vergangene am Gegenwärtigen. Dabei beteiligte er die Schüler am Urteil, an der Wertung; auch in der Religionslehre tat er das, immer ehrlich bis zum letzten, wenn auch nie ohne Ehrfurcht. Vor allem war es aber auch hier sein Beispiel, welches unausgesprochen und ungezwungen den Anschauungsunterricht gab. Wenn er von der Besiedelung des deutschen Ostens durch die alten Sachsenkaiser sprach, oder von der Rodung der Wälder durch die Mönche, oder auch von der Art und Wirksamkeit der alten Propheten in Israel, so dachte man unwillkürlich an ihn selbst, wie er neue Heime gegründet hatte, um darin mit den Seinen nach seinem Sinn zu leben; wie er auf seinem Landgut pflanzte und baute; wie er um sein Volk litt und für seine Erneuerung kämpfte. An ihm konnte einem lebendig werden, was ein deutscher Ordensmeister war, der im Preußenland Städte und Burgen gründete, oder ein Apostel, der nichts sein eigen nannte als seinen Mantel und Stab. Auch er, der kleine Bauernsohn, der ein großes Besitztum, jetzt ein Millionenobjekt, aus dem Nichts geschaffen und organisiert hatte und leitete, auch er besaß außer den einfachsten Kleidungsstücken nichts, was er nicht mit seinen Jungen teilte, und selbst von jenen behauptete das Gerücht das Gegenteil.

Selbstverständlich fehlte es den jungen Menschen noch an der Erfahrung und Reife, um das mit dem vollen Bewußtsein zu erfassen, wie es der gleichaltrige Freund tat. Aber daß es von den feineren Schülern gefühlt wurde, zeigt folgende hübsche kleine Geschichte. Jahre später, als Lietz seit kurzem verheiratet war, fragte er die Kinder — es war im Heim der Jüngsten, in Ilsenburg — halb im Scherz, warum sie wohl dächten, daß man sich verheirate. Da sagte ein kleines Mädchen: „Weil man gern etwas ganz für sich allein haben möchte." Es hatte sie wohl in ihrem kleinen hausmütterlichen Herzen gekränkt, daß ihr geliebter Lehrer so besinnungslos alles hergab.

Manchmal kam er abgearbeitet, ja selbst zerstreut zum Unterricht. Ich habe einmal einer Unterrichtsstunde beigewohnt, bei welcher er den Hörer am Ohr hatte, weil er eine wichtige Nachricht von auswärts erwartete. Er ist die Sorgen eigentlich nie losgeworden. Aber es mochte vorgefallen sein, was wollte; nach wenigen Minuten ergriff ihn der Gegenstand oder die Antwort eines Schülers. Dann war er mit einem Male wie verwandelt, und sein Unterricht wurde hinreißend.

Doch kehren wir zu unserem Tageslauf zurück. Der Nachmittag war grundsätzlich der körperlichen Tätigkeit gewidmet, der freien gymnastischen Ausbildung und der praktischen Arbeit. Das Geräteturnen trat zurück hinter der Leichtathletik und den Spielen, den Mannschaftskämpfen, bei denen wohl auch der Einzelne sich hervortun kann und dafür von seinen Kameraden bewundert wird, aber immer als Glied einer Gemeinschaft. Von solchen Spielen wurde damals besonders der Fußball geübt, in der rauheren von Rugby betriebenen Form, mit Aufnehmen des Balles. Es war ein herrlicher Anblick, auf der Spielwiese unten im Tal die von Luft und Sonne gebräunten jugendlichen Körper sich bewegen zu sehen, oft so schnell, daß das Auge kaum zu folgen vermochte; jeder völlig hingegeben und selbstvergessen, alle Aufmerksamkeit von sich selbst abgelenkt und auf den rollenden und fliegenden Ball gerichtet. Diese Schule, an welcher weder Lateinisch noch Griechisch unterrichtet wurde, wäre von einem alten Hellenen viel eher als Gymnasium anerkannt worden als die Philologenschule, die ich in meiner Jugend besucht hatte. Aber freilich, in einem unterschied sich der neue Geist grundlegend von dem jener edelgeborenen Schönen und Guten: die nützliche Arbeit der Hände wurde so hoch gewertet wie die des Geistes und mindestens so hoch wie die zweckfreie Durchbildung des Körpers. Und zwar war keine Arbeit zu gering, bis herab zu denen, die jeder gern von sich abwälzt. So hatten die Jungens damals die Abortgruben selbst zu reinigen. Es wurde nicht erwartet, daß man es mit Begeisterung tat, aber es durfte auch nicht als Strafe auferlegt werden. Da die Arbeit von irgend jemand getan werden mußte und sie für den Knecht nicht zu niedrig erschien, so sollte auch der junge Mensch sie kennen lernen.

Besonders lag Lietz die Arbeit an der Erde am Herzen; nicht nur die leichtere Arbeit in Obst- und Gemüsegarten, sondern auch die schwere Arbeit auf dem Feld. Da konnte nun der Bauernsohn alles angeben und selber vormachen: wie man mit dem Pflug eine Furche zieht, wie man das Vieh versorgt und die Pferde anschirrt, wie man den Dung sauber untergräbt und einen Baum pflanzt. Jungen, welche diese Neigung teilten, gehörte seine ganze Liebe. Waren und blieben ihre wissenschaftlichen Leistungen gering, so riet er den Eltern, den Jungen nicht in die unwahre Lage eines Berufs zu bringen, für den er nicht taugte, sondern ihn etwas Praktisches lernen zu lassen. Aber er blieb ihm dauernd verbunden.

Es hatte Lietz als Ziel vorgeschwebt, daß die Erziehungsgemeinschaft des Heims ein kleines Abbild des Volkes und Staates sein sollte, auch darin, daß seine Bürger ganz von ihrer eigenen Arbeit lebten. Völlig ließ sich dies nicht durchführen, aber es blieb immer sein Wunschtraum. Zur Zeit meines Besuchs waren die Jungen gerade dabei, eine Wasserleitung nach dem Schloß hinauf zu legen. Später wurde ein Schwimmteich ausgehoben. Wer Tennis spielen wollte, mußte helfen, einen Tennisplatz anzulegen. Heute, wo jeder gesunde junge Deutsche durch den Arbeitsdienst geht, ist all das nichts Besonderes mehr; aber Lietz war auch darin seiner Zeit um einige Jahrzehnte voraus. Auch er lebte dabei von den Gedanken der Vergangenheit; er bildete sich nicht ein, daß die Welt mit ihm angefangen habe. Aber er war ein großer Erfüller und Vollbringer, der ein Ideal nicht als solches stehen lassen konnte, sondern sich ganz dafür einsetzte, daß es verwirklicht wurde. Bei diesem letzten Ernst, in der lebendigen Berührung mit dem Gegenstand, erwuchsen ihm auch neue Gedanken, die er als solche unter die Menschen warf, als eine Aufgabe für die nach ihm Kommenden.

Neben diese Arbeit in Garten und Feld trat die Arbeit in der Werkstatt; in der Tischlerei, der Schlosserwerkstatt, der Metalldreherei. Lietz hatte das große Glück, dafür einen Mitarbeiter zu finden, der diesen Zweig der Erziehung mit Meisterschaft ausbildete. Ludwig Wunder, jetzt seit Jahren Leiter eines eigenen Landerziehungsheims, gab in der von ihm vorbildlich eingerichteten Werkstatt, von Lietz jederzeit in verständnisvoller Weise unterstützt, einen Werkunterricht, wie er jedenfalls damals nicht leicht an einer zweiten deutschen Schule zu finden war. Dieser praktische Unterricht arbeitete Hand in Hand mit dem theoretischen in Mathematik, Physik und den beschreibenden Naturwissenschaften.

Ganz ohne Hausarbeiten kamen auch diese glücklichen Schüler nicht durch. Sie beschränkten sich, soviel ich sehen konnte, auf eine Verarbeitung des in den Schulstunden durchgenommenen Stoffs. Eine sehr wertvolle Neuerung stammte, soviel ich weiß, nicht mehr von Lietz, sondern wurde erst von seinem Nachfolger, Dr. Andreesen, in den Heimen eingeführt und in der Folge von der Staatsschule, ja sogar von der Hochschule (als fakultativer Ersatz der schriftlichen Prüfungsarbeit) übernommen; ich meine die „Jahresarbeit", bei welcher der reifere Schüler einen Gegenstand eigener Wahl durch eigene Untersuchung, unter Heranziehung der literarischen Hilfsmittel, selbständig bearbeitet. Die Spannweite der behandelten Gegenstände ist sehr groß. Da wird etwa ein Dichter, mit dem man sich lange und eingehend beschäftigt hat, in seinem Leben und seiner Eigenart dargestellt; oder wird ein durch die Gegend führender alter Handelsweg auf Grund alter Berichte erkundet und abgegangen. Ein mehr der technischen Gegenwart zugewandter Schüler hat das Eisenbahnnetz der Umgegend genau untersucht und beschrieben. Beliebt sind auch Themata aus der Biologie und speziell der Vererbungslehre. An Hand dieser Arbeiten, die sich ehrlich innerhalb des jeweiligen Gesichtskreises des Schülers halten, kann er sich seiner Neigung und Begabung bewußt werden und in den Beruf hinüberwachsen.

So ist der Tag bis an den Rand gefüllt mit Arbeit, und der junge Mensch kommt nicht viel dazu, sich Träumereien hinzugeben. Das ist sicher für die meisten gut, aber nicht für alle. Wessen Leben später ganz in der Gemeinschaft, zwischen Gehorchen und Befehlen, aufgeht, der entwickelt seine Kräfte am besten und daher auch am liebsten in der Gemeinschaft. Aber es gibt auch Menschen, für die Gemeinschaft nicht minder wertvoll, welche vielleicht das ganze Leben lang, zum mindesten aber in der Jugend, die Einsamkeit nötig haben und suchen, weil sie erst mit sich selbst fertig werden müssen, ehe sie den andern etwas sein und geben können. Ein Forscher, ein Künstler mag sein Volk noch so sehr lieben und ihm letzten Endes seine ganze Arbeit weihen; bei seiner Arbeit selbst ist er allein, mit sich selbst, mit seinem Werk, mit seinem höheren Herrn. Wer das verkennt, der kennt die Bedingungen der schöpferischen Arbeit nicht, und wer es erschwert oder gar verhindert, der versündigt sich am unersetzlichsten Wert seines Volkes.

Lietz, der ganz in der Gemeinschaft aufging, der alle Kräfte aus ihr zog, so daß er wenigstens in den Jahren seines stärksten Wirkens kaum während einiger Stunden des Schlafs allein war, hatte doch ein tiefes Verständnis für Naturen mit anderen Bedürfnissen, wenn er nur sah, daß die Absonderung nicht aus niederem Egoismus geschah. So erinnere ich mich an einen Fall, wo er einem Jungen, der sehr musikalisch war und allein sein wollte, erlaubte, sich im Wald, am Fuß der Brüstungsmauer des Schlosses, ein eigenes Häuschen zu bauen und darin zu schlafen. Dort hatte er sein Klavier stehen und konnte nach der Arbeit des Tages ungestört Musik machen und träumen. Lietz freute sich daran und führte mich selbst hin.

Ich weiß nicht, wie weit Lietz ein unmittelbares Verhältnis zur Kunst besaß; ich hatte manchmal den gegenteiligen Eindruck. Aber er wurde von der Kunst ergriffen, wenn sie einen allgemein menschlich hohen Inhalt ausdrückt, und solche Kunst fügte er an hervorragender Stelle seinem Erziehungsplan ein. Das ist unter seinem Nachfolger in steigendem Maße geschehen, und namentlich die Pflege der Musik in den Heimen, seit Jahren unter der obersten Leitung von Dr. Hilmar Höckner, ist mustergültig.

Musik und Dichtung bildete auch den Abschluß jedes Tags. Nach dem Abendessen versammeln sich Lehrer und Schüler zu einer Feierstunde. Zu Anfang und Ende wurde Musik gemacht; dazwischen las Lietz vor, meist ein größeres Werk ernster oder unterhaltender Art, welches durch viele Abende fortlief. Das war nun das wohlverdiente Ausruhen nach der Anspannung des Tages. Jeder durfte es sich bequem machen. Die Jungens brachten mit Vorliebe ihre Wolldecken mit und legten sich auf den Boden; das erhöhte auch im Zimmer die Romantik. Einige zeichneten, meist irgend etwas aus dem Kopf. Dann bot Lietz in seiner leisen Weise Gute Nacht. Die Jungens gingen einzeln an ihm vorbei, jedem gab er die Hand, dem einen oder andern sagte er ein Wort. Bald wurde es ruhig im Haus. Ich ging mit Lietz hinauf in sein Zimmer im obersten Stockwerk. Wir traten hinaus auf den Balkon, unter den Sternhimmel, hoch über dem dunkeln Tal. In der Ferne glänzten die Lichter von Fulda. Bei gutem Wetter machten wir unser Lager draußen, wickelten uns in unsere Wolldecken ein und ließen uns beim ersten Tagesgrauen vom kühlen Morgenwind wecken.

Es war ein freies mutiges Leben, welches Lietz und die Seinen führten. Freilich, so hell und sonnig war es nicht immer wie in jenen Tagen, als wir zusammen durch den bunten Herbstwald ritten. Als ich Lietz einige Monate später wieder in Bieberstein besuchte, drückten ihn schwere Sorgen.

Wer Einrichtungen von solchem Beharrungsvermögen, wie Erziehungs- und Unterrichtswesen es haben und wohl haben müssen, mit revolutionären Ideen angreift, der darf sich nicht wundern, wenn er nicht sofort von allen Seiten begeisterte Zustimmung findet. Doch kamen die größten Schwierigkeiten, mit denen Lietz zu kämpfen hatte, nicht von seiten der Hüter des Alten, sondern aus den Reihen seiner eigenen Mitarbeiter. Mehrmals haben sich Lehrer, denen er die Leitung eines Heims anvertraut hatte, von ihm getrennt und eigene Heime gegründet, und zwar nicht immer im Guten. Wie jeder große Kämpfer war Lietz ein Mann, welcher keinen gleichgültig ließ, der mit ihm in nähere Berührung kam, den manche ebenso grimmig haßten, wie andere ihn liebten und verehrten... Manchmal war es wohl kleiner Sinn, der den Großen nicht zu fassen versteht, der es ihm weder gleich zu tun noch sich vor ihm zu beugen vermag. Manchmal aber auch Wesensgegensätze, die bis in die letzten Tiefen der Lebensauffassung und Weltanschauung reichten. Aber wie kam es, daß Lietz das nicht früher erkannte? Ich glaube, es hatte vor allem zwei tief liegende Ursachen.

Lietz war wohl ein großer Organisator, von Dingen und auch von Menschen, sonst hätte er nicht die drei Landerziehungsheime mit ihrem Betriebe aufbauen können. Aber seine ursprüngliche Leidenschaft und geniale Begabung ging doch auf den erziehenden Unterricht. Seine Liebe galt immer ganz und unmittelbar dem einzelnen jungen Menschen selbst. Deshalb war ein kleiner Kreis von Menschen, mit denen er das ganze Leben teilte, das gegebene Wirkungsfeld für die ihm eigentümliche Kraft. Nun mußte er aber und wollte ins Große wirken; nur so konnte er hoffen, einen so mächtigen Anstoß zu geben, daß dadurch die Erneuerung des ganzen Volks in Bewegung gebracht wurde. Er brauchte also Mitarbeiter. Es ist die Erfahrung, die jeder macht, der in seiner Arbeit Erfolg hat. Die Erweiterung des Lebens zwingt zu einem oft schmerzlichen Verzicht auf diejenige Arbeit, welche eigentlich der Zweck war.

Der Forscher kommt vielleicht wochenlang nicht mehr ans Mikroskop, an den Experimentiertisch, weil er seine Zeit damit hinbringt, Jüngere zu dieser Arbeit anzuleiten oder ihnen die Möglichkeit zur Arbeit zu verschaffen. Um der Forschung nach bester Kraft zu dienen, muß er seine eigene Forschung, seinen ursprünglichen Zweck, einschränken. Das brachte Lietz nicht übers Herz. Er wirkte nicht bewußt auf seine Lehrer, um durch sie auf die Schüler zu wirken, sondern er wandte sich über den Kopf des Lehrers hinweg unmittelbar an den einzelnen Schüler. Er war sich dessen wohl nicht bewußt, hätte es aber auch nicht ändern können; er konnte einfach nicht anders. Darum gewann er zu seinen Lehrern, zu jedem einzelnen von ihnen, nicht dasselbe vertraute Verhältnis wie zu seinen Schülern. Was ihn mit seinen Lehrern verband, war das gemeinsame hohe Ziel, das er ihnen wies, für das er sie begeisterte, zu dem er sie mit sich fortriß. Für die, welche rein und selbstlos waren wie er, war das genug. Sie sind ihm auch treu geblieben und nach seinem Tode seinem Werk. Aber schwächere Naturen ließen sich irre machen, eigenwillige trennten sich von ihm und weniger reine wandten sich feindlich gegen ihn.

Aber nicht nur darauf gingen seine Fehlgriffe in der Wahl der Menschen zurück, sondern er war überhaupt kein großer Menschenkenner. Man findet das nicht selten gerade bei den schöpferischen Naturen. Lietz ließ die Dinge nicht ruhig auf sich zukommen, sondern er ging ihnen gleich zu Leibe. Das war auch als Erzieher seine Eigenart und damit seine Grenze. Er suchte nicht den Menschen zu erforschen und danach auf ihn einzuwirken, sondern er sah ein hohes Ziel, dem er selbst nachjagte und nach dem er seine Jünger, die Schüler und die Lehrer, gewaltig aber auch gewaltsam mit fortriß. Also hierin ein Mann, mehr um Menschen zu prägen, als alle in ihnen liegenden Keime zur Entfaltung zu bringen. Daß trotzdem auch dies letztere in seiner Schule in hohem Maße erreicht wurde, kam einmal daher, daß er Achtung, ja Ehrfurcht vor jeder tief gegründeten Eigenart hatte und sie gewähren ließ; dann aber daher, daß er den stärksten erzieherischen Einfluß im Beispiel und in der täglichen

Umgebung des Menschen sah und darum die Jugend vor allem in eine natürliche, gesunde und einfache Umwelt versetzte, von welcher sie gebildet wurde.

Es war also wieder einmal eine Sezession erfolgt, unter häßlichen, auch persönlichen Angriffen auf Lietz. Er hatte einige ihm bekannte Universitätslehrer, den Philosophen H. Schwarz aus Greifswald, den Alttestamentler Hermann Gunkel aus Gießen und mich gebeten, Bieberstein zu besuchen und das Leben im Heim und seinen Unterricht zu begutachten. Ich folgte gern seiner Aufforderung und nahm drei meiner Studenten mit, welche sich mir näher angeschlossen hatten. Wir nahmen am Unterricht und am ganzen Leben des Heims teil und traten dann für unsern Freund ein.

Wieder einige Monate später sah ich Lietz in einer andern Not. Eines Tags im Anfang Mai 1908 kam einer der Studenten, die ich im Winter nach Bieberstein mitgenommen hatte, nach Tisch in großer Aufregung zu mir gelaufen, mit einem Zeitungsblatt, in welchem stand, daß das Schloß Bieberstein seit einem Tage brenne. Da ich damals Herr meiner Zeit war, bat ich meine Frau, meinen Rucksack für einige Tage zu packen, derweil ich mich nach dem nächsten Zug nach Fulda umsah. Dort fand ich die Menschen in Scharen auf dem Weg nach dem in der Ferne rauchenden Schloß, von den wildesten Gerüchten aufgeregt. „Der Doktor ist verrückt geworden", war eine besonders liebenswürdige Lesart. Als ich droben ankam, begrüßte mich Lietz, von Rauch geschwärzt, mit den Worten: „Lieber Freund, der Architekt für den Wiederaufbau ist schon bestellt." Nach und nach erfuhr ich, wie alles gekommen war; Dr. Andreesen gibt davon in seiner Biographie von Hermann Lietz eine anschauliche Schilderung. Als ich gegen Abend eintraf, hatte Lietz schon eine Nacht und einen Tag ohne Unterbrechung mit schier übermenschlicher Kraft gegen das Feuer angekämpft. Man merkte ihm kaum etwas davon an. Ich sah ihn mit der Spritze auf den qualmenden Schutthaufen springen, dessen Glut den Fußboden durchfraß, wie sie schon die Decke zum Einsturz gebracht hatte; nichts sprach aus seinem dunkeln Gesicht als Entschlossenheit und die Freude am Kampf. Daß es den Jungens ein Fest war, versteht sich von selbst; sie bewährten sich glänzend. Einer kletterte im Hof an der steilen Hauswand in die Höhe, von Fenster zu Gesims und wieder zum nächsten Fenster sich hinaufarbeitend, bis er mit dem Schlauch, dessen Ende er sich um den Bauch gebunden hatte, oben frei auf der Mauer stand und in die Glut hineinspritzte. — Als es dunkel wurde, für Lietz schon die zweite Nacht, legten wir uns tief unten im gewölbten Weinkeller des ehemals fürstbischöflichen Schlosses auf geschüttetem Stroh zum Schlafen. Lietz hatte befohlen, ihn nach einigen Stunden zu wecken, aber wir ließen ihn weiterschlafen. Ich hielt indessen mit einigen Jungens die Wache in dem nächtlich dunkeln Schloß und sorgte dafür, daß die Feuerwehr nicht abrückte.

Am Tag zwischen die Arbeit hinein aßen und tranken wir im Freien, mit dem Blick weit übers Land, und waren in so gehobener Stimmung, daß ich Lietz vorschlagen konnte, er solle einen solchen Brand am Schluß des Schuljahrs als feste Einrichtung in Lehrplan und Prospekt aufnehmen. Ich und mit mir die Schüler erfuhren in diesen Tagen, wie ein tapferer Mann aus einem Unglück ein großes Erlebnis machen kann. Das Schloß brannte herab bis auf den Grund. Der Wiederaufbau wurde sofort mit größter Entschlossenheit in Angriff genommen und so rasch gefördert, daß die Biebersteiner Schüler schon Anfang des folgenden Jahres wieder ins Schloß einziehen konnten.

So sah ich Lietz noch viele Male, auch in seinen anderen Heimen; im Heim für die Mittelstufe Haubinda, das ihm besonders lieb war; in Ilsenburg am Harz, wo die Kleinsten damals ihr Paradies hatten; in dem benachbarten Waisenheim Veckenstedt, wo Dr. Zollmann als echter Waisenvater waltete.

Was Lietz wollte und wie er es angriff, wie er ein Heim nach dem andern gründete und einrichtete, wer ihm dabei half und gegen wen er sich zu wehren hatte, darüber findet der, welcher näher mit diesem merkwürdigen Mann bekannt werden möchte, vieles in seinen eigenen Schriften, vor allem in seinen „Lebenserinnerungen"; ferner in der verständnisvollen Biographie seines Freundes und Nachfolgers, Dr. Alfred Andreesen. Ich wollte hier nur festhalten, wie er in mein Leben hereingeschaut und was er für mich bedeutet hat.

Es kam der große Krieg. Lietz, der über die Jahre der Wehrpflicht hinaus war, einige schwere körperliche Schäden hatte und für die Erhaltung und Fortführung seines Werkes schwer, wenn überhaupt ersetzt werden konnte, tat doch alles, was in seinen Kräften stand, um bei irgendeinem Regiment anzukommen, und setzte es schließlich auch durch. Ich traf ihn in jenen Tagen in Berlin und drückte ihm meine Zufriedenheit darüber aus, daß man ihn überall abgewiesen habe. Da zog er ein kleines Stück Papier aus der Tasche und reichte es mir schweigend hin; es war der Gestellungsbefehl, den er kurz zuvor erhalten hatte. Ich hätte ihn nicht weniger bewundert und verehrt, wenn er seine Pflicht zu Hause gesehen hätte. Die Heime und das Vaterland verloren durch seinen Entschluß seine unersetzliche Kraft viele Jahre zu früh. Aber er konnte nach seiner Art nicht anders handeln; er wäre innerlich daran zerbrochen. In ihm lebte der unerschütterliche Glaube an den endlichen Sieg des Guten, das sich frische Kämpfer werben werde, wenn die alten fielen. Und so hat er recht getan.

Es kam der Zusammenbruch mit allen seinen Folgen. Lietz, ein todkranker Mann, spannte seine letzten Kräfte an, um im Bereich seiner Wirkungsmöglichkeit das Volk emporzureißen. Sein Buch „Des Vaterlandes Not und Hoffnung" stammt aus jenen Tagen. Damals sah ich ihn zum letztenmal.

Professor Nelson hatte an der Göttinger Universität eine Schule zur Erziehung des Führernachwuchses gegründet. Auf seinen Antrag beim Preußischen Ministerium des Kultus und Unterrichts war er zu einer Besprechung dieser Angelegenheit nach Berlin geladen worden. Nach seinem Wunsche sollte Dr. Lietz an dieser Besprechung teilnehmen. Mein Freund kam also mit Dr. Andreesen und fuhr abends zu mir nach Dahlem heraus. Es war in den trübsten Tagen der Revolution. Das Kaiser-Wilhelm-Institut für Biologie, fünf Minuten von meinem Haus entfernt, war durch aufgehäufte Handgranaten und aufgestellte Maschinengewehre als „Stützpunkt" gegen einen Angriff der Spartakisten „ausgebaut", den man auf den gegenüberliegenden Autopark erwartete. Wir saßen — das elektrische Licht versagte wieder einmal — beim Schein einer Kerze um den Eßtisch; der Befehlshaber der „Besatzung" von zehn Mann, ein junger Leutnant, verzehrte sein mitgebrachtes Abendessen; Gastfreundschaft zu üben verbot die Knappheit der Nahrungsmittel. Am nächsten Vormittag gingen Lietz und Andreesen aufs Ministerium zur Besprechung, ich schloß mich uneingeladen an. Waren schon alle Bande gelöst, so wollte ich wenigstens etwas davon haben. Hänisch eröffnete als Kultusminister die Sitzung; rechts und links von ihm saßen alte Ministerialräte der früheren kaiserlichen Regierung. Mit bemerkenswerter Offenheit führte Hänisch aus, es habe sich bei der Übernahme der politischen Macht gezeigt, daß Mangel an Führerpersönlichkeiten herrsche; dem solle nun abgeholfen werden. Dann erhielt Professor Nelson das Wort. Aber bald wurden wir unterbrochen. Die Fenster unseres Sitzungssaals — es war nach meiner Erinnerung ein mittelgroßer Raum von angenehmen Verhältnissen, mit Wandgemälden von Anton v. Werner — gingen nach der Straße Unter den Linden; die Spartakisten hatten wieder einmal das Brandenburger Tor besetzt und ratterten mit ihren Maschinengewehren. Das ging unserem revolutionären Vorsitzenden auf die Nerven und er schlug vor, daß wir in ein hinteres Zimmer nach dem Hof zu übersiedelten. Nach kurzer Zeit wurde er zu einer Sitzung des Gesamtministeriums abgerufen; Ministerialrat Dr. Becker übernahm den Vorsitz.

Es gab sich ganz von selbst, daß sehr bald nicht mehr von der Nelsonschen Führerschule gesprochen wurde, sondern von den Lietzschen Landerziehungsheimen. Es hätte ein großer Augenblick für Lietz werden können; aber der kranke Mann war ihm nicht mehr gewachsen. Es dauerte auch nicht lange, so kam Hänisch aus dem Ministerrat zurück; die Lage sei äußerst kritisch, wenn wir noch nach Hause gelangen wollten, so dürften wir uns nicht aufhalten. Ich lud die Herren für den nächsten Tag nach Dahlem ein, wo wir vor Störung verhältnismäßig sicher seien; dann machten wir uns auf den Heimweg.

Die Situation war trotz allem nicht ohne komischen Reiz. Die große Tür des Ministeriums nach den Linden war durch ein schweres schmiedeeisernes Gitter gesichert; ein Matrose stand dahinter auf einem Stuhl und spähte schräg nach dem Brandenburger Tor hin. Es wurde ein schmaler Spalt geöffnet, als wenn wir drei einen Ausfall machen wollten, und dann rasch wieder geschlossen; wir standen auf der Straße. Wir eilten die Linden hinunter, von dem verständlichen Wunsche beseelt, unangeschossen die nächste Querstraße zu erreichen. Wenn vom Brandenburger Tor her das Geknatter anfing, drängte man sich gegen die etwas zurückliegenden Haustüren. Der hinterste Platz war der begehrteste; hatte man ihn gewonnen, so fühlte man den weichen Druck der vor einem Stehenden, die sich möglichst flach machten. Andere nahmen hinter den ja nicht übermäßig dicken „Linden" Deckung, schön nach dem Brandenburger Tor hin ausgerichtet; wie angewehter Schnee an den Stämmen im Wald. Aber ich sah niemanden fallen, hörte auch keine Kugeln pfeifen; wie überhaupt von dem, was ich auf der Straße von der Revolution miterlebte, nichts fürchterlich war, aber alles unsäglich widerlich. Wohlbehalten erreichten wir die nächste Querstraße. Als wir am nächsten Tage in einem hellen ruhigen Zimmer des Dahlemer Instituts unsere Sitzung fortsetzten, war Lietz mit Andreesen abgereist. Das war unser letztes Zusammensein gewesen. Im Juni desselben Jahres ist Lietz in Haubinda gestorben. Dort liegt er auf einer kleinen Anhöhe begraben.

Es war vielleicht ein Glück für mich, daß ich diesem Mann erst begegnet bin, als ich in meinem eigenen Leben schon so gefestigt war, daß er mich nicht mehr aus meiner Bahn werfen konnte. Er hatte mit unerhörter Kraft und genialer Sicherheit das ausgeführt, was mir in jüngeren Jahren auch einmal vorgeschwebt hatte. Aber ganz abgesehen von der Frage, ob meine Kraft zu dieser Aufgabe ausgereicht hätte — ich weiß, sie hätte es nicht — lag der Schwerpunkt meiner Begabung und damit mein Beruf woanders. Als ich schon ein recht alter Privatdozent war, hatte er mich einmal gefragt, ob ich nicht bei ihm bleiben und ihm in seiner Arbeit helfen wolle. „Welches Heim willst du haben?", fragte er; ich bin sicher, er hätte es mir gegeben. Aber es kam nicht in Frage, mein Weg war ein anderer. Und doch kann ich schwer ermessen, was diese Freundschaft für mich bedeutet hat.

Es gibt wohl nichts, was bildender ist als das Anschauen eines großen Lebens, vor allem, wenn es so eigenartig ist, daß sein Gesetz sich nur in neuen äußeren Formen erfüllen kann, und so mächtig, daß es sich diese Formen zu schaffen vermag. Von einem solchen Leben überwältigt, in es hineingerissen zu werden, ist schön und kann dem eigenen Leben zu einer Größe verhelfen, die es für sich nicht erreicht hätte. Aber auch wenn man im Eigenen verharrt, zieht man fruchtbare Kraft aus der Berührung. Man wird sich an der fremden Art der eigenen erst ganz bewußt, sieht sie in ihrem Recht und in ihrer Begrenzung, und erhebt sich schließlich dazu, das Wesentliche in beiden zu erkennen und als Möglichkeiten menschlichen Seins zu begreifen. So verleibt man sich das fremde Leben ein, soweit man es fassen kann, ohne am eigenen zu verlieren, und wird unendlich bereichert.

Aber ich durfte auch ganz unmittelbar mit dem großen Werk meines Freundes in Verbindung bleiben und nach meinen Kräften zu seiner Erhaltung und Weiterentwicklung beitragen. Nach der letztwilligen Verfügung von Hermann Lietz wurden die Deutschen Landerziehungsheime nach seinem Tode in eine Stiftung umgewandelt. Die Oberleitung der ganzen Schule erhielt ein früherer Lehrer und naher Freund, Dr. Alfred Andreesen. Vorsitzender des Vorstands wurde Herr Major Seebohm, der ebenfalls lange Jahre mit Hermann Lietz befreundet gewesen war. Als dieser nach einiger Zeit aus persönlichen Gründen ausschied, wurde ich gebeten, den Vorsitz im Vorstand der Stiftung zu übernehmen, und ich habe dieses Amt seither bekleidet. Ich machte es mir zum Grundsatz, möglichst wenig in den inneren Betrieb hineinzureden, dem klugen und tatkräftigen Leiter den Rücken zu decken und nur in kritischen Augenblicken einzugreifen mit meinem Rat und jenem natürlichen Schwergewicht, wie Jahre und Erfahrung es zu verleihen pflegen.

Wenn die Aufrichtung und Durchsetzung des neuen Erziehungsideals die volle Hingabe eines genialen Mannes von ungewöhnlicher Tatkraft und Tapferkeit erfordert hatte, so bedurfte es einer nicht geringeren Treue, Zähigkeit und Klugheit, um das Werk des Gründers durch die folgenden schweren anderthalb Jahrzehnte hindurchzuretten, bis zu Zeiten, welche seinem Geist wieder günstiger waren. Dr. Andreesen hat nicht nur das ohne Preisgabe von Grundsätzlichem erreicht, sondern das Werk hat sich im Innern lebendig weiter entwickelt und ist gleichzeitig nach außen mächtig gewachsen. Zu den vier alten Heimen kamen im Lauf der Jahre drei Neugründungen hinzu, die Heime in Buchenau, Ettersburg und Spiekeroog. Dieses Wachstum wurde vor allem dadurch ermöglicht, daß Männer des praktischen Lebens uns ihre Erfahrung und tatkräftige Hilfe liehen. Viele Namen sind es, welche in der Geschichte der Heime unvergessen bleiben werden. Hier will ich nur einen nennen, Herrn E. Weber-Andreae, Vorstandsmitglied der I. G. Farbenindustrie in Frankfurt a. M. Er hat sich als Vorsitzender des Vereins der Freunde der D. L. E.-Heime in ungezählten Fällen hilfreich erwiesen. Vor allem aber hat er Spiele gestiftet, welche jetzt seinen Namen tragen und alljährlich im Hochsommer die Lehrer und Schüler aller Heime zu fröhlichem Wettkampf vereinigen.

Auf dem herrlichen Spielplatz am Rand des alten Parkes von Schloß Ettersburg wird unter den Augen der Kameraden, der Eltern und Geschwister um die Preise gekämpft; Wanderpreise, welche die siegreiche Mannschaft in ihr Heim entführt, mit dessen Namen und der Jahreszahl geschmückt. Dort werden sie am Ehrenplatz aufgestellt, bis zum nächsten Jahre, wo sie aufs neue verteidigt werden müssen. Über tausend Menschen kommen zu dem Fest zusammen. Die Eltern übernachten bei Freunden oder in den Gasthöfen von Weimar; die Jungens mit ihren Lehrern sind im Heim einquartiert oder schlafen in Zelten unter den Bäumen des Parks. Eine Morgenandacht am Sonntag, bei dem eigentlich nie sich ganz versagenden Wetter im Freien unter uralten Eichen am Berghang mit Musik, einer Ansprache des Leiters der Hermann-Lietz-Schule und gemeinsamem Gesang gibt dem Fest die ernste Weihe. Aufführungen der Heimorchester, Theatervorstellungen der Schüler gehen neben den Wettspielen her. Zu den gemeinsamen Mahlzeiten sitzt man in einem großen Jahrmarktzelt an langen Tischen auf roh gezimmerten Bänken; das Essen wird feldmäßig in einer Gulaschkanone gekocht. Neben dem Spielplatz schlägt außerdem ein Fleischer aus Weimar seine Bude auf und brät auf offenem Kohlenfeuer die köstlichen Thüringer Würstchen, die man zwischen den zusammengeklappten Hälften eines Brötchens verzehrt. Wer geistige Zwischenspeisen sucht, stöbert in den Büchern, die in einem Durchgangszimmer ausgelegt sind. In einem größeren Saal sind die künstlerischen Arbeiten der Schüler ausgestellt und werden auf Wunsch von Herrn Heckmann, einem der ältesten Mitarbeiter von Dr. Lietz, mit berechtigtem Stolz vorgezeigt. — Die geistige Mitte des Fests bildet die Elternversammlung, bei welcher Dr. Andreesen irgendeine Frage der Erziehung unter umfassenden Gesichtspunkten behandelt. Zum Schluß die Verteilung der Siegespreise und eine kurze Ansprache des Vorsitzenden der Stiftung, mit dem Treuegelöbnis zu Führer und Volk. Dann eilt alles auseinander und sucht, nicht immer mit Erfolg, die von Weimar abgehenden Züge zu erreichen.

Zu einem richtigen Volksfest sind diese Weber-Andreae-Spiele geworden in jener ursprünglichen Weise, bei welcher das Volk sich selbst sein Schauspiel gibt und sich an sich selber freut. „Auf Höhen Ettersburgs!" Frisches blühendes Leben auf altehrwürdigem Boden, über den Goethe gewandelt ist. Symbolhaft für das Werk von Hermann Lietz, welches ganz in der lebendigen Gegenwart steht, aber den hohen Geistern der Vergangenheit unlöslich verpflichtet.

ROSTOCK · JUGENDWERKSTATT

Von Friedrich Wilhelm Spemann

Im Jahr 1908 wurde Spemann als Ordinarius für Zoologie nach Rostock berufen. Es ist vielleicht bezeichnend, daß bei der Beratung über die Neubesetzung des Lehrstuhls nach anfänglicher Ablehnung das Gutachten des Philosophen aus Würzburg die Stimmung zu seinen Gunsten wendete.

Als Direktor des Zoologischen Instituts hatte er nun Verwaltungspflichten und die verantwortliche Leitung des Unterrichtsbetriebs. Die eigene wissenschaftliche Arbeit durfte unter dieser Erweiterung seiner Tätigkeit nicht leiden. Hier sei nun von einem anderen Unternehmen berichtet, das für die Stellung Spemanns zur Jugenderziehung bezeichnend ist und das in diese Rostocker Zeit fällt.

Im Lauf der in Würzburg verlebten Jahre hatte sich die Familie vergrößert, so daß im Herbst 1908 eine ähnliche kleine Karawane nach Norden reiste, wie sie Spemann in Erinnerung an die Italienreise mit seinen Eltern beschreibt. Die beiden älteren Kinder, ein zwölfjähriges Mädchen und ein zehnjähriger Junge, konnten sich schon einigermaßen selbst helfen. Der Dritte marschierte auf seinen dreijährigen Beinchen wenigstens an der Hand, aber der Jüngste bedurfte als Halbjähriger noch voller Fürsorge durch die treue schwäbische Kinderpflegerin, die sich entschlossen hatte, mit an die Ostseeküste überzusiedeln, und schließlich nach vielen Jahren, in denen sie Freud und Leid mit der Familie geteilt hatte, auch dort ihren eigenen Hausstand fand.

In Rostock wurde zum erstenmal ein Einfamilienhaus gemietet und schon nach wenigen Monaten hatte sich ein lebendiger und schöner Freundeskreis gefunden, der auch die Kinder der verschiedenen Familien zusammenführte. In der Erinnerung an die eigene handwerkliche Tätigkeit in jungen Jahren und angeregt von den Eindrücken, die er in den Lietzschen Schulen gewonnen hatte, kam Spemann auf den Gedanken, seine beiden älteren Kinder und ihre Freunde in einem Handwerk ausbilden zu lassen. Zunächst im Winter, dann auch im Sommer traf sich ein anfangs kleiner, später zusehends anwachsender Kreis von Kindern zwischen elf und vierzehn Jahren an den zwei schulfreien Nachmittagen und wurde von einem Buchbindermeister in die ersten Geheimnisse dieses schönen Handwerks eingewiesen.

Die Wahl des Meisters, des Universitätsbuchbinders Wilhelm Schornack, war außerordentlich glücklich. Äußerlich klein von Wuchs, aber geistig überaus lebendig, aufgeschlossen und im besten Sinne des Wortes gebildet, wurde dieser aus Eisenach stammende Mann bald ein allgemein geliebter Lehrer, dem nichts zu viel wurde und der auch sonntags, vor allem vor Weihnachten, seine Werkstatt und seine Zeit unermüdlich zur Verfügung stellte. Für manchen seiner Schüler wurde er zum Freunde fürs ganze Leben.

Als nach einiger Zeit für die Jungen die Tischlerarbeit nicht mehr zu schwer erschien, wurde auch ein Meister dieses Handwerks gewonnen und hielt regelmäßig Lehrgänge ab. Da bei dem großen Anklang, den die neue Einrichtung bei Eltern und Kindern fand, schon nach wenigen Jahren der Platz in der eigenen Wohnung nicht mehr ausreichte, gründete Spemann einen Verein „Die Jugendwerkstatt", welcher durch seine Mitgliedsbeiträge die Möglichkeit bot, das Unternehmen auf breitere Grundlagen zu stellen. Meister Schornack baute auf seine Werkstatt im Hof seines Hauses ein Stockwerk auf, Hobelbänke wurden in ausreichender Zahl angeschafft, und nun liefen jeden Mittwoch und Sonnabend Nachmittag mehrere Lehrgänge in Buchbinderei, Tischlerei und zuletzt auch in Klempnerei. Die Erfolge dieser Gründung waren sehr erfreulich und reichten bei längerer Fortsetzung weit über eine einfache Schulung von Auge und Hand hinaus. Den Jungen war in den schwierigen Jahren der Reifung hier ein Feld sinnvoller Tätigkeit bereitet. Der

Zweck dieses Tuns war nicht, nun diese Handwerke später selbst auszuüben. Die Jugend sollte vielmehr Achtung vor der exakten soliden Handarbeit lernen und eine solche in späteren Jahren fachlich richtig angeben und beurteilen können. Beides wurde in hohem Maße erreicht. Eine Konkurrenz ist den Handwerkern wohl kaum entstanden. Aber die Jugend, welche die Schulung der „Jugendwerkstatt" hinter sich gebracht hatte, stand später dem praktischen Leben in sehr anderer Weise gegenüber als viele, deren Handfertigkeit beim damaligen Betrieb auf den höheren Schulen in gar keiner Weise ausgebildet war.

Ein ganz besonderer Höhepunkt trat nun noch ein, als in den Schulferien ein Lehrgang im Bau von Schiffsmodellen als Belohnung für ein gutes Schulzeugnis eingerichtet wurde. Gerade die Tätigkeit des Modellbaus war von großem Einfluß auf die Entwicklung mancher der Jungen und hat sich in Einzelfällen auf ihren ganzen Lebensgang ausgewirkt.

An dieser Gründung nahm Spemann weiterhin dauernd starken Anteil. Er arbeitete auch zuhause gelegentlich noch an seiner Hobelbank, zu der er den großen Werkzeugschrank selbst angefertigt hatte. Als der Schreinermeister diesen sah und mit kritischen Blicken gemustert hatte, stellte er fest, er selbst hätte ihn nicht besser und exakter herstellen können. Spemann schickte in späteren Jahren einen großen, dreißig Jahre zuvor von ihm selbst gebauten Vogelbauer seinen Enkeln und schrieb an deren Vater:

„Mutter schickt Dir also den alten Vogelkäfig, den ich für M. machte, und in dem sie Kanarienvögel zum Brüten brachte. Wenn Du die Drähte Stück für Stück mit Schmirgelpapier abreibst und glaubst, das Ende nicht zu erleben, wo der letzte mit Vaselin eingerieben ist, so denke an meine stillen Flüche (oder sage lieber, Segenswünsche für Euch) beim Geradehämmern der von der Rolle abgeschnittenen Drähte; ein Schlag zu stark, so mußte der Draht wieder nach der andern Seite herumgehämmert werden und einen Knick behielt er dann immer."

Dabei hatte er auch da sehr schnell neben der ungemein sauberen Bearbeitung und Zusammensetzung des Holzgestells eine eigene Technik zum Strecken der Drähte erfunden, mit der man gerade diese Schwierigkeiten beim Geradehämmern vermeiden konnte.

Neben seinem scharfen Auge und seinem inneren Zwang zur Naturforschung war diese Handgeschicklichkeit sicher eine der naturgegebenen Voraussetzungen für die Erfolge auf dem Gebiet des Versuchs am lebendigen Objekt. Einer seiner Schüler äußerte einmal, als er längst Professor war, er selbst habe immer die doppelte Zahl von Operationen ansetzen müssen als sein Meister, weil er sie einfach nicht mit gleicher Sicherheit und Genauigkeit wie dieser durchführen konnte.

DAHLEM · FREIBURG

Von Friedrich Wilhelm Spemann

Im Herbst 1914 erhielt Spemann den Ruf als zweiter Direktor an das Kaiser-Wilhelm-Institut für Biologie in Berlin-Dahlem. Ein eigenes, nach seinen Wünschen und Gedanken von dem Architekten Albert Rieder erbautes Haus, nur wenige Minuten von der Arbeitsstätte im Institut entfernt, nahm den Forscher nach anstrengender Tagesarbeit auf. In den ersten Kriegsmonaten hatte er, da er das militärpflichtige Alter überschritten hatte, sich der Krankenpflege zur Verfügung gestellt und in einem Reservelazarett in Zehlendorf den Dienst als Krankenwärter einige Monate lang ausgeübt. Als später mehr Fachkräfte zur Verfügung standen und die Arbeitsräume im Institut fertiggestellt waren, vereinigte er alle Kraft auf seine Forschungsarbeit, in der Meinung, damit dem Vaterland den besten Dienst zu erweisen.

Die Verhältnisse in der Großstadt wurden mit Fortgang des Krieges immer besorgniserregender. Der Anblick der zügellosen Ausschreitungen im November 1918 und der Eindruck des geistigen Zusammenbruchs ergriffen Spemann so stark, daß er sich verpflichtet fühlte, an der Ausbildung der jungen aus dem Krieg zurückgekehrten Generation wieder aktiv mitzuwirken. So folgte er im Frühjahr 1919 einem Ruf an die Universität Freiburg i. Br., zumal ihm Freiburg schon als Junge bei einer Wanderung mit seinem Bruder Friedel als idealer Platz für seine alten Tage erschienen war. Die Brüder hatten damals ausgemacht, den Plan im Auge zu behalten, und der Ältere teilte seine Ausführung nach einem Menschenalter dem Jüngeren auf einer Postkarte des lakonischen Inhalts mit: „Ich bin schon da!"

In Freiburg hat er vom Frühjahr 1919 an im Kreise zahlreicher Schüler und später auch ausländischer Gäste bis zu seiner

Im Freiburger Zoologischen Institut

Etwa 1932

Entpflichtung im Frühjahr 1937 gearbeitet. Der Ruf seines Namens zog zunehmend weitere Kreise und lockte viele Anfänger und manchen Meister nach Freiburg. Dadurch hat Spemann in hohem Maße dazu beigetragen, die Anerkennung der deutschen Wissenschaft im Ausland wieder zu erzwingen, nachdem er in den Kriegsjahren unter der gehässigen und würdelosen Diffamierung durch die ausländischen Wissenschaftsvertreter sehr gelitten hatte. Die Möglichkeit, auf seine Weise und in seinem engeren Arbeitsgebiet am Wiederaufbau Deutschlands mitzuwirken, befriedigte ihn außerordentlich. So äußerte er einmal, als er Vertreter der früheren Feindesstaaten fast vollzählig in seinen Arbeitsräumen sitzen hatte: „Ich setzte sie am liebsten in einen Saal zusammen und hängte ein großes Schild über die Eingangstür mit der Aufschrift ‚Entente cordiale!'"

Aber in den ersten schweren Jahren während der Inflation war es noch nicht so weit. Ein Schülerkreis hatte sich unter Anknüpfung an die Vorkriegszeit schnell zusammengefunden und begann unter Anleitung des Meisters mit eifriger Arbeit. Und gerade in der schwersten Zeit gelang die entscheidende Entdeckung. Diese Entdeckung und ihre Beziehung zu den theoretischen Erwägungen Weismanns haben in der Rede, die Spemann bei der Übernahme des Rektorats im Jahr 1923 hielt, eine erste allgemeinverständliche Darstellung gefunden. Sie ist im Anhang wiedergegeben. Aus ihr ist ersichtlich, wie Spemanns Forschungsarbeit in ungemein folgerichtigem Aufbau dem Gipfel ihres Erfolges zugeführt wurde, der Entdeckung des „Organisators" in der tierischen Entwicklung. Diese hat ihm neben zahlreichen anderen wissenschaftlichen Auszeichnungen den Nobelpreis für Medizin und Physiologie des Jahres 1935 eingebracht. Die Rede, die er bei seiner Entgegennahme in Stockholm hielt, unterrichtet über die Fortsetzung der wissenschaftlichen Tätigkeit bis in die letzten Jahre vor seiner Entpflichtung. Auch sie ist im Anhang zu finden.

Die eigene Einstellung Spemanns zu dieser höchsten wissenschaftlichen Ehrung geht aus der Bemerkung hervor, die sich in seinen Aufzeichnungen fand: „Ich bin durch die Verleihung des

Preises wohl bekannter, aber nicht gescheiter geworden; das scheinen viele zu vergessen."

Der Geist im Institut in Freiburg, das nun nach Abschluß der Wanderjahre von dem Meister seines Faches geleitet wurde, war einzigartig und ganz von ihm geprägt. Es war akademischer Geist im schönsten Sinne des Wortes. Fern von jeder Enge, nicht auf das „Fach" beschränkt, sondern nach allen Richtungen mit anderen Fragen des Lebens verknüpft und in ihren letzten Tiefen verankert. Im freien Austausch vollzog sich die Bildung der Schüler und die Verbindung mit den Mitarbeitern.

So konnte es einem der Söhne begegnen, daß er irgendwo in Deutschland in einem Eisenbahnabteil das Gespräch zweier Studenten mitanhörte, von denen der eine über einen regelmäßigen Leseabend eines Universitätsdozenten berichtete, nach dessen Schilderung dem anderen der Ruf herausfuhr: „Das kann nur Spemann in Freiburg sein!" Daß der unfreiwillige Zuhörer lachen mußte, ist verständlich. Er gab den beiden Gesprächspartnern vor Verlassen des Zuges ob dieser Heiterkeit Auskunft und hatte Gelegenheit, sich über die verdutzten Gesichter zu freuen, denen man die rasche Überlegung ansah, ob sie auch nichts Ungebührliches über ihren Dozenten geäußert hätten.

Vom Leben im Freiburger Institut und der ihm zugrunde liegenden Gesinnung berichtet auf Bitte des Herausgebers, der nie das Glück hatte, bei seinem Vater länger zu arbeiten, der langjährige Assistent Spemanns, Dr. Eckhard R o t m a n n.

DIE VOLKSHOCHSCHULE IN FREIBURG I. BR.

Von Hans Spemann

Wie eigentlich immer im Laufe seines Lebens ließ es Spemann bei seiner wissenschaftlichen Arbeit nicht bewenden. Nicht nur das allgemein kulturelle Interesse seines weitgespannten Geistes und seiner umfassenden Bildung, an deren Vertiefung er unermüdlich arbeitete, zwang ihn, über die reine Hochschultätigkeit hinaus geistig zu wirken, sondern auch das Gefühl hoher Verpflichtung, die er in seinem Beruf als Professor — zu deutsch Bekenner — dem Volke gegenüber empfand. So wie er sich in Würzburg um den Studentensport, in Rostock um die Handfertigkeitsbildung der Jugend gekümmert hatte, wie er Lietz und seine Arbeit tätig förderte und unterstützte, so beteiligte er sich nun in der großen geistigen Not der Jahre nach dem ersten Weltkrieg an einem Werk, das dieser Not entgegenzutreten gewillt war. Ein Kapitel von seiner eigenen Hand gibt darüber wertvolle Aufschlüsse.

In den Jahren 1920 bis 1933 war ich Vorsitzender der Volkshochschule in Freiburg und nahm damit an einer Arbeit teil, welche mich mit einigen vortrefflichen Männern in dauernde Verbindung brachte, meinen Gesichtskreis erweiterte und mich durch eigene Tätigkeit einigen Grundfragen der Kultur gegenüberstellte.

Ich hatte schon in Berlin während der letzten Monate meines dortigen Aufenthalts bei Volkshochschulkursen mitgewirkt. Als im Spätjahr 1918 die deutschen Truppen in die Heimat zurückfluteten, sah sich die Berliner Stadtverwaltung vor die drängende Aufgabe gestellt, für eine nützliche Beschäftigung der zunächst arbeitslosen Männer zu sorgen. Eine der Maßnahmen, welche sie zu diesem Zwecke ergriff, war die Einrichtung eines großzügigen Vortragswesens. Ich war bei der Sitzung im Rathaus zugegen, in welcher die darauf bezüglichen Beschlüsse gefaßt wurden. Daß es dann nachher nicht bei dem guten Willen blieb, sondern daß alles wirklich klappte, war mit in erster Linie das Verdienst von Professor Alfred Merz, demselben, welcher später die Vermessungsfahrt des „Meteor" führte. Er unterzog sich mit selbstloser Hingabe all der unscheinbaren mühevollen Kleinarbeit, ohne welche die größte Begeisterung unfruchtbar bleibt. Auch ich übernahm eine Vortragsreihe, und so fuhr und wanderte ich denn manches Mal von meiner Wohnung in Dahlem nach dem Hörsaal des Ozeanographischen Instituts in der Friedrichstraße, wo meine Vorträge stattfanden, öfters begleitet vom Knattern der Maschinengewehre auf den Dächern. So suchte man sich durch jene niederdrückenden Wochen und Monate hindurchzufinden.

Als ich dann im Frühjahr 1919 mein Lehramt in Freiburg antrat, fand ich hier eine Volkshochschule vor, welche unter dem Vorsitz von Professor Rosin stand. Es wurden an der Universität allgemein verständlich Vorträge gehalten, welche sich an alle Kreise der Bevölkerung wandten, aber durch die Wahl der Gegenstände besonders auch die Arbeiter zu fesseln suchten. Ich hatte eigentlich erwartet, daß man mich zur Mitwirkung auffordern werde, und war etwas enttäuscht, daß man es nicht tat. Als ich daher im Frühjahr 1920 von meinem Kollegen Prof. Diepgen, dem Schriftführer des Vereins, telefonisch gefragt wurde, ob ich geneigt sei, den Vorsitz in einer neu zu gestaltenden Volkshochschule zu übernehmen, sagte ich ohne Besinnen zu.

Es war nämlich in Freiburg neben dem hergebrachten Vortragswesen etwas Neues, ganz Andersartiges entstanden. Einige um das Wohl des Volks besorgte Männer, ein Arzt, Dr. Martin, ein Arbeiter Peter Mayer und ein Student Bernhard Merten hatten einen kleinen Kreis von Arbeitern um sich gesammelt, mit denen sie in zwangloser Aussprache Fragen des Lebens und der Erkenntnis erörterten. Das sollte nun zu einer an die Universität angelehnten Volkshochschule ausgebaut werden und dazu sollte ich, der Universitätslehrer, mithelfen.

Die Volkshochschule in Freiburg i. Br.

Volkshochschulen waren damals an vielen Orten in Deutschland aus dem Boden geschossen, mehr oder weniger tief gewurzelt und dementsprechend von verschiedener Lebenskraft und Dauer. Sie waren aus dem deutschen Unglück geboren und sollten an ihrem Teile helfen, es zu wenden. Der große Zusammenbruch hatte uns wie ein Bergsturz begraben, am fürchterlichsten diejenigen, welche bei fehlendem tieferem Einblick in das Geschehen bis zuletzt an den endlichen Sieg unserer Waffen geglaubt, ja gemeint hatten, ihn durch diesen Glauben selbst herbeizwingen zu können. Als die erste Betäubung gewichen war, grübelte man über die Ursachen des Unfaßlichen nach und fragte sich, was man tun könne, um wieder hoch zu kommen. Die Antwort mußte verschieden lauten, je nach der Stelle, an welcher ein jeder stand. Wem die Wissenschaft in Forschung und Lehre und dann darüber hinaus die nationale Kultur im weitesten Sinn am Herzen gelegen hatte, dem mußte es bedrückend zum Bewußtsein kommen, welch tiefer Riß in kultureller Hinsicht durch das Volk gehe, es in „Gebildete" und „Ungebildete" scheidend. Diesen Riß also galt es zu schließen. Es gab damals Männer, welche nicht lange fragten, ob dies überhaupt möglich sei, sondern zufaßten und die unendliche Aufgabe mutig in Angriff nahmen. Und immer wieder einmal fand sich einer, der es als eine unabweisbare Pflicht empfand, an dieser Arbeit mitzuhelfen.

Eine Pflicht gegenüber dem Einzelnen so gut wie gegenüber der Kultur des ganzen Volks. Wie reich ist das Leben eines Gebildeten gegenüber dem abstumpfenden Einerlei im Leben eines Fabrikarbeiters. Ob sich das an der Wurzel ändern läßt, entzog sich unserem Urteil, lag auch außerhalb des Bereichs unserer eigenen sonstigen Aufgabe. Aber im Bereich der eigenen Wirkensmöglichkeit denen, die danach verlangten, einen Anteil an der Kultur zu verschaffen, dazu wollten wir mithelfen. Doch nicht nur dem Einzelnen gegenüber empfanden wir diese Verpflichtung, sondern ebenso gegenüber der Gesamtheit. Es galt, die alten Kulturwerte an die neuen, rasch aufsteigenden Volksschichten weiterzugeben; nicht als einen äußerlichen Schmuck oder gar Aufputz, auch nicht als ein Mittel im Kampf um den weiteren Aufstieg, nach der Devise „Wissen ist Macht"; sondern um ihrer selbst willen, als höchstem Werte des Menschentums. In Zeiten langsamen Wachstums vollzieht sich dieser Vorgang der Angleichung unmerklich und von selbst. Wie der Körper beständig einfachere Stoffe von außen aufnimmt, sich angleicht und zu den höchsten Formen emporbildet, so daß das Leben des Ganzen von immer neuen Stoffen getragen wird und doch seinen steten inneren Fortgang wahrt, so entwickelt sich das Leben der Kultur in ungebrochenem Zusammenhang, auch wenn seine Träger wechseln. Anders ist es bei den großen Revolutionen, und vielleicht befand sich die europäische Menschheit seit den Zeiten der Völkerwanderung nie in einer ähnlich tiefgehenden wie der, welche mit dem immer reißender anwachsenden Fortschritt der Naturerkenntnis und der auf ihr gegründeten Technik anhob und in der wir heute noch stehen. Da ist die Gefahr groß, daß nicht nur Überlebtes abgestoßen wird, sondern auch lebendige und unersetzliche Werte verworfen und zum Absterben gebracht werden. Wie viel Gutes haben gerade wir Deutsche so im Lauf unserer Geschichte achtlos verloren. Eine Tradition ist so leicht abgerissen, und dann für immer. Keine romantische Sehnsucht kann nachher die Toten wieder lebendig machen. Sollte es nicht möglich sein, dachten wir, daß ein zur Reife gelangtes Volk hierin aus seiner Vergangenheit lernt?

Für unsere Ziele fanden wir bei Regierung und Stadtverwaltung volles Verständnis und jede mögliche Förderung. Die Hörsäle der Universität, mit Heizung und Beleuchtung, standen uns unentgeltlich zur Verfügung. Die Stadt zahlte einen Zuschuß zu unseren Unkosten und bewies uns auch sonst wohlwollendes Entgegenkommen. Die wichtigste Förderung von seiten der Regierung bestand aber darin, daß es dem Leiter der Volkshochschule durch Beurlaubung von seinem sonstigen Dienst als Lehrer ermöglicht wurde, seine ganze Zeit und Kraft und vor allem seine ganzen Gedanken dieser Arbeit zu widmen.

Während der ganzen Zeit des Bestands unserer Volkshochschule war Bernhard Merten ihr Leiter. Auf ihm ruhte die Hauptlast der Arbeit; seiner nie erlahmenden Hingabe, seiner Unerschöpflichkeit an neuen Ideen verdankte die Schule in erster Linie ihre Blüte. Durch eine Vertretung der Schülerschaft blieb er in ständiger Fühlung mit deren Bedürfnissen und Wünschen. Der Vorsitzende des Vorstands hatte die Vertretung der Schule nach außen, gegenüber Regierung und Staat, Universität und Bürgerschaft. Was er etwa sonst noch beisteuerte, war persönlicher Natur.

Nicht alle meine Kollegen verstanden, was ich eigentlich wollte; doch fanden sich immer erfreulich viele, sogar von den älteren, bereit, einen Vortrag oder auch einen Kurs zu übernehmen; einige sogar Jahr für Jahr. Im übrigen unterrichteten außer Lehrern von höheren Schulen auch zahlreiche Männer des praktischen Lebens: Architekten, Ärzte, Rechtsanwälte, Verwaltungsbeamte. Wir zahlten den Lehrern eine Vergütung, welche durch Beiträge der Schüler aufgebracht wurde und namentlich für die jüngeren Dozenten einen willkommenen Zuschuß zu ihren nicht überreichlich bemessenen Einnahmen bildete. Auch wenn es anders möglich gewesen wäre, so hätten wir es grundsätzlich nicht anders gewollt.

Die Gegenstände des Unterrichts wurden namentlich in den ersten Jahren zu einem nicht geringen Teil durch die Bedürfnisse und Wünsche der Arbeiter bestimmt; durch die Fragen des praktischen Lebens, welche täglich an sie herantraten und ihnen zum Teil ganz neue Pflichten auferlegten. Der Arbeiter mußte sich ja nicht nur in seinem eigenen Leben zurechtfinden, sondern er sollte bei den wichtigsten Entscheidungen des öffentlichen Lebens verantwortlich mitwirken. So wurden anfangs eigene Kurse zur Ausbildung von Betriebsräten eingerichtet und Kurse über das Arbeitsverhältnis, über Arbeitsrecht, Wirtschaftsordnung, Sozialpolitik, Volkswirtschaft und ähnliches mehr bildeten dauernd einen wesentlichen Bestandteil unseres Programms. Selbst, wie man den Handelsteil einer Zeitung liest, wurde in einem der ersten Jahre in einem Kurse gelehrt. Aber unsere Arbeiter wären keine deutschen Arbeiter gewesen, wenn sie nicht auch von Dingen hätten hören wollen, deren Kenntnis keinen praktischen Bezug auf ihr Leben hatte, sondern nur dazu helfen konnte, die Welt, in der sie lebten, zu verstehen. So wurden allgemeine Fragen aus Natur und Menschenwelt behandelt, wie Herkunft und Wandel des deutschen Rechts, die Lehre vom Geld, Probleme des Völkerrechts, Grundfragen der Politik, wichtige Perioden der deutschen Geschichte, die wichtigsten Zweige der Mathematik, die grundlegenden Tatsachen der Physik, Chemie und Biologie, die Kunde der Heimat und fremder Länder und Völker. Und noch viel „unpraktischere" Dinge, bis hinauf zu den letzten Fragen der Philosophie und Religion. Bis zum letzten Semester wurden solche Kurse angekündigt und fanden ihre Teilnehmer.

Diese Richtung auf das Ideale ist von den schönen Wesenszügen unseres Volks einer der verehrungswürdigsten. Wir mußten und wollten ihm entgegenkommen; seinen Gefahren suchten wir zu begegnen, indem wir immer bestrebt waren, dem tätigen Leben nahe zu bleiben. Schon durch die Methode des Unterrichts, bei welchem wir unsere Schüler im weitesten Umfang zur Mitarbeit heranzogen. Freilich verzichteten wir nicht ganz auf den anregenden, weite Ausblicke eröffnenden Einzelvortrag; aber meist ersetzten wir ihn durch zusammenhängende Vortragsreihen mit anschließender gemeinsamer Erörterung. Häufig wählten wir überhaupt nicht die Form der Hochschulvorlesung, sondern wir erteilten den Unterricht in der Art, wie sie in den höheren Schulen und in den Seminaren der Hochschule geübt wird. Nur so glaubten wir unser Ziel erreichen zu können, welches weniger in der Erwerbung von Kenntnissen als in etwas anderem bestand, das uns wichtiger erschien. Wir wollten den Arbeiter gegen das Schlagwort gefeit machen; wir suchten ihn dahin zu erziehen, nichts unbesehen hinzunehmen und gedankenlos nachzureden, vielmehr sich auf sich selbst und auf die Welt zu besinnen und eine eigene gegründete Überzeugung zu gewinnen. So wollten wir wohl eine „Gesinnung" in ihnen erzeugen; aber keine inhaltlich bestimmte, sondern nur die allgemeine der Wahrhaftigkeit, des sachlichen Ernstes, der Ehrfurcht. Wir erstrebten also dasselbe, was vor zweieinhalb Jahrtausenden ein großer Mann in einer der unsern nicht ganz unähnlichen Zeit bei seinen Mitbürgern versuchte, und taten es auf demselben Wege wie er: mit der sokratischen Methode des den Gründen nachgehenden Gesprächs.

Am reinsten kam das zum Ausdruck in einigen Kursen von Bernhard Merten, welche er als „geistige Schulung" zusammenfaßte. So hielt er vom ersten Semester an, fast ohne Unterbrechung durch zwanzig Semester hindurch, einen Kurs „Schrift und Rede", in welchem die Schüler sich übten, ihre Gedanken in Worte zu fassen, sie mündlich oder schriftlich zu formen und dadurch zu voller Klarheit zu bringen. Ein ähnliches Ziel verfolgte der Kurs: „Wie gewinnen und prüfen wir unsere Meinungen?" Zuerst wurden ein paar „Meinungen" eingesammelt; dann wurde untersucht, was mit der Meinung eigentlich gemeint war. Häufig kam schon dabei die Unklarheit und Gedankenlosigkeit des Meinenden zutage. Dies ihm und den andern zum Bewußtsein zu bringen, ohne ihn zu beschämen und unlustig zu machen, war Sache des freundlichen Humors des Kursleiters. Es wurde ein Beispiel gegeben, wie Meinungen nicht nur auf ihre Haltbarkeit geprüft, sondern auch sachlich und mit gutem Anstand vertreten werden können.

Was hier im kleinen geübt wurde, das erstrebte ebenfalls im Rahmen der Volkshochschule, aber in größerem Maßstab eine andere Unternehmung von Merten, der öffentliche „S p r e c h s a a l". Die Begründung, welche Merten dieser Einrichtung im Programm für das Wintersemester 1929/30 gab, ist so aus dem Leben genommen und so bezeichnend für die Sorgen und Aufgaben jener Zeit, daß ich sie hier im Auszug mitteilen möchte. „Das Meinungsleben unseres Volks liegt unzweifelhaft im argen. Wir haben uns daran gewöhnt, uns von parteiartigen Institutionen aller Art einseitig bevormunden zu lassen. Bequem leben wir uns geistig höchstens im Kreise von ‚Gesinnungsgenossen' aus. Dort haben wir den bestenfalls vorgestellten häufig nur eingebildeten Gegner vor Augen, dem wir billig, aber triumphierend Niederlage auf Niederlage bereiten. Geraten wir aber einmal irgendwo mit einem leibhaftigen Gegner wirklich aneinander, so verlieren wir augenblicklich alle Formen des Umgangs und Anstands, geraten aus dem Häuschen, werden blind für Sache und Person, dafür aber um so eifriger und lauter und diskutieren auf Deutsch, d. h. wir schimpfen." — Wir brauchen aber die Auseinandersetzung. „Denn allerorts im öffentlichen, wie im privaten Leben muß weitgehend aus der Meinung heraus entschieden und gehandelt werden. Ist unsere Meinung aber unreif und wird weder den Sachen noch den Menschen gerecht, so wird auch Entscheidung und Handlung darnach: der Gesamteffekt unseres Volkslebens bleibt stümperhaft und unklar auf allen Gebieten. Damit Meinung aber reifen kann, muß sie sich erproben, verändern und bewähren. Probe, Wandel und Bewährung bringt nur der sachliche und fruchtbare Kampf. Sachlich heißt, daß von wirklichen Tatbeständen materieller, seelischer oder geistiger Art die Rede ist und nicht von Wortgebilden großen Klanges, denen bei näherem Zusehen jeder Gehalt fehlt. Fruchtbar wird der Streit, wenn er mit der einzigen Bemühung geführt wird, weiter zu kommen und klarer zu werden, ohne jedes Interesse an Rechthaberei... Was soll denn dabei herauskommen? Sollen wir uns etwa einigen? Glücklicherweise brauchen wir das nicht, denn die Volkshochschule braucht in all den Fragen keine Resolution zu fassen. Das Ergebnis, auf das es uns ankommt, ist das Gesicht der Sache und des Menschen, der anders zu ihr steht. Das Wichtigste ist, daß wir die neue Form des Miteinandersprechens finden, die uns ein solches Ergebnis gewährt."

Von den mancherlei Gegenständen, welche in diesen öffentlichen Aussprachen behandelt wurden, nenne ich nur einen: „Der deutsche Wähler", nebst den einleitenden Worten des Programms für das Wintersemester 1930/31: „Der deutsche Wähler ist heute zu einer der peinlichsten Erscheinungen des politischen Lebens geworden. Es gilt, Wesen und Gründe seiner Fragwürdigkeit zu erhellen. Sollte sich die Einrichtung als in sich widerspruchsvoll und überlebt erweisen, so wäre zu fragen, auf welchen anderen, natürlichen Bahnen echt volkliche Willensbildung vor sich gehen könnte."

Jedes Thema wurde von einem Sachverständigen eingeführt, dann unter allgemeiner Teilnahme erörtert. „Die Diskussionsredner" waren „höflich gebeten, wirklich etwas zu sagen zu haben, bevor sie anfangen, und zu wissen, was sie eigentlich vorbringen wollen, indem sie reden. Sobald das der Fall ist, wird es ihnen gelingen, schon in zwei Minuten viel zur Aufhellung beizutragen und nach drei Minuten fertig zu sein." — Der Leiter der Aussprache sah seine Aufgabe vornehmlich in der Aufklärung etwa auftretender Mißverständnisse unter den Sprechern und in der etwa erforderlichen Einstellung der Redner auf die Sache.

So sollten theoretischer Unterricht und geistige Schulung mithelfen, bewußte, ihres Wollens sichere Bürger zu erziehen; Bürger des Staats, wie er damals bestand, wie er uns als unser Arbeitsfeld gegeben war. Aber nicht weniger lag uns die zweite Aufgabe am Herzen, in der Volkshochschule die Sehnsucht der damaligen Menschen nach einem höheren, freieren geistigen Leben zu erfüllen. Hier ergänzten Bernhard Merten und ich uns aufs glücklichste. Er als Sohn eines geistig regsamen Handarbeiters in der Luft des politischen Kampfes groß geworden, durch die Ideale der Jugendbewegung hindurchgegangen, kannte die Bedürfnisse und Wünsche der Arbeiter; ich unter allen Schätzen der Kultur aufgewachsen, dazu über zwei Jahrzehnte älter als er, sah manche Wege zu ihrer Befriedigung. Beide wollten wir dasselbe Endziel, und so war unsere Zusammenarbeit fruchtbar und erfreulich und wurde zum Grund einer dauernden Freundschaft.

So war es mein Bestreben, auch der anderen schöneren Hälfte der Kultur, der Kunst, in der Volkshochschule eine Heimat zu schaffen. Der Gedanke wurde von Merten mit Verständnis aufgenommen und weiter verfolgt. Wie bei den wissenschaftlichen Fächern die geistige Schulung immer mehr in den Vordergrund gerückt wurde gegenüber der Erwerbung von Kenntnissen, so trat hier bei der Kunst die Schulung von Auge und Ohr am einzelnen Kunstwerk und die eigene Ausübung immer mehr an die Stelle der sogenannten Einführung in ein Kunstgebiet. Denn schließlich ist uns doch die Kunst nicht geschenkt, um von uns beurteilt zu werden, sondern damit wir uns an ihr freuen, uns durch sie erheben und zu einem freien großen Leben stark machen lassen. So war es nicht in meinem Sinn, als in einem Musikkurs etwa Stücke von Schumann und Schubert vorgespielt wurden und die Schüler dann die Stilunterschiede herausfinden sollten. Einem musikalischen Menschen, der viel gehört hat, vieles liebt und kennt, mag einmal der Wunsch kommen, sich darüber klar zu werden, worauf der verschiedene Eindruck beruht, den die Werke der verschiedenen Meister auf ihn machen. Er ist dann wie ein Sammler, der seine Schätze nach bestimmten Gesichtspunkten ordnet. Dies verschafft ihm zu dem unmittelbaren künstlerischen noch einen intellektuellen Genuß, gibt ihm den beherrschenden Überblick und zu der Fülle die Klarheit. Das mag eine letzte Stufe der „Bildung" sein, aber ein Endpunkt, über den hinaus es nichts mehr gibt. Für die Bildung des eigentlichen künstlerischen Sinns ist sie recht gleichgültig. Dagegen war es mir ganz aus dem Herzen gesprochen, wenn es ein paar Semester später in der Ankündigung zu „freien Musikabenden" hieß: „Das Verständnis großer Musikwerke erschließt sich nur durch vieles andächtiges Hören. Die Werke werden daher so oft wiederholt, als die Hörer es wünschen."

Sehr bald gingen wir dazu über, eigene Gruppen für praktische Kunstübung zu bilden. So hatten wir, allerdings nur vorübergehend, Kurse im Zeichnen und Malen, in kunstgewerblicher Handarbeit, in Kunsthandwerk. Dagegen bestand während 16 Semestern eine Singgruppe und während 17 Semestern eine Gruppe für Instrumentalmusik, aus welcher sich eine Hauskapelle entwickelte, die dauernd beisammen blieb. Mädchen und Frauen übten sich in rhythmischer Gymnastik während 21 Semestern, eine Gruppe für Volkstanz bestand während 7 Semestern und wurde während der letzten 5 Semester durch eine Tanzgruppe abgelöst. Eine Schauspielgruppe (13 Semester) machte sich dramatische Dichtungen lebendig und arbeitete zugleich auf Befreiung des Körpers und Schulung im Sprechen hin, in letzterem während 4 Semestern unterstützt durch einen Kurs in Atem- und Sprechtechnik.

Um all diesen Bemühungen um persönliche Kultur einen Mittel- und Zielpunkt zu geben, gründeten wir unsere gemeinsamen Feste, je eines am Ende des Winters und des Sommers. In der kalten Jahreszeit feierten wir im geschlossenen Saal. Ansprachen wurden gehalten, ein lustiges Theaterstück aufgeführt, Lieder gesungen, unsere Hauskapelle zeigte, was sie gelernt hatte. In der schönen Sommerzeit aber zogen wir hinauf auf den Schönberg, den wir zu unserem Berg erkoren. Es ist eine freistehende, dem Schwarzwald vorgelagerte Bergkuppe, die sich nach sanftem Anstieg durch Hochwald, Wiesen und Weinberge steil erhebt. Oben breitet sich eine ebene Fläche, mit grünem Rasen, den das weidende Vieh kurz hält wie in einem Park, dicht bewachsen. Ein paar alte, vom Winde zerzauste Bäume mit weit ausladenden Ästen bieten Schatten, aus dem heraus sich's herrlich in die Runde schauen läßt; nach Osten auf die blauen Berge des Schwarzwalds mit seinen höchsten Gipfeln, nach Westen, Süden und Norden über die sonnige Ebene des Rheins hinweg zu den Vogesen. Auf der Wiese und unter den Bäumen lagerten wir uns, Burschen und Mädchen, Männer, Frauen und Kinder, ein kleines Volk. Es wurden Spiele veranstaltet, gesungen, ein Theaterstück, wohl gar ein selbstgedichtetes, aufgeführt, wobei sich all die verborgenen geselligen Talente zeigten, die man ihren Trägern oft gar nicht zugetraut hätte; wie das jeder aus seiner Soldatenzeit kennt. Zur Heimkehr wählten wir den längsten Weg, eine Straße, deren unendliche Kehren wir unter ängstlicher Vermeidung jeder möglichen Abkürzung singend hinunterzogen.

All das entwickelte sich langsam und steigerte sich von Jahr zu Jahr. Unvergeßlich ist mir unser erstes Fest, das wir noch nicht auf dem Gipfel des Schönbergs, sondern in der etwas tiefer gelegenen Ruine der Schneeburg feierten. Da sammelten wir uns im alten Burghof; Peter Mayer zog ein Papier aus der Tasche und las uns eine sehr ehrliche und wohlgemeinte theoretische

Die Volkshochschule in Freiburg i. Br.

Darlegung dessen vor, was Sinn und Ziel unserer Volkshochschule sei. Als er geendet hatte und wir alle schwiegen, hatte ich das Gefühl, so dürfe das nicht weitergehen. Ich stellte also die Festgenossen im Kreise auf, machte einen Knoten in mein Taschentuch und begann das kindliche Spiel des Drittemannabschlagens. Es kostete mich damals ein Knie in meiner Sportshose; aber die theoretische Kruste, unter welcher das Leben noch gefangen gelegen hatte, war glücklich durchstoßen.

Mein Wunsch und meine Hoffnung war, aus unserem Schönbergfest ein echtes Volksfest zu machen, einen neuen Brauch, der einmal auch ein alter Brauch sein würde. Deshalb arbeitete ich immer darauf hin, daß sich Jahr für Jahr alles in derselben Weise wiederhole, vor allem an demselben schönen Ort, der wohl schon unsere Vorfahren vor mehr als tausend Jahren zu Opfer und Fest vereinigt hat. Im wesentlichen wurde es auch so gehalten; aber an dem kleinen Widerstand, der dabei manchmal zu überwinden war, konnte ich lernen, wie schwer bei den heutigen Menschen, welche vor allem den Wechsel lieben, ein „Brauch" neu zu gründen ist.

Winter- und Sommersemester wurden durch eine Versammlung eröffnet, im Auditorium maximum der Universität, welches meist bis auf den letzten Platz besetzt war. Dabei hatte sich bald ein bestimmter Hergang herausgebildet, der sich Jahr für Jahr in gleicher Weise wiederholte. Nach einer werbenden Ansprache des Vorsitzenden über unsere Ziele und nach geschäftlichen Mitteilungen des Leiters, namentlich über Ort und Zeit der angekündigten Kurse, stellten sich die Lehrer selbst vor und besprachen in kurzen Worten Absicht und Inhalt dessen, was sie bringen wollten. Darauf meldeten sich gleich unverbindlich diejenigen, welche Lust hatten, an dem besprochenen Kurse teilzunehmen. Es war lustig, wie jeder seinen Kram anpries, und gab auch sonst manche Heiterkeit. So trat einmal kurz vor Eröffnung der Versammlung ein Vertreter des „Ido" an mich heran und verlangte, für die von ihm gepflegte Weltsprache sprechen zu dürfen; da wir einen Kurs für „Esperanto" abhielten, sei es nicht mehr als billig, daß auch Ido gelehrt werde. Da

Die Volkshochschule in Freiburg i. Br.

mein Versuch, es ihm auszureden, mißlang und ich eine Scheu habe, mit Propheten anzubinden, so ließ ich ihn reden, konnte mich aber nicht enthalten, nach seiner Ansprache ein paar Worte hinzuzufügen. „Wenn ich die Macht hätte", sagte ich, „so ließe ich alle Idisten köpfen. Oder auch alle Esperantisten, das wäre mir gleich. Jedenfalls dürfte nur eine Sorte übrig bleiben. Das fehlte gerade noch, daß sich der deutsche Hang zur Sonderbündelei auch in der Weltsprache auswirkt, die doch nur dann einen Sinn hat, wenn sie die einzige ist." Die Hörer lachten; aber ich fürchte, der Idist war nur erbittert, nicht überzeugt.

Die Ratlosigkeit der nach Bildung hungernden Arbeiter war ein Hauptantrieb zur Gründung der Volkshochschule gewesen. So erzählte mir Dr. Martin, einer aus dem kleinen Kreis von Arbeitern, den er um sich sammelte, Peter Mayer, habe sich ohne weitere Vorbildung, ohne Anleitung und geistige Schulung sofort an das Studium von Kants Kritik der reinen Vernunft gemacht und sich ein halbes Jahr damit abgemüht, bis er nach Lesen der ersten fünfzig Seiten den Versuch als aussichtslos wieder aufgegeben habe. Daher war eine der wichtigsten Arbeiten des Leiters der Volkshochschule die „Studienberatung". Schon in den Programmen waren allgemeine Richtlinien gegeben, welche ebenso auf weite wie vertiefte Bildung hinzielten. In persönlicher Besprechung wurde dann für den Einzelnen, der es wünschte, ein Studienplan für mehrere Semester festgestellt. Darüber hinaus widmete sich Bernhard Merten der Förderung einzelner besonders begabter und strebsamer Schüler, was in mehreren Fällen auch einen sozialen Aufstieg zur unmittelbaren Folge hatte.

Eine genaue Statistik über die Zusammensetzung der Schülerschaft wäre in vieler Hinsicht aufschlußreich. Als Beispiel greife ich das Wintersemester 1923/24 heraus, über welches mir unter anderem folgende Angaben vorliegen. Die Gesamtzahl der Schüler betrug 662, davon 389 Männer, 273 Frauen. Etwas über die Hälfte der Schüler (55%) war bis 25 Jahre alt, 25% zwischen 25 und 35 Jahre, 13,3% zwischen 35 und 45 Jahre, 6,7% über 45 Jahre. Nach der Schulbildung gehörten 55% der unteren, 34% der mittleren, 11% der oberen Stufe an; nur 1,4% waren Akademiker. Dem Beruf nach waren 32% Arbeiter im engsten Sinn, 40% Angestellte und Beamte, 1,5% Angehörige freier Berufe, 6,5% Schüler, 20% ohne Beruf, meist Frauen. Am Anfang unserer Arbeit richteten wir unser besonderes Augenmerk darauf, die Zahl der Schüler mit höherer Vorbildung zu beschränken, damit sie nicht durch ihre naturgemäß regere Beteiligung an der Diskussion die weniger gut vorgebildeten, noch ungewandteren Schüler zurückschreckten. Darauf vor allem ist die verhältnismäßig sehr hohe Zahl unserer Schüler mit Volksschulbildung und die starke Beteiligung der Arbeiterschaft zurückzuführen, welch letztere um so mehr ins Gewicht fällt, als Freiburg keine Industriestadt ist.

Vom Erfolg unserer Arbeit im großen läßt sich naturgemäß nur der äußere nachweisen. Wir hatten am Ende unserer Wirkenszeit etwa 1200 Schüler, d. h. nicht Hörer von Vorträgen, sondern Teilnehmer an durchschnittlich drei bis vier meist kleinen Arbeitsgemeinschaften, in welchen sehr intensiv gearbeitet wurde. Daß dabei auch innerlich etwas herauskam, möchte ich glauben. Und wenn es nur eine erhöhte Achtung vor den Werten der geistigen Kultur wäre, wie ich sie einmal so reizend bei einem Arbeiter erlebte. Ich sah ihn, einen alten Schüler von uns, bei einem Vortrag in einer der oberen Reihen meines Hörsaals sitzen, welcher der Freiburger Naturforschenden Gesellschaft für ihre Vorträge zur Verfügung stand. Ich setzte mich neben den weißhaarigen alten Mann, den ich gerne mochte, und fragte ihn, ob er denn den schwierigen Gegenstand — der Redner sprach über die Relativitätstheorie — verstehen könne. „Nein", meinte er ehrlich, „aber ich habe die Luft hier so gern." Aber weit über dies Allgemeinste hinaus glaubten wir an vielen unserer Schüler eine Klärung der Begriffe und eine zunehmende Reife des Urteils feststellen zu können.

Eine Enttäuschung brauchten wir nicht zu fürchten, da wir uns nie einer Täuschung über eine rasche Wirkung in die Tiefe und Breite hingegeben hatten. Wir wußten im voraus, daß keiner von uns eine solche erleben und daß, wenn sie nach einigen

Im Herbst 1940

Die Volkshochschule in Freiburg i. Br.

Generationen eingetreten sein würde, niemand sie unserer Arbeit zuschreiben werde. Aber allerdings, mit einer solchen Arbeit über Generationen hinweg rechneten wir. Dabei gründeten wir unsere Hoffnung nicht, jedenfalls nicht fürs erste, auf eine das ganze Reich umfassende Organisation; vielmehr wollten wir zunächst einmal in Freiburg eine Volkshochschule als Muster aufbauen und damit ein Beispiel geben, welches weiterwirken würde. In einigen andern deutschen Städten, zum Beispiel in Stuttgart (Pfleiderer), Jena (Flitner, Buchwald) und manchen andern, wirkten Männer, welche zusammen mit ihren Freunden dasselbe Ziel mit denselben Mitteln verfolgten. Mit ihnen traten wir in Verbindung und Gedankenaustausch, und so entstand eine nicht von oben gemachte, sondern von unten her gewachsene, sich organisierende Bewegung.

Diese Bewegung ist verknüpft mit dem Namen Hohenrodt. Es ist das ein Erholungsheim bei Freudenstadt, welches der Stuttgarter Großkaufmann Eduard Breuninger während des Weltkriegs für seine Angestellten erbaut hatte. Dorthin lud der Württembergische Verein zur Förderung der Volksbildung unter seinem Direktor Theodor Bäuerle in der letzten Maiwoche 1923 Vertreter verschiedener deutscher Volksbildungsverbände zu einer Aussprache ein. Ihr nächstes Ziel war, eine Verständigung zwischen zwei verschiedenen Richtungen in der Volksbildungsarbeit zu finden, deren Gegensatz nach manchen Mißhelligkeiten zur Auflösung des bisherigen Zentralorgans geführt hatte. Die Aussprache zwischen dem Vertreter der „Berliner Richtung", Dr. Picht, und dem Vertreter der „Thüringer Richtung", Dr. Buchwald, ergab, daß wohl grundsätzliche, aber keine sich ausschließenden Gegensätze bestanden, indem jeder der beiden Gegner den Nachdruck auf eine andere Seite derselben Sache legte. Nachdem man die Fruchtbarkeit einer solchen persönlichen Fühlungnahme erfahren hatte, ließ man nicht den alten „Ausschuß der deutschen Volksbildungsvereinigungen" wieder aufleben, sondern man beschloß, alle Jahre um die Pfingstzeit in Hohenrodt zusammenzukommen. So entstand der „Hohenrodter Bund", der nicht wie der alte Ausschuß ein

Zentralorgan der Verbände war, sondern ein Zusammenschluß einzelner durch gemeinsame Ziele verbundener Personen. Nach der 5. Tagung gab er jährliche Berichte heraus (Verlag Silberburg G. m. b. H.), welche abgesehen von dem Interesse, das sie als Spiegel der damaligen Zeit, ihrer Nöte und ihrer Bestrebungen besitzen, manche Gedanken von dauerndem Wert enthalten.

Wir haben aus diesem Austausch der Gedanken manche Anregung geschöpft, durch die persönliche Berührung mit Gleichgesinnten manche Ermutigung erfahren; auch wäre unsere Arbeit ohne eine übergreifende tragende Organisation nicht auf die Dauer zu erhalten gewesen. Doch war es vielleicht nicht vom Übel, daß wir zunächst einmal selbst etwas Eigenes mit frischem Sinne hingestellt hatten. Denn es ist eine alte Wahrheit, daß man sich in manches Unternehmen nicht hineinbegeben würde, wenn man im voraus alle seine Schwierigkeiten, ja Fragwürdigkeiten kennte. Beides kam auf den Tagungen vielfach zum Ausdruck und das ominöse Wort „Kulturkrise" wurde manchmal vernommen. Nachdem ich es seither in meinem eigenen Gebiet als „Krisis der Wissenschaft" so oft gehört, hat es seinen Schrecken für mich verloren. Denn hier, wo ich es aus eigenem Urteil auf seine Berechtigung prüfen konnte, sah ich, daß es, einmal in Umlauf gekommen, von allen Seiten ertönte, nur nicht aus den Laboratorien der schöpferisch tätigen Forscher. Bei der allgemeinen Kulturkrisis könnte es ähnlich sein. Aber damals hätte mir das Wort den Mut und Glauben, die man vor allem nötig hatte, nicht gestärkt.

Nun, wo dies alles abgeschlossen hinter uns liegt und ich es fast wie etwas Fremdes betrachten kann, suche ich mir Rechenschaft über das Getane und über das Gewollte zu geben.

Es bedarf keiner besonderen Betonung, daß manches von dem, was wir mit der Volkshochschule wollten, gerade als zeitgemäß auch zeitgebunden war. Die politische Entwicklung ist darüber hinweggegangen; sie hat in vielem unsere Wünsche erfüllt und damit unser Bemühen gegenstandslos gemacht; in manchem hat sie andere Wege eingeschlagen. Trotzdem schämen wir uns unserer Arbeit auch auf diesem Gebiete nicht, denn unser Wollen war rein. In anderem aber glaube ich, daß unsere Aufgabe immer noch der Lösung harrt; ja, daß sie immer bestehen bleiben wird, da sie eine unendliche ist. Ich glaube auch, daß unsere Art, sie anzugreifen, immer noch Beachtung verdient.

Es war kühn, was wir uns zum Ziel gesetzt hatten; aber ich glaube nicht, daß es vermessen war. Das wäre es gewesen, wenn wir geglaubt hätten, wir könnten eine neue Kultur schaffen; das Werk des Genius nicht einer, sondern vieler Generationen. Unser Ziel war viel bescheidener; wir wollten das handarbeitende Volk an den Schätzen der in Jahrhunderten erarbeiteten Kultur teilnehmen lassen. Dabei hielten wir es aber für einen Irrtum, zu glauben, daß dies selbst heute im Zeitalter der öffentlichen Bibliotheken und Museen, der populären Vorträge, der volkstümlichen Veranstaltungen in Theater und Konzert schon jedem offen stünde, der darnach verlangt. Dem „Ungebildeten" fehlt zur Aufnahme der Schätze, inmitten deren er durchs Leben geht, das dazu Wichtigste, eben die Bildung. Die „echte" Bildung, wie man das gute alte Wort ergänzen muß, das den hohen Sinn fast ganz verloren hat, welchen es zur Blütezeit des deutschen Geistes besaß. Also nicht ein größerer oder kleinerer Haufen von Kenntnissen, die „zur Bildung gehören", sondern die Ausbildung und Verfeinerung der Sinne, die Klärung der Begriffe, die Schulung des Urteils, die Übung in Selbstbeherrschung und geistiger Sammlung, welche uns zugleich weltoffen und weltüberlegen machen. Dieses hohe Gut — ich sage nicht, daß es das höchste ist — das aus häuslicher Tradition und eigener Arbeit langsam erwächst, wollten wir unsern vom Schicksal weniger begünstigten Volksgenossen erschließen, soweit sie darnach verlangten. Das läßt sich aber nicht durch ein paar allgemein verständliche Vorträge oder künstlerische Darbietungen erreichen, so wertvoll und anregend diese sein mögen, sondern nur durch eine viel tiefer gehende persönliche Berührung zwischen Mensch und Mensch. Das ist nicht jedermanns Sache und darf daher auch nicht jedem als Verpflichtung ins Gewissen geschoben werden. Aber es war gerade das, wonach uns verlangte. Wir suchten aus eigenem Bedürfnis Volksgemeinschaft und erlebten sie auch auf einer hohen Stufe.

Vermessen wäre unser Tun und Wollen auch dann gewesen, wenn wir geglaubt hätten, dies wäre der einzige oder auch nur wichtigste Weg gewesen, auf welchem Volksgemeinschaft erreicht werden konnte. Aber es war unser Weg, in deren Macht und Beruf es nicht stand, Völker bewegende, Menschen zusammenschmiedende Schicksale zu gestalten, und es war doch auch ein Weg zu einem Ziel von hohem Eigenwert. Wenn wir geistig gerichteten Menschen unsere Arbeit nicht mehr für so wichtig halten wie irgendeine andere, so verdienen wir es nicht besser, als daß man sie und mit ihr uns selbst gering achtet.

Entscheidend aber für die Rechtfertigung unserer Arbeit und der Zeit und Kraft, welche wir an sie gewendet haben, scheint mir die Tatsache zu sein, daß ein Bedürfnis nach ihr bestand. Das konnten wir nicht nur während unserer Arbeit immer wieder feststellen, es ging auch nicht nur aus dem bis zuletzt wachsenden Besuch unserer Arbeitsgemeinschaften hervor, sondern wir begegneten damals und immer wieder Zeichen dankbarer Anhänglichkeit. Wie oft kam es vor, daß man von einem Arbeiter, den man nicht kannte, etwa von einem Lastauto herunter mit strahlenden Augen gegrüßt wurde oder daß einem ein Beamter auf der Bahn oder an einem Schalter voll Stolz sagte, er sei auch in der Volkshochschule. Und jetzt noch, vor ein bis zwei Jahren, begegnete ich im Wald einem früheren Schüler von uns und erlebte etwas Ähnliches. Er war ein einfacher Arbeiter, der sich während seiner Schülerzeit das Vertrauen seines Fabrikherrn in solchem Maße erworben hatte, daß er seinen Wagen zu führen bekam. Ich wechselte ein paar Worte mit ihm und sagte, es seien doch schöne Zeiten gewesen, als wir miteinander in der Volkshochschule waren. „Die schönste Zeit in meinem ganzen Leben", meinte er, und ich hörte es an seiner Stimme und sah es an seinem Gesicht, daß es sein Ernst war. Er war nicht der einzige, dem unsere Zusammenarbeit so viel gegeben hat. Freilich kamen uns die einfacheren menschlicheren Verhältnisse der klei-

Die Volkshochschule in Freiburg i. Br.

neren Stadt entgegen und sicher auch der feine Menschenschlag des badischen Schwarzwalds.

Dieses allgemeinste Menschliche war die belebende bewegende Kraft unserer Arbeit. Es ist an keine Zeit gebunden und wird in irgendeiner Form immer möglich sein. Denn es wird immer geistig Reifere und Unreifere geben, und die Hilfe, welche der Fortgeschrittene dem Nachstrebenden gewährt, wird immer zu einer der schönsten Formen menschlicher Gemeinschaft führen. So wird auch immer ein Bedürfnis nach Volkshochschule in unserem Sinne bestehen. Ihr Schicksal würde wie das von so vielen in unserem geistigen Leben im Kraftfeld zweier Strebungen stehen, welche ihrer Natur nach in verschiedener Richtung gehen, aber doch wohl zu großer Wirkung zusammengespannt werden können. Die eine ist das Streben nach durchgehender vereinheitlichender Organisation, welche von oben her gemacht wird; die andere die Anerkennung der starken verantwortungsbewußten Persönlichkeit, welche im Führerprinzip ihren Ausdruck findet. Beides könnte, falsch verstanden, im Fall der Volkshochschule dahin führen, daß man auch im Bereich des Geistes sich nicht darauf beschränkt, zu schützen und zu pflegen, was nach eigenem Gesetze wachsen will. Die Spannung könnte aber so gelöst werden, daß eigenartige Persönlichkeiten zu Leitern gesetzt werden, welche trotz ihrer Kraft sich selbst beschränken und darauf verzichten, machen zu wollen, was nur werden kann.

Aus dem Unterrichten an der Volkshochschule habe ich selbst manchen Gewinn gezogen, nicht zum wenigsten für meine Tätigkeit als akademischer Lehrer. Denn eine Forderung jedes Unterrichts, dem Schüler keine toten Kenntnisse einzuprägen, sondern lebendiges Wissen zu übermitteln, erhebt sich besonders dringlich beim Unterricht von Erwachsenen, zumal von Arbeitern. Lebendiges Wissen: wer wollte das, wenn er es so hört, nicht billigen. Aber was heißt es eigentlich? Ich würde ein Wissen dann lebendig nennen, wenn es für den, der es besitzt, wieder zum Bestandteil seines Lebens werden kann. Was der junge Bauer von seinem Vater lernt, der Lehrling von seinem

Meister, das ist sicher lebendiges Wissen; denn wie es aus dem Leben kommt und wieder dem Leben dient, so trägt es auch selbst die Wesenszüge des Lebens an sich. Es ist kein toter Körper in dem Geiste dessen, der es besitzt, sondern es steht in Wechselbeziehung mit allem übrigen, außen und innen, Wirkungen empfangend und Gegenwirkungen ausübend, sich dabei vermehrend, sich wandelnd und anpassend.

Nur lebendiges Wissen ist fruchtbar. Das liegt am klarsten zutage beim praktischen, unmittelbar verwertbaren Wissen, es gilt aber ganz allgemein. Für einen Gelehrten kann ein Wissen lebendig sein, welches für einen Mann des praktischen Lebens ein toter Ballast wäre. Es ist nun aber ein Kennzeichen dessen, was man gemeinhin Bildung nennt, daß es ungeheuer viel solches totes Wissen enthält; auch solches, welches einstmals höchst lebendig war. Mit Entrüstung würde wohl jeder die Unterstellung von sich weisen, er wisse nicht, daß die Erde eine Kugel ist, die sich um die Sonne bewegt, von deren Anziehungskraft festgehalten. Und doch ist das ein Wissen, welches in seinem Leben, auch seinem geistigen Leben, nur eine geringe, wenn überhaupt eine Rolle spielt, welches unfruchtbar und tot ist. Das ist es aber nicht immer gewesen; es war einmal so lebendig und hat die Menschen so tief erregt, daß es die Wissenden und Bekennenden in die Folterkammer und auf den Scheiterhaufen führte. Daß es jetzt für die meisten tot und für ihre geistige Kultur gleichgültig und unfruchtbar ist, kommt keineswegs nur daher, daß wir es gewohnt und dagegen abgestumpft, also „blasiert" sind; es ist viel mehr eine Folge davon, daß es nie wirklich lebendig war. Wir haben diese und so manche andere Wahrheit der neuen Naturerkenntnis nie wirklich „wahrgehabt".

Das brauchte aber nicht so zu sein, es geht auf einen Mangel des Unterrichts zurück. Dieser strebt nur nach dem einen Zielpunkt hin, nach der Erkenntnis und Kenntnis des Gesetzes, welches die Vernunft befriedigt und dem Willen das Steuer zur Lenkung des Geschehens in die Hand gibt. Es gibt aber noch ein zweites, das für die geistige Erhöhung des Menschen nicht weniger wichtig ist, das Lebendigmachen des Wissens. Es gehört vielleicht nicht mehr der Forschung und Wissenschaft selbst an, deren Aufgabe mit der Auffindung des Gesetzes gelöst ist. Dagegen sollte es die Krönung der eigentlichen Bildungsarbeit sein, durch welche der Wissensbesitz in die Gesamtheit der geistigen Kultur eingegliedert wird. Der moderne Mensch könnte mit einem Blick und Lebensgefühl von wahrhaft kosmischer Weite in der Welt stehen, wenn er das tote Wissen, das er als Glied der Kulturwelt besitzt, in sich lebendig machen würde.

Nichts ist geeigneter, diese Erkenntnis zu wecken, als der lehrende Umgang mit Menschen, welche dem ersten großen Fragen noch näher stehen, als der Gebildete es gemeinhin tut; also mit Kindern und mit Menschen aus dem einfachen Volk. Was sie wissen wollen, ist dasselbe, was auch für uns einmal der Ausgangspunkt unseres Fragens war. Nur was diesem Gemütsgrund unseres Wesens noch nahesteht, hat wirklich „Kulturwert"; nur das kann zu einem lebendigen Teil unserer Gesamtpersönlichkeit werden.

Nach dieser Erkenntnis suchte ich nun auch in meinem akademischen Unterricht zu handeln, bei der allgemeinen Vorlesung über Zoologie und vergleichende Anatomie, welche manchen Gegenströmungen zum Trotz glücklicherweise immer noch einen Teil der naturwissenschaftlichen Vorbildung der jungen Mediziner ausmacht. Die starke Kürzung der dazu verfügbaren Zeit nötigt zur sorgfältigsten Auswahl des darzubietenden Stoffs, und so beschränkte ich mich, neben dem für den Arzt unmittelbar praktisch Wichtigen, auf das, was unsere allgemeine Anschauung der Welt grundsätzlich erweitert; das aber suchte ich in dem eben angedeuteten Sinn völlig „lebendig" zu machen. Eine solche Erkenntnis von höchstem Kulturwert ist zum Beispiel die Einreihung des Menschen in die übrige Lebewelt. Die vergleichende Betrachtung der tierischen Formen nach Bau und Funktion lehrt im Menschen einen Spezialfall lebender Organisation erblicken, eine der unendlich vielen Weisen, nach denen gelebt werden kann. Die Abstammungslehre bringt dann starke Beweisgründe dafür bei, daß diese Lebensformen nicht starr Beharrendes sind, daß sie sich wandeln und steigern, und das führt folgerichtig weiter zu dem Schluß, daß auch die menschliche Daseinsform sich aus anderen, einfacheren entwickelt hat. Das ist ja alles bekannt. Ja, so bekannt wie das andere, daß die Erde rund ist, eine Kugel, die sich frei im Raume bewegt. Aber ich glaube, diese Erkenntnis ist nicht lebendiger als jene; wir haben sie nie wirklich „wahrgehabt", sie ist nicht zu unserem inneren Besitz geworden. Ich suchte sie meinen Hörern lebendig zu machen.

Unvergeßlich wird mir immer ihre atemlose Aufmerksamkeit bleiben, wenn ich ihnen nun voll zum Bewußtsein zu bringen suchte, daß wir unser Dasein in ununterbrochener Folge von Lebewesen ableiten, welche im Wasser umherschwammen, ja weiter zurück von noch einfacheren, welche als ein formloses Klümpchen im Wasser schwebten oder im Schlamm umherkrochen. Dies ist nicht ein Traum, sondern die wirklichste Wirklichkeit: für jeden von uns, wie wir jetzt im Hörsaal beisammen saßen und dies zum Gegenstand unseres Staunens machten. Erst mit diesem Verlebendigen nach dem Erläutern glaubte ich meine Arbeit getan und meinen Schülern etwas in ihrem Geiste Weiterwirkendes gegeben zu haben. — Dieses Streben nach letzter Deutlichkeit und Lebendigkeit ist natürlich nicht erst beim Unterricht in der Volkshochschule in mir wach geworden; aber es wurde mir dabei doch erst völlig bewußt und dadurch zum festen Besitz, der sich nun auch auf andere übertragen ließ.

ZUR THEORIE
DER TIERISCHEN ENTWICKLUNG

Von Hans Spemann

(Rektoratsrede 1923)

Es ist gerade 40 Jahre her, seit zum letztenmal ein Fachgenosse von mir als Rektor von dieser Stelle sprach. Manche der Älteren von Ihnen werden sich noch des Vortrags erinnern, in welchem mein berühmter Vorgänger August Weismann zum erstenmal seine Gedanken über die Vererbung entwickelte. Es lagen darin die Keime zu den theoretischen Anschauungen, welche jahrzehntelang, bekämpft und verteidigt, einen guten Teil der zoologischen Forschung beherrschten, und noch heute, widerlegt und bestätigt, lebendig unter uns fortwirken. Ich selbst erinnere mich mit Vergnügen der Stunden, wo ich während eines Winters erzwungener Muße im Hochgebirge mich in die Gedanken von Weismanns „Keimplasma" vertiefte und angeregt von ihnen den Plan zu meinen ersten eigenen Experimenten faßte.

So liegt es für mich nahe, eine der Linien zu verfolgen, welche von den Gedanken jenes bedeutenden Mannes bis zur Gegenwart führen. Allgemeinste theoretische Vorstellungen über das Wesen der tierischen Entwicklung, auf experimenteller Grundlage gewonnen, sollen heute mein Gegenstand sein.

Wenn ich Sie so aus den drückenden Sorgen des Tags in die Freiheit der reinen Forschung führen möchte, so glaube ich Sie damit dem Gegenstand jener Sorgen auch nicht für einer Stunde Dauer untreu zu machen. Die zweckfreie Wissenschaft mit dem einzigen Ziel der Erkenntnis ist eine der stärksten Wurzeln des deutschen Geistes, und Dienst am Geiste ist auch Dienst am Vaterland.

Einer der folgenreichsten wissenschaftlichen Fortschritte des vorigen Jahrhunderts war die Erkenntnis, daß die höheren tierischen und pflanzlichen Organismen aus lebendigen Einheiten niedrigerer Stufe zusammengesetzt sind, welche den historisch verständlichen, sachlich nicht recht zutreffenden Namen Z e l - l e n erhielten. Solche Zellen können auch als Einzelwesen ein selbständiges Leben führen; das ganze große Reich der Einzelligen, der Protozoen, umfaßt derartige Lebensformen. Aus ihnen denken wir uns die vielzelligen Tiere und Pflanzen hervorgegangen; und wie eine Erinnerung an jenen Urzustand mutet es an, wenn noch jetzt jedes vielzellige Tier und so auch der Mensch sein individuelles Dasein mit dem einzelligen Zustande beginnt, als befruchtete Eizelle von scheinbar einfachem Bau. Die Gesamtheit der Vorgänge, die von diesem einfachen Anfangszustand zu der ausgebildeten Form hinführen, ist die E n t - w i c k l u n g   d e s   O r g a n i s m u s.

Es versteht sich somit, daß jede Entwicklung anhebt und fortgeht unter beständiger Zellteilung, bis sich die eine Eizelle zu dem Millionenheer von Zellen vermehrt hat, aus denen der fertige Organismus besteht. Geheimnisvollen Gesetzen gehorchend ordnen sich diese Scharen, wie sie entstehen, in Gruppen von bestimmter Gestalt; einzelne Zellhaufen lösen sich aus dem Verbande und wandern aus; große Formationen verschieben sich gegeneinander, falten sich zu Röhren, schnüren sich ab als Blasen. So entstehen die Anlagen der Organe. Und nun beginnt etwas Neues, höchst Merkwürdiges: die Zellen werden untereinander verschieden, sie machen sich geschickt für ihren besonderen Beruf im Körper. Die an der Oberfläche gebliebenen übernehmen zugleich den S c h u t z gegen die feindliche Umwelt und die aufs feinste abgestimmte V e r b i n d u n g mit ihr. Die Zellen der Stützgewebe scheiden Substanzen aus von der Zähheit der Sehnen, der Elastizität des Knorpels, der Härte der Knochen und Zähne. Andere Zellen bilden die kontraktile Substanz der Muskeln, wieder andere werden zu Drüsenzellen mit ihrer Fähigkeit, hochkomplizierte chemische Stoffe von bestimmter Zusammensetzung zu erzeugen und auszuscheiden; und der ganze unvorstellbar feine Apparat gerät nach und nach unter die Herrschaft des Nervensystems.

Zur Theorie der tierischen Entwicklung

Die Möglichkeiten zu all diesem müssen in der äußerlich so einfach erscheinenden befruchteten Eizelle gelegen haben. Wie werden sie verwirklicht? Das ist die Frage, die uns jetzt beschäftigen soll. Wir knüpfen dabei an die klar umschriebenen Vorstellungen an, welche August Weismann entwickelt hat.

Jede Zelle enthält ein räumlich scharf umgrenztes Gebilde, das während des gewöhnlichen Lebens der Zelle die Form eines mit Flüssigkeit gefüllten Bläschens hat und wegen seiner meist zentralen Lage als K e r n der Zelle bezeichnet wird. Man definiert die Zelle geradezu als ein Klümpchen von lebender Substanz oder Protoplasma mit einem Kern.

Die Wichtigkeit des Kerns für das Leben der Zelle geht aus einem einfachen Experiment hervor, welches unter anderen von Gruber angestellt worden ist. Zerschneidet man nämlich eine Zelle, etwa ein einzelliges Tier oder ein Ei, in zwei Stücke, von denen eines den Kern enthält, so vermag nur dieses weiterzuleben; das andere, welches nicht schwerer verletzt worden war, geht nach einiger Zeit zugrunde.

Wenn bei der Entwicklung die Zellen sich teilen, so teilen sich auch ihre Kerne; jede Zellteilung wird durch eine Kernteilung eingeleitet. Dies geschieht auf eine sehr verwickelte und umständliche Weise, bei welcher es darauf abgesehen zu sein scheint, einen bestimmten Bestandteil des Kerns streng gesetzmäßig auf die beiden Tochterkerne zu verteilen. Das hat zuerst die Vermutung nahegelegt, daß gerade diese Substanz — man nennt sie wegen ihrer besonderen Färbbarkeit das C h r o - m a t i n — der wichtigste Bestandteil des Kernes sei.

Andere Beobachtungen und Experimente weisen darauf hin, daß der Kern nicht nur für das Leben der ausgebildeten Zelle nötig, sondern daß seine Beschaffenheit auch für die Entwicklung der Zelle maßgebend ist, daß wir mit einem Wort in ihm den Hauptträger der erblichen Eigenschaften zu erblicken haben. Wenn sich also zum Beispiel aus dem befruchteten Ei eines Pferdes ein Pferd entwickelt, aus dem befruchteten Ei eines Esels ein Esel, so geht diese Verschiedenheit in erster Linie auf die Verschiedenheit der Kerne zurück, welche in der Ei- und Samenzelle dieser Tiere enthalten sind und sich bei der Befruchtung vereinigen.

Es liegt nun nahe, diese Vorstellung zu erweitern und auf die verschiedenen Zellen eines und desselben Organismus zu übertragen. Eine Zelle der Körperoberfläche würde also deshalb zu einer Epidermiszelle werden und in der Folge verhornen, statt etwa, wie eine Muskelzelle, kontraktive Substanz auszuscheiden, weil ihr Kern bei seiner Entstehung aus dem Eikern sich so umgewandelt hat, daß er nur noch die Anlagen für eine Epidermiszelle wirksam enthält.

Diese Einschränkung an Möglichkeiten mit fortschreitender Entwicklung ist nun nach Weismann an den Vorgang der Kernteilung geknüpft. Bei ihr treten die verschiedenartigen Anlagen auseinander und werden den sich trennenden Tochterzellen zugeteilt. So verarmen deren Kerne immer mehr an Anlagen und schließlich bleiben nur diejenigen einer einzigen Zellart übrig. Nur die Summe aller Kernarten des Körpers würde wieder, wie der Eikern, die Gesamtheit aller Anlagen enthalten.

Der am meisten charakteristische Zug der Weismannschen Theorie ist aber die weitere Annahme, daß diese „erbungleichen" Teilungen der Kerne nicht etwa von der Umgebung ausgelöst werden, daß ihre Ursachen vielmehr in den Kernen selber liegen. Daher muß die Natur und Reihenfolge der Teilungen bis ins kleinste hinein im voraus festgelegt sein, wenn jede Zelle immer auch den ihrer Lage im Organismus entsprechenden Kern erhalten soll.

Die Entwicklung würde also nicht etwa nur ermöglicht, sondern geleitet von dem Chromatin der Kerne, welches sich von Teilung zu Teilung gesetzmäßig in seine einzelnen Anlagen spaltet; der Vererbungsmechanismus liefe ab so genau, aber auch so leicht zu stören wie ein feingebautes Uhrwerk.

Diese Seite der Weismannschen Anschauung ist von der fortschreitenden Forschung längst als unhaltbar erkannt worden. Einigen Tatsachen, mit denen sie unvereinbar ist, werden wir noch begegnen. Sie interessiert uns hier vor allem wegen einer Folgerung, die sich mit Notwendigkeit aus ihr ergibt.

Zur Theorie der tierischen Entwicklung

Nach der dargelegten Anschauung ist der Anlagengehalt eines Kerns in dem Augenblick gegeben, wo er sich durch erbungleiche Teilung von seinem Schwesterkern trennt. Die Anlagen in den Kernen bestimmen ihrerseits die weitere Entwicklung der Zelle, in welcher sie liegen. Damit ist aber auch deren weiteres Schicksal entschieden in dem Augenblick, wo sie den Kern zugeteilt bekommt. Daraus folgt, daß die einzelnen Keimteile ihre Entwicklung ganz unabhängig voneinander durchlaufen, unter Selbstdifferenzierung (Roux); die Entwicklung ist gewissermaßen eine Mosaikarbeit aus einzelnen selbständigen Stücken.

Ein Beispiel wird das klarer machen. Beim Froschei verläuft die erste Teilung typischerweise so, daß die erste Teilungsebene der späteren Medianebene des Körpers entspricht, daß also die eine Zelle die rechte, die andere die linke Körperhälfte aus sich hervorgehen läßt. Die zweite Teilung, die auf der ersten senkrecht steht, entspricht einer frontalen Ebene des Körpers, sie trennt die spätere Rückenhälfte von der späteren Bauchhälfte. Die Bestimmung über das Schicksal dieser Teile liegt nach Weismann in der Beschaffenheit der Kerne und diese hinwiederum folgt ganz aus inneren, in den Kernen selbst gelegenen Ursachen. Der befruchtete Eikern würde also bei der ersten Teilung in zwei Tochterkerne zerfallen, von denen der eine die Anlagen für die rechte Körperhälfte enthält, der andere diejenigen für die linke. In gleicher Weise würden bei der zweiten Kernteilung die Anlagen für die Organe des Rückens von denen für die Organe des Bauches getrennt. Diese vier verschiedenen Kerne würden die Zellen, denen sie gesetzmäßig zugeteilt werden, zu ihrem weiteren Schicksale bestimmen, und zwar wäre über dieses Schicksal in dem Augenblick der Zuteilung unwiderruflich entschieden. Danach wären die vier ersten Zellen und so auch alle folgenden in ihrer weiteren Entwicklung voneinander unabhängig, diese Entwicklung wäre eine Selbstdifferenzierung der einzelnen Zellen. Wenn es also möglich sein sollte, die Zellen voneinander zu trennen, ohne sie dadurch zu töten, so müßten sie einzeln ihre Entwicklung fortsetzen, als ob nichts geschehen wäre. Aus jeder Zelle müßte das werden, wozu sie im Verbande des Ganzen bestimmt war; aus der rechten Zelle des Zweizellenstadiums zum Beispiel eine rechte Embryonalhälfte, aus der linken eine linke.

Es ist das nicht hoch genug zu schätzende Verdienst von Wilhelm Roux, daß er zuerst bewußt und folgerichtig solche ins einzelne gehende Folgerungen zog und sie dann experimentell prüfte. Er hat dadurch den kühnen spekulativen Flug, der auch ihm nicht fremd war, zur besonnen und stetig Schritt für Schritt vordringenden experimentellen Analyse gebändigt.

Roux führte also das soeben geforderte Experiment aus; er brachte die beiden ersten Furchungszellen des Froscheis einzeln zur Entwicklung. Ihre völlige Trennung gelang zwar zunächst nicht, wohl aber die Ausschaltung der einen von ihnen durch Abtötung mittels einer erhitzten Nadel. Und nun trat das Überraschende ein, daß die andere Zelle sich ungestört, als ob sie noch die seitliche Hälfte eines Ganzen wäre, weiter entwickelte und zu einem seitlichen Halbembryo wurde. Roux folgerte daraus, daß die Entwicklung der einen Keimhälfte unabhängig von der anderen vor sich gehen k a n n und daher wohl auch normalerweise vor sich geht, daß also die Entwicklung dieser Keimhälfte Selbstdifferenzierung der Zelle ist, aus der sie entsteht. Das entsprach den Forderungen der Weismannschen Theorie; das Experiment wurde auch, wenigstens anfangs, von Roux in bewußtem Anschluß an diese Theorie ausgewertet.

Das Rouxsche Experiment machte seinerzeit berechtigtes Aufsehen, und jahrelang ist es eine Lieblingsaufgabe der jungen entwicklungsmechanischen Forschung geblieben, die verschiedensten Objekte unter derselben Fragestellung zu untersuchen. Dann ging man dazu über, die Anlagen einzelner Organe in späteren Entwicklungsstadien zu prüfen. Zwei besonders eindrucksvolle Experimente dieser Art seien kurz angeführt.

Mittels geeigneter Methoden lassen sich aus jungen Amphibienkeimen kleine Stückchen ausschneiden und in anderen Keimen an beliebigen Stellen zur Einheilung bringen. So kann man zum Beispiel aus der Medullarplatte, d. h. der allerfrühesten Anlage von Gehirn und Rückenmark, ein Stück entnehmen, welches später etwa zu Netzhaut und Pigmentepithel des Auges geworden wäre, und kann es einem anderen Keim in die Haut der Seite einfügen. Man findet dann, daß es in der neuen Umgebung an seiner einmal eingeschlagenen Entwicklungsrichtung festhält, daß es wie die normale Medullarplatte von der Haut überwachsen wird und sich unter ihr zu dem weiter entwickelt, zu was es auch normalerweise geworden wäre, nämlich zu einem kleinen Auge mit Netzhaut und Pigmentepithel. Dieses liegt dann also im Rumpf des Tieres unter der Haut, ohne Verbindung mit dem Gehirn, ohne jeden Sinn und Zweck für seinen Besitzer, blindlings in der einmal eingeschlagenen Richtung weiterentwickelt.

Noch überraschender bewährt sich die Fähigkeit zur Selbstdifferenzierung, wenn man dem Keim statt eines größeren zusammenhängenden Stücks nur einige wenige Zellen entnimmt und diese nicht in einen anderen lebendigen Organismus verpflanzt, sondern sie in eine unbelebte Nährflüssigkeit versetzt. Die Methode der E x p l a n t a t i o n, zu welcher der erste Gedanke auch von Roux stammt, wurde von dem ausgezeichneten amerikanischen Forscher R. G. H a r r i s o n zur Vollkommenheit ausgebildet. Man bringt die zu prüfenden Embryonalzellen unter allen Kautelen der Asepsis in ein Tröpfchen Blutserum von derselben Tierart zwischen zwei Glasplatten; dort bleiben die Zellen tage- und wochenlang, ja bei Überimpfen auf frische Nährböden selbst jahrelang am Leben, wachsen und vermehren sich wie Bakterienkulturen. So hatten die Amerikaner vor einigen Jahren Zellen von Hühnerembryonen in Kultur, welche damals schon sieben Jahre alt waren, also älter, als sie im Huhne selbst geworden wären. Und wenn sie nicht gestorben sind, so leben sie heute noch.

Wenn man in dieser Weise einige Zellen aus dem eben gebildeten Nervenrohr eines Froschembryos entnimmt, so kann man unter dem Mikroskop Schritt für Schritt verfolgen, wie die Nervenzellen Fortsätze aussenden, welche zu langen dünnen

Nervenfasern auswachsen, in das geronnene Blutserum hinein, als wenn es die normale lebendige Umgebung wäre. Die Entwicklung dieser Zellen des Nervenrohrs zu Ganglienzellen mit Nervenfasern erfolgt also ohne äußere formbildende Reize, aus in ihnen selbst gelegenen Ursachen. Sie ist eine reine Selbstdifferenzierung.

Haben nun die einzelnen Teile des Nervenrohrs die Befähigung zu selbständiger Entwicklung, wenn sie isoliert sind, so ist anzunehmen, daß auch ihre gewöhnliche Entwicklung innerhalb der normalen Zellverbände ohne wesentliche Wechselwirkung mit der Umgebung abläuft. Verallgemeinert man das, indem man es auf alle Teile des Keims und auf alle Stufen seiner Entwicklung ausdehnt, so kommt man zu jener Vorstellung einer Mosaikarbeit aus einzelnen selbständigen Stücken, wie sie von der Weismannschen Theorie gefordert wird.

Nun wurden aber sehr bald Tatsachen gefunden, die in ganz anderer Richtung weisen. Schon Roux konnte seiner ersten Entdeckung die zweite hinzufügen, daß die zunächst entstandenen Halbbildungen sich im Lauf der weiteren Entwicklung ergänzen. Ein linker Halbkeim zum Beispiel, aus der linken Zelle nach Abtötung der rechten entstanden, erzeugte die rechte Hälfte nach. Die Vorgänge, welche Roux dafür in Anspruch nahm, — er faßte sie unter dem Namen Postgeneration zusammen — waren bis in die jüngste Zeit umstritten; durch neueste Versuchsergebnisse haben aber seine Beobachtungen und Deutungen in vielen Punkten eine entschiedene Bestätigung erfahren. Sei dem aber, wie ihm wolle; jedenfalls hat jede der beiden ersten Zellen die Fähigkeit, nicht nur ihre eigene Keimhälfte, sondern, wenn auch vielleicht auf einem Umwege, einen ganzen Embryo zu bilden.

Noch klarer trat das zutage, als es Driesch gelang, die beiden ersten Zellen des Seeigeleies durch Schütteln völlig voneinander zu trennen. Auch sie entwickelten sich zwar zunächst als Halbbildungen weiter und wurden statt zu runden geschlossenen zu halben offenen Keimblasen. Dann aber schlossen sich diese und ergaben ganze Larven von halber Größe, aber völlig normaler Form.

Nun häuften sich die Entdeckungen in derselben Richtung. Auch aus Amphibieneiern entstehen zwei vollständige Zwillingsembryonen, wenn man die beiden ersten Zellen völlig voneinander trennt, statt wie Roux nur die eine von ihnen abzutöten und an der anderen haften zu lassen. Das wurde zuerst für die Eier des gewöhnlichen Molches (Triton taeniatus) nachgewiesen und dann durch entsprechende Versuchsanordnung für Roux' eigenes Objekt, das Froschei.

Diese Tatsachen sind von großer theoretischer Tragweite. Daß sie mit den Weismannschen Anschauungen schwer zu vereinigen sind, daß dieser Widerspruch durch weitere Experimente zu einem unlöslichen wurde, sei nur angedeutet. Sie stehen aber auch in anscheinendem Gegensatz zu jenen experimentellen Ergebnissen, auf welche sich die Mosaiktheorie der Entwicklung gründete. Statt daß ein halbes Ei auch einen halben Embryo liefert, bildet es direkt oder indirekt einen ganzen Embryo von halber Größe, aber normalen Proportionen. Das ist nur möglich, wenn die Baumaterialien des Eis auch eine andere Verwendung finden können, als bei der normalen Entwicklung. Wenn zum Beispiel statt eines linken Auges von normaler Größe zwei normale Augen von halber Größe entstehen, so muß eine von der normalen abweichende neue Verteilung des Baumaterials eingetreten sein. Eine solche aber ist nicht denkbar ohne Wechselwirkungen zwischen den Teilen während der Entwicklung. **So führen diese Tatsachen zu einer Auffassung der Entwicklung, welche derjenigen der Mosaiktheorie diametral entgegengesetzt ist.**

Dadurch werden aber die Tatsachen, welche zur Aufstellung der Mosaiktheorie führten, nicht aus der Welt geschafft. Erinnern wir uns nur an das vorhin mitgeteilte Beispiel. Die Anlage des Auges ist schon in der frühesten Anlage des Gehirns scharf umgrenzt, wenn auch mit unseren optischen Hilfsmitteln nicht unterscheidbar, enthalten; an fremden Ort verpflanzt entwickelt sie sich zu einem Auge weiter, unbeirrt durch die abnormen Einwirkungen der neuen Umgebung, ganz wie es die Mosaiktheorie fordert.

Wo liegt die Lösung dieses Widerspruchs?

Gerade das angeführte Beispiel kann den Weg dazu zeigen. Wenn man nämlich jenes Zellmaterial, aus welchem später das Auge sich entwickeln wird —, nennen wir es kurz das präsumptive Auge —, nicht erst in jenem Entwicklungsstadium verpflanzt, wo es einen Teil der Hirnanlage, der Medullarplatte, ausmacht, sondern früher, lange ehe noch die Medullarplatte angedeutet ist, so verhält es sich wesentlich anders. In diesem frühen Entwicklungsstadium in Epidermis eingefügt, wird es selbst zu Epidermis. Und umgekehrt wird das entsprechende Stück präsumptiver Epidermis, an die Stelle der Augenanlage verpflanzt, selbst zu einem Auge.

Es ist von methodischer Wichtigkeit, daß ein solcher Austausch nicht nur zwischen Keimen derselben Art möglich ist, sondern auch zwischen Keimen verschiedener Arten, die in deutlichen Merkmalen voneinander abweichen. So kann man zum Beispiel präsumptive Medullarplatte der dunkeln Keime des Streifenmolchs (Triton taeniatus) mit präsumptiver Epidermis der hellen Keime des Kammolchs (Triton cristatus) vertauschen. Beide Stücke entwickeln sich den Anforderungen ihres neuen Orts entsprechend weiter; im Gehirn des einen wie in der Epidermis des andern findet sich dann ein Stück eingesprengt, welches sich zwar genau der Umgebung einfügt, aber in seinem feineren Bau deutlich die fremde Herkunft verrät. Ließe sich, um es noch handgreiflicher zu machen, der Austausch zwischen Keimen noch entfernter verwandter Tierarten vornehmen, etwa zwischen einem Frosch und einem Molch, so fände sich also im Frosch ein Stück Molchshirn, welches eigentlich Molchshaut hätte werden sollen, und im Molch ein Stück Froschhaut, welches am Orte seiner Herkunft Froschhirn gebildet hätte.

Diese Vertretbarkeit von präsumptiver Medullarplatte und Epidermis besteht noch in dem Zeitpunkt, wo an der Keimblase die Einstülpung der Darmanlage beginnt, also zu Anfang der sogenannten Gastrulation. Da ist also das Zellmaterial, zwischen welchem der Austausch möglich ist, noch nicht unwiderruflich zu seinem späteren Schicksal bestimmt, es ist noch indifferent. Es herrschen aber an diesen Orten Einflüsse irgendwelcher Art, welche die indifferenten Zellen determinieren.

Es ist nun ohne weiteres klar, daß aus einem halben Keime nur so lange ein ganzer Embryo werden kann, als seine Zellen noch indifferent sind; denn sie werden ja als Teile eines Ganzen eine andere Verwendung finden wie als Teile eines Halben. Das wird durch den Versuch vollauf bestätigt. Wenn man einen Amphibienkeim zu Beginn der Gastrulation median spaltet, so sind die Hälften noch befähigt, jede für sich einen ganzen Embryo zu bilden; in der Regel ist dabei aber die ergänzte Seite schwächer entwickelt als die normale. Nimmt man die Durchtrennung früher vor, so ist die Ergänzung eine vollkommene; führt man sie später, nach Sichtbarwerden der Medullarplatte, aus, so unterbleibt die Ergänzung überhaupt.

Es nimmt also das Regulationsvermögen des Keims während seiner Entwicklung in gleichem Maße ab, wie die Determination seiner Teile fortschreitet. Daraus erklärt sich in letzter Linie das verschiedene Ergebnis der verschieden angestellten Versuche (Anstich oder völlige Trennung) an denselben Eiern, was hier nicht weiter ausgeführt werden kann; daraus wohl auch in vielen Fällen das verschiedene Verhalten der Keime verschiedener Tiere beim gleichen Versuch. Denn es ist sehr wahrscheinlich, daß die Determination bei manchen Tieren in frühere Entwicklungsstadien zurückverlegt ist als bei andern. Bei solchen Keimen wird dann Wegnahme oder Verlagerung von Teilen in frühem Entwicklungsstadium denselben Erfolg haben wie dieselbe Operation an andern Keimen in späterem Stadium.

Hält man diese Tatsachen zusammen, so kommt man zu einem klaren, einfachen Satz. **Die Bestimmung einer Zellgruppe des Keims zu ihrem späteren Schicksal wird im Zusammenhang des Ganzen, mit**

Rücksicht auf dieses Ganze, getroffen. Ist sie aber einmal erfolgt, so geht die Entwicklung unabhängig von der Umgebung in der einmal eingeschlagenen Richtung weiter.

Es ist das große und bleibende Verdienst von Hans Driesch, als erster diese Auffassung der Entwicklung auf Grund sehr einfacher und genialer Experimente aufgestellt zu haben. Zur weiteren Verständigung müssen wir die wichtigsten seiner Begriffe kennen lernen, am besten an der Hand einiger seiner Experimente am Seeigelkeim. Auf dieses Objekt beziehen sich auch zunächst seine Ergebnisse und Schlüsse.

Die erste Entwicklung der Seeigeleier, soweit wir sie für unsere Zwecke brauchen, verläuft in einfacher Weise. Unter fortgesetzten Zellteilungen entsteht aus dem kompakten Ei zunächst eine hohle Blase, die Keimblase. Durch sie läßt sich eine vor anderen ausgezeichnete Achse legen, welche schon im unbefruchteten Ei vorgebildet war. Am einen Pol dieser Achse, nennen wir ihn den unteren, löst sich nun die Wandung der Keimblase in einzelne Zellen auf, welche ins Innere einwandern. Dadurch kommen ihre weiter oben gelegenen Nachbarn am nunmehr unteren Pole zusammen. Sie stülpen sich zu einem zunächst blind geschlossenen Schlauche ein, der Anlage des Darms. Den Rest der Blase bezeichnen wir als Ektoderm; er liefert im wesentlichen die Epidermis der Larve. Die Darmanlage gliedert sich in der Folge durch ringförmige Einschnürungen in drei Abschnitte. Diese einfachen Vorstellungen, die wohl zur Not auch ohne anschauliche Hilfsmittel zu bilden sind, genügen zum Verständnis der Experimente.

Schneidet man nun an einer Keimblase, die noch keinen Urdarm gebildet hat, ein Stück von der oberen Hälfte ab, wodurch die Blase, deren Wunde sich wieder schließt, verkleinert wird, so stülpt sich auch ein kleinerer Urdarm ein, so daß die normale Proportion zwischen dem ganzen Keim und seiner Darmanlage gewahrt bleibt. Daraus folgt, daß die präsumptive Darmanlage in der Keimblase noch nicht fest bestimmt, determiniert war; denn wäre sie es gewesen, so würde sie sich unbekümmert um das Ganze weiterentwickelt haben, und der Keim hätte eine verhältnismäßig zu große Darmanlage erhalten. Aus diesen und anderen Versuchen schloß Driesch, daß die Zellen der Keimblase noch alle dieselbe Fähigkeit oder Potenz besitzen, jeden beliebigen Teil der Larve zu bilden; sie sind noch „äquipotent", die Keimblase ist ein „äquipotentielles System". Dieses System hat die rätselhafte Fähigkeit, sich nach einer ihm innewohnenden Proportion harmonisch zu gliedern; daher bezeichnet Driesch es als „harmonisch-äquipotentiell".

Nimmt man die Zerschneidung später vor, nachdem die Determination zu Ektoderm und Darmanlage bereits vollzogen ist, so wird die normale Proportion nicht wieder hergestellt, die Larve erhält eine verhältnismäßig zu große Darmanlage. Diese selbst aber hat noch die Fähigkeit, sich harmonisch zu gliedern; denn schneidet man ihr etwa das blinde obere Ende ab, so teilt sich der übriggebliebene Rest nach einer der ganzen Darmanlage eigenen Proportion in die typischen drei Abschnitte. Die Darmanlage erweist sich als ein „harmonisch-äquipotentielles Partialsystem".

Der Geltungsbereich dieses Prinzips der Entwicklung läßt sich natürlich nur durch Experimente abstecken, welche sich einmal auf möglichst viele Entwicklungsstufen und Organanlagen eines und desselben Organismus zu erstrecken haben und dann auf möglichst verschiedene Tierarten auszudehnen sind. Dabei ist im Auge zu behalten, daß die Determination, wie oben dargelegt, schon sehr früh erfolgen kann, so daß selbst in Fällen scheinbar reiner Mosaikentwicklung die erste Verteilung der Anlagen, etwa im Protoplasma des Eis, nach demselben Prinzip geschehen sein könnte wie beim harmonisch-äquipotentiellen System. Jedenfalls hat die experimentelle Analyse jetzt schon ergeben, daß jene Art der Entwicklung sehr verbreitet ist, unter Tieren, die im System so weit auseinanderstehen wie Seeigel und Wirbeltiere.

Die Tritoneier zum Beispiel verhalten sich ja, wie wir gesehen haben, bezüglich ihrer Entwicklung von Teilstücken fast genau so wie die Seeigeleier. Das Zweizellenstadium, die Keimblase, selbst die beginnende Gastrula, lassen sich median spalten; die Teilstücke ergeben kleine Ganzlarven von normalen Proportionen. Jene Ausgangsstadien sind also jedenfalls h a r monische Systeme im Sinne Drieschs. Sie sind aber auch, wenigstens innerhalb gewisser Grenzen, äquipotentiell. Denn wenn aus einem verkleinerten Ausgangsmaterial dasselbe entsteht wie aus dem normalen Keim, so müssen dessen einzelne Teile, wie auch schon dargelegt, eine andere Verwendung gefunden haben als bei der normalen Entwicklung. Soweit das der Fall war, müssen sie auch die Fähigkeit gehabt haben, für einander einzutreten, müssen äquipotent gewesen sein.

Bei diesen größeren Keimen ist aber eine Potenzprüfung auch auf direkterem Wege möglich, durch Transplantation der zu prüfenden Bezirke. So ließ sich schon feststellen, daß das Ektoderm der beginnenden Gastrula in sich äquipotent ist. Denn das ist nur ein anderer Ausdruck für die uns schon bekannte Tatsache, daß aus präsumptiver Epidermis auch Gehirn werden kann, wenn sie in dessen Bereich verpflanzt wird. Solche Potenzprüfungen wurden nun weiter ausgedehnt und ergaben eine überraschend weitgehende Vertretbarkeit der einzelnen Bezirke. Ektoderm läßt sich so verpflanzen, daß es bei der Gastrulation mit ins Innere eingestülpt wird. Dort kann es zur Anlage von Muskulatur, von Nierenkanälchen werden, wenn es in den Bereich dieser Organe gerät, während es am Ort seiner Herkunft Epidermis gebildet hätte. Ja, selbst in die Darmwand fügt es sich zum mindesten glatt ein. Ob auch die Zellen der Darmanlage zu Epidermis werden können, ließ sich bis jetzt nicht feststellen, doch scheint es nicht ausgeschlossen.

Nach Abschluß der Gastrulation wird allmählich die Anlage von Gehirn und Rückenmark, die Medullarplatte, sichtbar als eine schildförmige Platte in der äußeren Haut, welche vom Urmund ausgeht und sich von da über einen bestimmten Betrag des Keims erstreckt. Das Größenverhältnis dieser Medullarplatte zur ganzen Keimoberfläche ist wieder ein konstantes; es bleibt auch gewahrt, wenn man die Gesamtmasse des Keims verringert, ehe die Determination der Medullarplatte erfolgt ist.

Zur Theorie der tierischen Entwicklung

So geht die Determination Schritt für Schritt ins einzelne. Am Vorderende der Medullarplatte wird rechts und links ein Stück ausgesondert, die Augenanlage, die den nervösen Teil des Auges zu bilden hat. Ob ihre Determination nach dem gleichen Prinzip erfolgt, ob also auch die Medullarplatte einen äquipotentiellen Zustand durchläuft, ist bis jetzt nicht festgestellt. Dagegen spricht vieles dafür, daß die Augenanlage in der Medullarplatte ein harmonisch-äquipotentielles Partialsystem ist, denn man erhält meist ein ganzes, in sich abgeschlossenes Auge, auch wenn man nur einen Teil der Augenanlage verpflanzt hat.

Das Gesagte genügt wohl, um die Übereinstimmung in allem Wesentlichen zwischen den Seeigel- und Tritonkeimen zu zeigen.

Diese Entwicklung harmonisch-äquipotentieller Systeme mutet uns seltsam vertraut an. Wir haben eine Art von unmittelbarem Verständnis für dieses Störungen überwindende Festhalten am vorgesteckten Endziel. Wir werden an eigene Fähigkeiten erinnert, z. B. an unsere Fähigkeit, Tonintervalle richtig zu treffen und eine bekannte Melodie von jedem Grundton aus richtig zu singen. Die Natur verfährt bei der Entwicklung geradeso, wie der Künstler es tut, wenn er eine Zeichnung oder plastische Figur anlegt; ja wie jeder Organisator vorgeht, welcher über ein gegebenes Material, sei es belebt oder unbelebt, zu disponieren hat. Und im Grunde ist es auch nicht weiter verwunderlich, wenn ein Prinzip, nach welchem der ausgebildete Organismus funktioniert, sich schon bei seiner Entstehung wirksam zeigt.

Aber freilich, ein k a u s a l e s Verständnis ist damit noch nicht gegeben. Driesch glaubt sogar, darauf ganz verzichten zu müssen. Für ihn ist das harmonisch-äquipotentielle System eine letzte Gegebenheit, keiner weiteren Analyse mehr zugänglich, und damit einer seiner wichtigsten Beweise für die Eigengesetzlichkeit des Lebens.

Ich möchte es dahingestellt sein lassen, ob und wie bald wir in der von Driesch gewiesenen Richtung auf letzte Unauflösbarkeiten stoßen. Nur das glaube ich zeigen zu können, daß in der experimentellen Analyse des harmonisch-äquipotentiellen Systems noch einige weitere Schritte möglich sind. Das Mittel dazu ist wieder die Potenzprüfung durch Transplantation.

Am Tritonkeim zu Beginn der Gastrulation gibt es nämlich einen eng begrenzten Bezirk, dessen Zellen sich anders als die übrigen verhalten. Es sind das die Zellen der oberen und seitlichen Einstülpungszone, die oberen und seitlichen Urmundlippen, und vielleicht ihre nächste Nachbarschaft. Verpflanzt man aus diesem Bereich ein Stück in den indifferenten Teil des Keims, so fügt es sich dort nicht in den Gang der Entwicklung ein; es wird zum Beispiel nicht innerhalb von Gehirn selbst zu Gehirn, wie ein Stück präsumptive Epidermis es werden würde, vielmehr behauptet es sich gegen die an dieser Stelle herrschenden Einflüsse, hält an seiner schon eingeschlagenen Entwicklungsrichtung fest und bildet am fremden Ort dieselben Teile, die es am Ort seiner Herkunft geliefert hätte, Rückenmark, Muskulatur, Achsenskelett. Das verpflanzte Stück war also schon, mindestens in gewissem Maße, determiniert.

Wenn somit ein begrenzter Bezirk des Keimes den übrigen in der Entwicklung voraus ist, wenn er schon determiniert ist, solange jene noch indifferent sind, so spricht von vorneherein eine ziemlich große Wahrscheinlichkeit dafür, daß er ihnen die Richtung ihrer Entwicklung vorzeichnet, daß er für sie gewissermaßen ein Organisationszentrum ist. Daß dem in der Tat so sein muß, folgt aus einem einfachen Experiment.

Die geforderte Entwicklung vom Organisationszentrum aus müßte sich vor allem in der Medullarplatte abspielen, d. h. der flach in der Haut ausgebreiteten Anlage des Nervenrohrs; denn diese grenzt hinten an den Urmund und damit an das Organisationszentrum; vorn dagegen erstreckt sie sich weit in den Teil des Keims hinein, der zu Beginn der Gastrulation noch indifferent ist. Man schneidet also an der beginnenden Gastrula die ganze obere Hälfte über dem Organisationszentrum ab, quer durch die Zellen der späteren Medullarplatte hindurch, dreht die abgehobene Kappe um einen rechten Winkel und heilt sie wieder auf. Dadurch wird also das Vorderende der präsumptiven Medullarplatte quer zum Hinterende gestellt, wie der quere Balken eines T zu dessen Längsbalken. Dieselbe Form müßte auch die fertige Medullarplatte zeigen, wenn ihr Vorderende sich unabhängig vom Hinterende entwickelte. Das war nun aber nicht der Fall, vielmehr entstand eine völlig normale gerade Medullarplatte, an deren Hinterende der Urmund lag. Dies ist nur verständlich unter der Annahme, daß der vordere Teil der Medullarplatte von hinten her, von der Stelle des vermuteten Organisationszentrums aus, induziert wird.

Das drängt nun zu einem letzten entscheidenden Experiment. Wenn man ein kleines Stück aus dem Organisationszentrum, nennen wir es einen Organisator, in eine indifferente Gegend des Keims verpflanzt, so ist zu erwarten, daß es dort geradeso wie am Ort seiner Herkunft organisierend auf seine Umgebung einwirkt, daß es sich aus diesem noch bildsamen Material zu einem Embryo ergänzt. Dieses Experiment ist uns schon bekannt, nur sein Ergebnis war bis jetzt nicht ganz durchsichtig. Es war am Orte des eingepflanzten Organisators eine Embryonalanlage entstanden, an der aber nicht zu erkennen war, ob sie sich ganz aus dessen eigenem Material aufgebaut hatte oder zum Teil aus den Zellen seiner Umgebung. Da ist es nun wieder von großem Wert, daß die Transplantation nicht nur zwischen Keimen derselben Art (homöoplastisch) möglich ist, sondern auch zwischen solchen verschiedener Arten (heteroplastisch), deren Gewebe lange Zeit voneinander unterscheidbar bleiben. Man pflanzt also etwa einen Organisator aus dem völlig pigmentlosen Keime des Kammolchs (Triton cristatus) in eine indifferente Gegend des braunen Keims vom Streifenmolch (Triton taeniatus) und läßt ihn dort seine Wirksamkeit entfalten. Und da zeigt sich denn das Erwartete und doch Erstaunliche, daß der artfremde Organisator sich die indifferenten Zellen seiner neuen Umgebung dienstbar macht und sich aus ihnen zu einem kleinen Organismus ergänzt. Im schönsten von uns beobachteten Fall hatte dieser ein Nervenrohr mit Hörblasen, ein Achsenskelett und Muskelanlagen. Das Gewebe des Organisators machte nur

Im Herbst 1940

einen kleinen Bruchteil von ihm aus; aber ohne ihn wäre der neue Embryo überhaupt nicht entstanden.

Mit diesen Tatsachen scheint mir in das bisher unangreifbare Gefüge des harmonisch-äquipotentiellen Systems eine Bresche gelegt, durch welche die experimentelle Analyse eindringen kann. Doch dieses näher auszuführen überschreitet die mir hier gesteckten Grenzen.

Ich habe Sie einen etwas mühsamen Weg durch viele Einzelheiten geführt; Sie werden mir aber glauben, daß er, mit den Pfaden der Forschung verglichen, eine gerade und bequeme Straße war. Überschauen wir noch einmal seinen Anfang und sein Ziel.

Nach der Weismannschen Theorie ist das befruchtete Ei und insbesondere die in ihm enthaltene Vererbungssubstanz einem aufgezogenen Uhrwerk zu vergleichen, das bei der Entwicklung abläuft, oder einem kunstreich aufgebauten Feuerwerk, das in streng vorgeschriebener Reihenfolge abbrennt. Für Weismann war die Entwicklung ein mechanisch starrer Ablauf physikalisch-chemischer Prozesse, an dem zwar im einzelnen noch vieles unbekannt, der aber im Prinzip bis ins letzte verständlich ist. Schon daraus erhellt angesichts unserer tiefen Unkenntnis der tatsächlichen Vorgänge, daß beim Aufbau jener Theorie mechanistische Postulate ebenso wirksam waren wie beobachtete Erscheinungen und notwendig aus ihnen folgende Schlüsse. Das wurde anders, als durch Roux das analytische Experiment in die entwicklungsgeschichtliche Forschung eingeführt wurde und als Driesch die Grundlagen der mechanistischen Auffassung für die Entwicklung in Zweifel zu ziehen begann. Und heute scheint es, gerade durch die zuletzt geschilderten Experimente mit dem Organisator, immer deutlicher zu werden, wie ähnlich das Werden des Organismus den Vorgängen ist, die uns von unserem eigenen Wirken her vertraut sind. Wenn es erlaubt ist, bei einem Anlaß wie dem heutigen für einen Augenblick die werktägliche Nüchternheit des exakten Forschers beiseite zu setzen, so will ich bekennen, daß ich bei meinem experimentellen Arbeiten oft das Gefühl einer Zwiesprache habe, bei der mir mein Gegenüber als der bedeutend Gescheitere vorkommt.

So spiegelt sich die Wandlung der großen geistigen Strömungen der Zeit in der Auffassung des einzelnen Forschungsgebiets. Das mahnt zur Vorsicht, nicht wieder zu rasch zu bauen. Stets im Zusammenhang bleiben mit der tatsächlichen Wirklichkeit, das hält die Forschung gesund und lebendig. Dieser ungeheuren Wirklichkeit gegenüber, in der wir uns vorfinden, ergreift den alten Forscher immer wieder dasselbe Gefühl, das schon den jungen Forscher in die Natur hineinlockte, das Gefühl eines tiefen, ehrfürchtigen Staunens.

NOBELVORTRAG

*Gehalten von Hans Spemann am 12. Dezember 1935
im Karolinischen medico-chirurgischen Institut
zu Stockholm*

Die Versuche, die schließlich zur Entdeckung der Erscheinungen führten, welche jetzt als „Organisator-Effekt" bezeichnet werden, nahmen ihren Ausgang von einer Fragestellung, welche bis auf die Anfänge der Entwicklungsmechanik, ja der allgemeinen Entwicklungsgeschichte überhaupt zurückgeht. Auf welche Weise kommt das harmonische Ineinandergreifen der Einzelvorgänge zustande, aus welchen sich der Gesamtvorgang der Entwicklung zusammensetzt? Laufen sie unabhängig nebeneinander her (unter „Selbstdifferenzierung", Roux), aber von Anfang an so aufeinander abgestimmt, daß sie zusammenpassen und das hochkomplizierte Endprodukt des fertigen Organismus liefern? Oder beeinflussen sie sich gegenseitig derart, daß sie sich hervorrufen, befördern oder beschränken?

Diese Fragen, deren verschiedene Beantwortungen die Theorien der Praeformation oder der Epigenese ausmachen, wurden aus dem Bereich der Spekulation in den der exakten Forschung erhoben, als zuerst Wilhelm Roux und dann Hans Driesch experimentelle Methoden auf die Erforschung der Entwicklung anwandten. Die ersten Eingriffe bestanden darin, daß die einzelnen Keimteile voneinander getrennt und isoliert aufgezogen wurden. So mußte sich zeigen, was sie jeder für sich allein vermögen, d. h. aber zugleich, ob und wie weit die an ihnen ablaufenden Entwicklungsprozesse voneinander abhängig oder unabhängig sind.

Auf diese Weise erhielt Roux am Froschei nach Anstich und Abtötung der einen Furchungszelle aus der anderen einen halben Embryo; Driesch dagegen am Seeigelei nach Abtrennung der einen Furchungszelle aus der andern einen verkleinerten ganzen Embryo. Fortgesetzte Versuche zeigten, daß das verschiedene Ergebnis nicht am Material lag, sondern an der Methode. Die völlig isolierte Furchungszelle, welche auf $^1/_2$ eingestellt ist, reguliert sich zum Ganzen nicht nur beim Seeigelei, sondern auch beim Amphibienei. Diese Regulation wird durch die noch anhaftende abgetötete Zelle verhindert; so bildet sie ihrer ursprünglichen Bestimmung entsprechend zunächst wenigstens einen halben Embryo.

Schon in jenen Anfangszeiten der Entwicklungsmechanik wurde eine zweite Methode erfunden, nach welcher diese selbe Frage behandelt werden kann, die „embryonale Transplantation". Gustav Born machte die Beobachtung, daß Stücke von jungen Amphibienlarven, welche zufällig mit ihren frischen Wundflächen in Berührung gekommen waren, miteinander verwuchsen. Er verfolgte diese Erscheinung und fand eine erstaunlich weitgehende Selbstdifferenzierung der einzelnen Stücke.

Mit diesen Voraussetzungen wurden meine Experimente begonnen. Sie wurden alle an jungen Keimen von Amphibien ausgeführt, meist an denen des gewöhnlichen Streifenmolchs, Triton taeniatus. Um die Versuche auch dem Nichtfachmann verständlich zu machen, wird es nötig sein, zunächst die normale Entwicklung dieser Eier in den Hauptzügen zu schildern.

Die Entwicklung beginnt im unmittelbaren Anschluß an die Befruchtung mit einer durch längere Zeit fortgesetzten Zellteilung, welche wegen der an der Oberfläche auftretenden Furchen als Furchungsprozeß bezeichnet wird. Unter Bildung eines inneren Hohlraumes, der Furchungshöhle oder des Blastocoels, entsteht die Keimblase oder Blastula. Ihre untere vegetative Hälfte, der dicke Boden der Keimblase, besteht aus großen, dotterreichen Zellen, während die obere animale Hälfte, das dünne Dach, aus zahlreichen kleinen, dotterärmeren Zellen zusammengefügt ist. Den Übergang zwischen beiden bildet die Randzone, ein Ring von Zellen mittlerer Größe.

Nun setzt ein sehr verwickelter, in vieler Hinsicht rätselhafter Vorgang ein, die sogenannte Gastrulation. Ihr Endergebnis ist, daß das gesamte Material der Randzone und der vegetativen Keimhälfte ins Innere eingestülpt, also von animalem Material überdeckt wird. Längs der Einstülpungsstelle, dem Urmund oder Blastoporus, geht dann das äußere Keimblatt, das Ektoderm, in die beiden ins Innere gebrachten Keimblätter, das Mesoderm (aus der Randzone entstanden) und das Entoderm (der dotterreichen vegetativen Keimhälfte entsprechend) über.

Damit haben die Anlagen der wichtigsten Organe, der Haut und des Zentralnervensystems, des Achsenskeletts und der Muskulatur, des Darms und der Leibeshöhle, im wesentlichen ihre endgültige Anordnung erreicht. Ihre sichtbare Differenzierung beherrscht die nächste Phase der Entwicklung.

Die Anlage des Zentralnervensystems entsteht im Ektoderm der Rückenseite, vom Urmund aus nach vorn, als eine verdickte, schildförmige Platte, die in ihrer vorderen Hälfte breiter ist als in ihrer hinteren. Es ist die Medullarplatte, deren Ränder zu Wülsten, den Medullarwülsten, erhoben sind. Unter Zusammenrücken der Wülste schließt sich die Platte zum Rohr, dem Medullarrohr. Dieses schnürt sich von der Epidermis ab und sinkt in die Tiefe. Sein dickeres Vorderende, aus dem breiteren Vorderteil der Medullarplatte entstanden, wird zum Gehirn; seine dünnere hintere Hälfte zum Rückenmark.

Die Medullarplatte ist unterlagert vom Mesoderm. Während sie sich zum Rohre schließt, sich ablöst und in die Tiefe sinkt, gliedert sich das Mesoderm in fünf nebeneinander liegende Streifen. Aus dem mittleren wird die Anlage des Achsenskeletts, die Chorda dorsalis. Daran schließt sich rechts und links je eine Reihe von Urwirbeln oder Somiten. Von diesen hinwiederum setzen sich die Seitenplatten ab, d. h. die paarigen Anlagen der Leibeshöhle oder des Coeloms.

Das Entoderm endlich bildet zunächst eine breite, nach oben offene Rinne, wie eine Wanne, deren Ränder sich dann nach der Mitte zusammenbiegen und in der Mittellinie, also gerade unter der Chorda, das Darmrohr zum Abschluß bringen.

All diese Vorgänge, welche bei günstiger Temperatur überraschend schnell ablaufen, beruhen im wesentlichen nicht auf

Neuerzeugung von Keimsubstanz, sondern auf Umordnung der schon vorhandenen. Es ist daher möglich und von W. Vogt in vollendeter Weise mittels Farbmarkierung durchgeführt worden, in die Blastula oder frühe Gastrula gewissermaßen eine Topographie der späteren Organanlagen einzuzeichnen.

Angesichts einer solchen topographischen Karte drängt sich nun wieder die Frage auf, ob diesem Muster präsumptiver Anlagen in der beginnenden Gastrula eine wirkliche Verschiedenheit dieser Teile entspricht; ob sie schon mehr oder weniger fest zu ihrem späteren Schicksal bestimmt, „determiniert", oder ob sie noch indifferent sind und ihre Bestimmung erst später aufgeprägt erhalten.

Die erste Antwort auf diese Frage wurde durch Isolationsexperimente gegeben. Nimmt man nämlich die mediane Durchtrennung nicht schon zwischen den beiden ersten Furchungszellen vor, sondern später, eben im Stadium der Blastula oder der ganz jungen Gastrula, so können dadurch immer noch Zwillinge entstehen. In diesem Stadium muß also das Zellmaterial noch weitgehend indifferent, zu verschiedenen Verwendungen im Aufbau des Körpers befähigt sein. Besonders klar wird das, wenn der trennende Schnitt so geführt wird, daß er die ventrale Keimhälfte von der dorsalen abschneidet. Auch dann entwickelt sich aus der letzteren ein verkleinerter Embryo von normalen Proportionen. Hier ist die neue Aufteilung des Materials ganz deutlich. Die dorsale Hälfte besitzt nach Ausweis der topographischen Karte fast das ganze Material für die Medullarplatte, also viel zu viel für den Embryo von halber Größe; dagegen fehlt ihr die ganze präsumptive Epidermis. Diese letztere muß also durch Material von der ersteren ersetzt worden sein.

Wenn nun aber präsumptive Medullarplatte und präsumptive Epidermis füreinander eintreten können, so müssen sie sich auch unbeschadet normaler Weiterentwicklung gegeneinander austauschen lassen. Embryonale Transplantation muß also in diesem frühen Stadium eine andere Folge haben, als in den späteren Stadien, in welchen Gustav Born sie ausführte.

Auf diesem Gedanken und auf der Ausbildung einer Methode, welche die Behandlung und Operation der ungemein zarten jungen Keime ermöglicht, beruht der Erfolg der neuen Experimente.

Das erste Experiment besteht nun darin, daß ein Stück präsumptive Epidermis und Medullarplatte zwischen zwei gleich alten, im Beginn der Gastrulation stehenden Keimen ausgetauscht wird. Die Einheilung erfolgt so glatt und die weitere Entwicklung verläuft so normal, daß die Grenzen spurlos verschwinden, wenn das Implantat nicht durch natürliche Pigmentierung oder künstliche vitale Färbung eine Zeitlang sichtbar erhalten wird. In diesem Falle zeigt es sich, daß die Stücke sich, wie zu erwarten, gegenseitig vertreten können, daß also präsumptive Epidermis zu Medullarplatte werden kann, präsumptive Medullarplatte zu Epidermis.

Daraus folgt aber nicht nur die weitgehende Indifferenz der Zellen in diesem frühen Entwicklungsstadium; vielmehr erlaubt das Ergebnis den viel wichtigeren Schluß, daß am neuen Ort Einflüsse irgendwelcher Art herrschen müssen, welche das ortsfremde Stück zu seinem Schicksal bestimmen.

Hier zeigt sich nun die analytische Überlegenheit dieses Experiments gegenüber den früheren, bei welchen das Regulationsvermögen der Keime in Anspruch genommen wurde. Denn nun ist es möglich, alle Teile des Keims einzeln auf ihre aktive und reaktive Induktionsfähigkeit zu prüfen, ferner Alter und Artzugehörigkeit des Implantats innerhalb weiter Grenzen zu variieren.

Gleich dieses letztere eröffnet wichtige neue Möglichkeiten, zunächst methodischer Art. Der Austausch läßt sich nämlich nicht nur zwischen Keimen derselben Species, sondern auch zwischen solchen verschiedener Species vornehmen; zum Beispiel zwischen solchen von Triton taeniatus, welche mehr oder weniger Pigment enthalten, und solchen von Triton cristatus, welche nahezu oder ganz pigmentlos sind. Dadurch läßt sich das Implantat sehr lange Zeit, auch auf Schnitten, mehr oder weniger deutlich unterscheiden und oft bis auf die Zelle genau abgrenzen. Ein solcher Fall sei ausführlicher geschildert.

Nobelvortrag

Aus einem Keim von Triton taeniatus zu Beginn der Gastrulation wurde ein Stück präsumptive Medullarplatte gegen ein Stück präsumptive Epidermis eines gleich alten Keims von Triton cristatus ausgetauscht. Der eine Keim, taeniatus als Wirt, zeigte später vorn links in der Medullarplatte ein glatt eingeheiltes, längliches Stück weißen cristatus-Gewebes, welches sich zu Teilen des Gehirns und Auges weiterentwickelte. Der andere Keim, cristatus als Wirt, zeigte rechts in der Epidermis der Kiemenregion ein langgestrecktes Stück dunkeln taeniatus-Gewebes, welches sich als Epidermis weiterentwickelte und die Überkleidung der Kiemenstummel bildete. Da die Stücke ausgetauscht worden waren, da also das eine Stück da sitzt, wo das andere herstammt, so läßt sich an den Schnitten unmittelbar ablesen, daß aus präsumptiver Epidermis Hirnsubstanz geworden ist, aus präsumptiver Hirnsubstanz Epidermis.

Da das Implantat bei dieser „heteroplastischen" Transplantation dauernd oder wenigstens lange Zeit unterscheidbar bleibt, so lassen sich nun auch solche Keimteile auf ihre Vertretbarkeit prüfen, welche bei der Gastrulation ins Innere gelangen. Es läßt sich also z. B. feststellen, ob der Austausch nicht nur innerhalb eines und desselben Keimblatts möglich ist, sondern auch zwischen zwei verschiedenen Keimblättern.

Das ist in der Tat in weiten Grenzen der Fall. So konnte O. Mangold zeigen, daß aus präsumptivem Ektoderm durch geeignete Verpflanzung zu Beginn der Gastrulation noch mesodermale Organe wie Chorda, Urwirbel und Vornierenkanälchen entstehen können.

Indem nun in dieser Weise aus der ganzen Oberfläche der Gastrula Stichproben entnommen und an indifferenter Stelle eingepflanzt wurden, stellte sich heraus, daß ein umgrenzter Bezirk, nämlich die Gegend der oberen und seitlichen Urmundlippe, sich abweichend verhält. Ein solches Stück, an eine indifferente Stelle eines andern, gleich alten Keims verpflanzt, schließt sich nicht der Entwicklung seiner Umgebung an, vielmehr beharrt es in der eigenen einmal eingeschlagenen Richtung und zwingt seine Umgebung, ihm zu folgen. Es stülpt sich vollends ein, als wäre es am alten Ort geblieben, bildet einen Teil der Achsenorgane und vervollständigt sich aus der mesodermalen Umgebung. Vor allem aber induziert es in dem überlagernden Ektoderm eine Medullarplatte, welche sich zum Rohre schließt, in günstigen Fällen Augenblasen ausstülpt und sich Linsen und Hörblasen angliedert.

Dieses auf meine Anregung zuerst von Hilde Mangold ausgeführte Experiment zeigt also, daß es einen Keimbezirk gibt, dessen Teile, an einen indifferenten Ort eines andern Keims verpflanzt, dort eine sekundäre Embryonalanlage organisieren. Diese Teile wurden daher als „Organisatoren" bezeichnet, und die Region des Keims, in welcher sie zu Beginn der Gastrulation beisammenliegen, als „Organisationszentrum". H. Bautzmann hat diesen Bezirk durch systematisches Abtasten nach außen hin abgegrenzt und gefunden, daß er annähernd mit der Region des später eingestülpten präsumptiven Chorda-Mesoderms zusammenfällt.

Von diesen beiden Tatsachen, der ortsgemäßen Entwicklung eines indifferenten Stücks und der induzierenden Wirkung eines Organisators, gehen nun mehrere Reihen von Untersuchungen aus, welche sich an naheliegende Fragen anknüpfen. Einige davon wollen wir kurz berühren.

Da der Organisator sich zunächst einstülpt, also seine angefangene Gastrulation zu Ende führt, wobei Material der Nachbarschaft mit in den Bewegungsvorgang einbezogen werden kann, so könnte man vermuten, daß es dieser Bewegungsvorgang selbst ist, welcher die weitere Determination der von ihm ergriffenen Teile bewirkt. Dies wird aber dadurch zum mindesten höchst unwahrscheinlich gemacht, daß die Induktion von Medullarplatte auch dann stattfindet, wenn es zu keiner eigentlichen Einstülpung gekommen ist. Dies läßt sich nach einer Methode feststellen, welche für den ganzen Fortgang der Untersuchung höchst bedeutungsvoll geworden ist. Man kann nämlich die Keimteile, welche auf ihre Induktionsfähigkeit geprüft werden sollen, unter Umgehung der aktiven Einstülpung dadurch zur Wirkung bringen, daß man sie in das Blastocoel steckt, durch einen kleinen Schlitz, der im Dach der Blastula oder jungen Gastrula angebracht wird und der sehr schnell wieder verheilt. Die Gastrulation erleidet dadurch keine wesentliche Störung, und während in ihrem Verlauf die Furchungshöhle verschwindet, kommt das zu prüfende Stück unmittelbar unter das Ektoderm zu liegen und vermag dort seine Fähigkeiten zu erweisen. So wurde also ein Stück der oberen Randzone aus der Blastula oder beginnenden Gastrula, oder aber ein Stück Urdarmdach der vollendeten Gastrula ins Blastocoel einer jungen Gastrula gesteckt und so von Anfang an unter das Ektoderm gebracht; es zeigte sich, daß diese Stücke eine Medullarplatte zu induzieren vermögen.

Diese Methode ermöglicht es nun aber auch, Stücke auf ihre Induktionsfähigkeit zu prüfen, welche dem Wirtskeim überhaupt nicht auf andere Weise einverleibt werden können, weil sie nach Alter und Herkunft zu andersartig oder weil sie nicht mehr lebendig, ja nicht einmal von lebendiger Herkunft sind. Das sind Experimente, welche wir zunächst zu betrachten haben.

Schon bei meinen ersten Versuchen hatte sich gezeigt, daß Wirtskeim und Spender nicht genau gleich alt zu sein brauchen, um zusammenwirken zu können. Dieser Frage ist dann vor allem O. Mangold weiter nachgegangen und er hat dabei die wichtige Feststellung gemacht, daß die induktive Reaktionsfähigkeit in engen zeitlichen Grenzen eingeschlossen ist, während die induktive Aktionsfähigkeit lange Zeit erhalten bleibt, weit über das Stadium hinaus, für welche sie bei der normalen Entwicklung in Frage kommt.

Das gilt nicht nur, wie es H. Bautzmann gezeigt hat, für die Chorda, welche in jüngeren Stadien normalerweise induziert, sondern merkwürdigerweise auch für einen Keimteil, welcher sonst für eine solche Induktion nicht in Betracht kommen kann, nämlich die Medullarplatte. Daß sie nach Verpflanzung induzieren kann, hatten O. Mangold und ich gleichzeitig, aber unabhängig und von verschiedener Fragestellung ausgehend, gefunden. O. Mangold fügte dem nun die wichtige Feststellung hinzu, daß die Induktionsfähigkeit dieses Gewebes bis in späte

Stadien, bis zum funktionierenden Gehirn der ausgeschlüpften Larve, erhalten bleibt.

Dadurch wird die Frage nahegelegt, ob und wieweit der induzierende Einfluß von spezifischer Natur ist, was mit der andern Frage zusammenhängt, welche Rolle das Aktions- und das Reaktionssystem beim Zustandekommen des höchst komplizierten Entwicklungsprodukts spielen. Schon früher war von mir die Auffassung vertreten worden, daß der Induktionsreiz nicht den spezifischen Charakter bestimmt, sondern den im Reaktionssystem schon angelegten auslösend zur Erscheinung bringt. In derselben Richtung weist das eben angeführte Induktionsvermögen von Teilen, welche das Stadium ihrer normalerweise in Betracht kommenden Wirksamkeit längst überschritten haben. Noch mehr aber neuere Versuche von Holtfreter, welche die weite Verbreitung von Faktoren nachweisen, die im Ektoderm der jungen Gastrula eine Medullarplatte zu induzieren vermögen. So ziemlich das ganze Tierreich, vom Bandwurm bis zum Menschen, wurde mittels der Einsteckmethode daraufhin geprüft und erwies sich als induktionsfähig.

Dadurch wird aber nicht nur der weitgehend unspezifische Charakter des induzierenden Agens nahegelegt, sondern auch seine chemische Natur wahrscheinlich gemacht. Dies war von Anfang an vermutet worden. Zur exakten Entscheidung sollten Versuche dienen, bei welchen der Induktor vor seiner Einwirkung auf verschiedene Weise abgetötet worden war, durch Trocknen, Einfrieren, Kochen. Zu einem klaren positiven Ergebnis führten diese ersten Versuche nicht, sondern erst ähnliche später von Holtfreter angestellte. Es zeigte sich, daß durch solche Vorbehandlung die Induktionsfähigkeit von Induktoren nicht zerstört wird, und das weitere, zunächst ganz Paradoxe, daß sie dadurch in Nicht-Induktoren sogar hergestellt werden kann.

Der erste Versuch mit einem chemisch vorbehandelten Induktor wurde von Else Wehmeier ausgeführt und dabei festgestellt, daß ein Induktor seine Fähigkeit nicht verloren hatte, nachdem er $3^1/_2$ Minuten in 96prozentigem Alkohol gelegen war.

Nobelvortrag

Hierauf wurde die chemische Analyse von verschiedenen Seiten in Angriff genommen, in Deutschland von F. G. Fischer und E. Wehmeier, später mit H. Lehmann, L. Jühling und K. Hultzsch; in England von J. Needham, D. M. Needham und C. W. Waddington. Von den zahlreichen Einzelergebnissen, deren Gewinnung noch nicht abgeschlossen erscheint, möchte ich nur das eine in unserem Zusammenhang wichtigste hervorheben, daß chemisch einfache Substanzen wie zum Beispiel synthetisch hergestellte Ölsäure, ein immerhin kompliziertes und in gewissem Sinn ganzheitliches Gebilde induzieren können wie eine Medullarplatte, die sich zum Medullarrohr schließt. Das würde also wieder, wie manche Ergebnisse mit abnormen Induktoren, darauf hinweisen, daß der größte Teil der Komplikation in der Struktur des Reaktionssystems begründet ist, während dem Induktor nur auslösende und unter Umständen richtende Wirkung zukommt. Ob, wie weit und auf welche Weise aber durch solche „unorganisierten Induktoren" (denn hier von „Organisatoren" zu reden wäre ein Widerspruch in sich selbst) Richtung bestimmt werden kann, das ist im Augenblick eine der interessantesten, aber auch schwierigsten Fragen.

Damit ist aber ein neuer Fragenkomplex angeschnitten, dessen Aufstellung auch auf die ersten Induktionsexperimente zurückgeht. Schon bei den Versuchen von Hilde Mangold war es aufgefallen, daß die induzierte Embryonalanlage meist der primären gleichgerichtet ist und mit ihr in gleicher Höhe liegt. Das schien entweder auf eine allgemeine Richtungsstruktur des Keims oder auf einen Einfluß der primären Embryonalanlage zurückzugehen.

Um die erstere Erscheinung, die gleiche Richtung der beiden Embryonalanlagen, zu prüfen, wurden zwei verschiedene Versuche herangezogen. Obere Urmundlippe, die noch in Einstülpung begriffen ist, wurde in verschiedener Orientierung zum Wirtskeim eingesetzt, quer und entgegengesetzt zur Richtung der späteren primären Anlage. Bei querer Einpflanzung ließ sich zeigen, daß die sich einstülpenden Zellen des Implantats von den Gastrulationsbewegungen des Wirts mitgerissen werden und daß dadurch die Unterlagerung in die Längsrichtung des Keims eingestellt wird. Bei entgegengesetzter Einpflanzung stauen sich die dem Strom entgegenwandernden Zellen des Implantats auf, ohne aber abgelenkt zu werden. Eine Richtungsstruktur des Keims wirkt also hier nur insofern mit, als sie die Gastrulationsbewegungen sowohl des Implantats als auch des Wirtskeims in ihrer Richtung bestimmt. Noch deutlicher wird das, wenn ein Stück Urdarmdach ins Blastocoel gesteckt wird. Nicht fest im Zellverbande des Wirtskeims liegend, vermag das Implantat eher seine ursprüngliche Lage beizubehalten, und die induzierte Embryonalanlage kann quer oder gar entgegengesetzt zur primären gerichtet sein.

Von vielleicht noch größerem allgemeinen Interesse ist das Ergebnis der Versuche, welche die gleiche Höhenlage der sekundären Embryonalanlage aufklären sollten. Sie ist zum Beispiel daran zu erkennen, daß die Hörblasen beider Anlagen in annähernd demselben Querschnitt des Keims liegen. Um die Ursachen dieser regionalen Determination oder zunächst einmal ihren Sitz festzustellen, wurde die Implantation in doppelter Hinsicht variiert. Zum Verständnis ist an eine einfache Tatsache der Entwicklung zu erinnern. Bei der Gastrulation wird das einzustülpende Material um die obere Urmundlippe herum nach innen eingerollt. Dabei kommt das zuerst Eingestülpte am weitesten nach vorn zu liegen, unter das spätere Gehirn, während das später sich Einstülpende das künftige Rückenmark unterlagert. Es könnte nun sein, daß die Kopfunterlagerung auch den Hirncharakter des Vorderendes der Medullarplatte bestimmt („Kopforganisator"), die Unterlagerung der Rumpfgegend den Charakter des Rückenmarks („Rumpforganisator"). Um dies zu prüfen, wurde ein Stück oberer Urmundlippe vom Beginn der Gastrulation (Kopforganisator) und ein solches aus der fortgeschrittenen und vollendeten Gastrula (Rumpforganisator) an d e r s e l b e n Stelle, nämlich an Ort der späteren unteren Urmundlippe in eine beginnende Gastrula eingepflanzt; außerdem aber an v e r s c h i e d e n e n Stellen, in Kopf- und in Rumpfregion. Es zeigte sich, daß es in der Tat etwas wie Kopf- und

Nobelvortrag

Rumpforganisator gibt, indem der erstere auch in Rumpfgegend ein Gehirn zu induzieren vermag. Außerdem aber ergab sich, daß auch die Höhe des Keims, in welcher die Induktion stattfindet, ihre Beschaffenheit mitbestimmt, indem nämlich in Kopfhöhe auch Rumpforganisator ein Gehirn zu induzieren vermag.

Schon oben wurde darauf hingewiesen, daß dieses letztere zwei verschiedene Gründe haben könnte. Es könnte sein, daß die Disposition für Kopfbildung den ganzen Keim in Kopfhöhe wie in einem Breitenkreis umzieht; es könnte aber auch sein, daß von der primären Embryonalanlage ein regional verschiedener Einfluß ausgeht, welcher die Ausgestaltung der sekundären Anlage mitbestimmt. In der Umgebung des primären Gehirns, beziehungsweise seiner Anlage, würde dann ein „Hirnfeld" bestehen, in welchem Medullarsubstanz, die durch Induktion hervorgerufen wird, sich zu Gehirn entwickelt.

Auf Grund bestimmter, experimentell festgestellter Tatsachen hat Holtfreter sich gegen die erste und für die zweite Möglichkeit entschieden. Darüber hinaus aber hat er höchst interessante weitere Beispiele solcher „embryonaler Felder" entdeckt. Wie wir gesehen haben, behalten induzierende Gewebe ihre Induktionsfähigkeit lange Zeit bei, weit über das Entwicklungsstadium hinaus, für welches sie in der normalen Entwicklung in Betracht kommen kann. Darnach müßte in einem normalen Keim in der Epidermis, welche das Medullarrohr oder die Urwirbel bedeckt, aufs neue Medullarsubstanz induziert werden, wenn eben jenes Gewebe nicht den rasch vorübergehenden Zustand seiner Reaktionsfähigkeit schon überschritten hätte. Daraus hätte man ableiten können, was Holtfreter auf Grund anderer Fragestellung entdeckte, daß ein junges, noch reaktionsfähiges Stück sich an dieser Stelle in der Tat anders verhalten würde. Und wirklich werden in Stückchen Ektoderm aus der beginnenden Gastrula, welche älteren Keimen in verschiedener Höhe oberflächlich eingepflanzt worden sind, die mannigfachsten in ihnen enthaltenen Potenzen aktiviert; und zwar regionsgemäß, so daß in einem vorderen Bereich Gehirn mit Augen und

Hörblasen, weiter hinten Chorda und Vornierenkanälchen, zuhinterst kleine Schwänzchen induziert werden. Das zeigt, daß noch der ältere Keim von „embryonalen Feldern" durchsetzt ist, welche für gewöhnlich nicht in Erscheinung treten, aber durch potenzreiche Indikatoren jederzeit sichtbar gemacht werden können.

Diese Induktionen zwischen verschieden alten Teilen ergänzen den Keim nicht durch Ersatz des Entnommenen, sie sind nicht „komplementär" (O. Mangold) wie bei streng ortsgemäßer Entwicklung des gleich alten Implantats. Vielmehr entwickeln sich die induzierten Teile nur im allgemeinen regionsgemäß, im Überschuß und in einer gewissen Selbständigkeit, durch „autonome" Induktion (O. Mangold).

Noch eine weitere Reihe von Fragen und Versuchen ging von den ersten Induktionsexperimenten aus, die zum Schluß noch berührt werden sollen. Wie oben mitgeteilt, ist Induktionswirkung auch bei heteroplastischer Transplantation möglich, also zwischen Keimen verschiedener Species. So läßt sich zum Beispiel präsumptives Gehirn eines Keims von Triton taeniatus zu Epidermis der Kiemengegend von Triton cristatus machen. Die von ihr überzogenen Kiemenstummel haben aber taeniatus-Charakter; d. h. sie gleichen nicht denen der Tierart, welche ihre Bildung (statt die von Gehirn) bewirkt hat, sondern denen der andern Art, von welcher das Implantat stammt. Im „Kiemenfeld" des Wirts sind nicht Potenzen übertragen, sondern nur die ortsgemäßen Potenzen des Implantats geweckt worden, und diese weichen bei heteroplastischer Transplantation etwas von denen des Wirtes ab. Sollte ein Austausch auch zwischen Vertretern verschiedener Gattungen oder noch weiter voneinander entfernter systematischer Gruppen (xenoplastisch) möglich und von Induktionswirkungen gefolgt sein, so wären sehr wertvolle Aufschlüsse zu erwarten.

Dabei steht noch eine weitere Frage zur Verhandlung, welche auch schon bei jenem ersten Experimente auftauchte: ob nämlich das induzierte Organ Teil für Teil oder als Ganzes bestimmt wird. Am Beispiel der Kiemenstummel ließ sich die Frage nicht entscheiden, wohl aber an zwei anderen Organen, der Linse und dem Haftfaden.

Die Augenlinse entsteht bei Triton, wie wohl bei den meisten Amphibien, in ursächlicher Abhängigkeit vom Augenbecher und in einem festen Größenverhältnis zu ihm; also bei Verkleinerung des Augenbechers ebenfalls verkleinert. Dem entspricht es, daß das kleinere Auge von Triton taeniatus in gleichem Entwicklungsstadium auch eine kleinere Linse besitzt, als das größere Auge von Triton cristatus. Nun wurde von E. Rotmann die präsumptive Linsenepidermis jeder der beiden Arten zu Beginn der Gastrulation durch präsumptive Bauchhaut der andern Art ersetzt. Die im gegebenen Augenblick sich bildenden Linsen folgen dann nach Größe und Entwicklungsgrad dem Spender. Das ist sehr deutlich an der abgeschnürten Linsenanlage mit beginnender Faserbildung zu erkennen; aber auch schon ganz junge Stadien zeigen eine Linsenwucherung der Epidermis, welche für den Augenbecher im einen Fall zu groß, im andern zu klein ist. Die Potenzen für Linse reagieren also in dem sie aktivierenden Felde nicht nur qualitativ, sondern auch quantitativ gemäß dem Erbschatz der Art, welcher sie angehören. Die Linsenpotenzen werden durch den Augenbecher nicht etwa in dem Umfang geweckt, in welchem er mit seiner eingekrümmten Retinaschicht die Epidermis berührt; vielmehr wird die Linse als Ganzes bei der Epidermis gewissermaßen in Arbeit gegeben.

In gleicher Weise verhält sich nach einem ganz analogen weiteren Experiment von Rotmann der Haftfaden. Er gleicht nach Bau und auch nach Winkelstellung zum Kopf derjenigen Art, von welcher das verpflanzte Ektoderm stammt, und nicht der andern, von welcher die Induktion ausgegangen ist.

Zu diesem Problem der artgemäßen Ganzheit kommt nun noch ein weiteres in solchen Fällen von xenoplastischer Transplantation, in welchen in derselben Region Organe verschiedener morphologischer Bedeutung sitzen. So ist es zum Beispiel, wenn zwischen den Keimen von Urodelen und Anuren das Ektoderm der präsumptiven Mundregion ausgetauscht wird. Bei der Molchslarve sitzen seitlich am Kopf unter den Augen zwei

Die Handschrift des Siebzigjährigen

Vor allem aber fühl ich in ausgemöglich hohem
Maße das gefühl, und war für grundsätzlich Frei-
erworb, dass ich aber einst Führung gegenüber
steh. Jünes sind uns in rechter Ausgestalt die
richtigen Menschen, die aufstrebenden Kräfte entgegen getreten; unerwünscht ist, dass die Lehrer-
Vereinigung an Münchrafaung, dass ich auch
echt u. auch ein tiefes Vertrauen zugehn.
Das ein selbst für mich u. die noch Jungen
trauten zu einem faktor des fröhlichen Schaffens
ist. So wollen wir es vollends schaffig wagen.

Aus einem Briefe von Hans Spemann nach seinem 70. Geburtstag an Adolf Spemann

Haftfäden oder Stützer (balancer der englischen Autoren), während die Kaulquappe hinter dem Mund, nahe der ventralen Mittellinie, zwei niedere Haftnäpfe hat. Ferner trägt die Molchslarve im Mund richtige Zähne, nach Entstehung und Bau unseren eigenen Zähnen vergleichbar; der Mund der Kaulquappe dagegen ist mit Hornkiefern und Hornstiftchen besetzt, welche ganz anders entstehen und gebaut sind als echte Zähne und mit ihnen morphologisch wohl nichts zu tun haben. Es ist nun ein alter Traum von mir gewesen, das Ektoderm der präsumptiven Mundgegend eines Molchs durch ortsfremdes Ektoderm aus einer beginnenden Froschgastrula zu ersetzen, um zu sehen, welche Art von „Mundbewaffnung" dann gebildet wird. Dieses Experiment ist nun seither mehrfach, auch reziprok, erfolgreich ausgeführt worden; zuerst auf meine Anregung und in meinem Institut von O. Schotté, später von Holtfreter, O. Mangold und E. Rotmann mit dem erwarteten und doch kaum erhofften Erfolg. In der Mundgegend einer Larve von Triton entstanden aus verpflanztem Anurenektoderm der frühen Gastrula Haftnäpfe und Hornkiefer, in einer Kaulquappe aus Urodelenektoderm Haftfäden. Wenn das fremde Implantat so schmal war, daß es den Entstehungsort der arteigenen Organe ganz oder zum Teil frei ließ, so konnten diese sich daneben entwickeln.

Nach diesen Ergebnissen können wir über den induzierenden Reiz mit aller Sicherheit sagen, daß er in Hinsicht dessen, w a s entsteht, ganz spezieller Natur sein muß; jedoch in Hinsicht dessen, w i e es entsteht, ganz allgemeiner. Was es nun aber eigentlich ist, wodurch das „Mundfeld" die Potenzen der „Mundorgane" auslöst, auch wenn sie so völlig anderer Art sind, dafür fehlt uns, wie mir scheint, bis jetzt jede gegründete Vorstellung.

*Mögest Du den Menschen begegnen, die
Dir das Leben lebenswert machen!*

*Mögest Du die Arbeit finden, für die
Du geschaffen bist!*

*Mögest Du immer auf Dein Volk stolz
sein können!*

HANS SPEMANN

seinem Enkel ins Stammbuch

BILDER- UND
NAMENVERZEICHNIS

BILDERVERZEICHNIS

Kinderbild im Alter von etwa sechs Jahren
Phot. Erwin Hanfstängl Stuttgart etwa 1875 .. .. nach Seite 32

Als Schüler des Eberhard-Ludwigs-Gymnasiums zu Stuttgart
Phot. Maler Buchner Stuttgart etwa 1881 .. .. nach Seite 64

Als Student der Medizin in München
etwa 1894 .. .. nach Seite 128

Während der Dahlemer Zeit
Phot. Hans Hildenbrand Stuttgart etwa 1914 .. nach Seite 192

In Freiburg
Phot. Lisbeth Braus etwa 1924 .. .. nach Seite 224

Im Freiburger Zoologischen Institut
Phot. H. Kaiser, Freiburg i. Br. etwa 1932 .. .. nach Seite 256

In Freiburg ein Jahr vor dem Tod
Phot. Adolf Spemann September 1940 .. .. .. nach Seite 288

In Freiburg ein Jahr vor dem Tod
Phot. Adolf Spemann September 1940 .. .. .. nach Seite 320

Handschriftenprobe
Nach dem 70. Geburtstag .. .. nach Seite 336

www.ingramcontent.com/pod-product-compliance
Lightning Source LLC
Chambersburg PA
CBHW050857300426
44111CB00010B/1288